职业教育**经济管理类**
新形态系列教材

微课版

U0742437

电子商务基础与实务

理论、案例与实训

ECONOMICS AND MANAGEMENT

华迎 / 主编

程絮森 / 副主编

人民邮电出版社

北 京

图书在版编目（CIP）数据

电子商务基础与实务：理论、案例与实训：微课版/
华迎主编. -- 北京：人民邮电出版社，2022.5（2023.7重印）
职业教育经济管理类新形态系列教材
ISBN 978-7-115-58645-2

Ⅰ. ①电… Ⅱ. ①华… Ⅲ. ①电子商务－高等职业教
育－教材 Ⅳ. ①F713.36

中国版本图书馆CIP数据核字(2022)第017795号

内 容 提 要

本书对电子商务的相关知识进行了系统介绍，包括电子商务基础知识、电子商务的技术基础、传统电子商务商业模式、新兴电子商务商业模式、网络营销、电子商务安全、电子支付、电子商务物流与供应链管理、客户关系管理和电子商务综合实践等内容。本书在讲解这些知识的同时，不仅配以丰富的案例和二维码扩展资源，还在除第 10 章外的每章章末设计了"案例分析""任务实训""课后习题"板块，以培养读者的实际分析与应用能力，帮助读者尽快掌握所学内容。

本书提供 PPT 课件、教学大纲、电子教案、题库、课后习题答案等资源，用书教师可在人邮教育社区（www.ryjiaoyu.com）免费下载。

本书既可作为高职高专电子商务、市场营销、工商管理和物流管理等相关专业的教材，也可供有志于学习电子商务相关知识的社会人士参考使用。

◆ 主　　编　华　迎
　　副 主 编　程絮森
　　责任编辑　孙燕燕
　　责任印制　李　东　胡　南

◆ 人民邮电出版社出版发行　　北京市丰台区成寿寺路 11 号
　　邮编　100164　电子邮件　315@ptpress.com.cn
　　网址　https://www.ptpress.com.cn
　　天津千鹤文化传播有限公司印刷

◆ 开本：787×1092　1/16
　　印张：12.75　　　　　　　　　2022 年 5 月第 1 版
　　字数：284 千字　　　　　　　2023 年 7 月天津第 5 次印刷

定价：46.00 元

读者服务热线：(010)81055256　印装质量热线：(010)81055316
反盗版热线：(010)81055315
广告经营许可证：京东市监广登字 20170147 号

前　言
PREFACE

2020年至今，我国的经济克服国内外诸多困难和挑战，在高质量的发展道路上继续奋力前进。以电子商务为代表的数字经济更是在生产、流通及消费等领域迅速发展，深刻改变了人们的生活和工作方式，在推动国内经济和社会发展方面发挥了重大作用。2021年，我国电子商务市场规模持续引领全球，服务能力和应用水平进一步提高。另外，大数据、云计算、物联网、人工智能等新兴技术的广泛应用，也在不断推动着新兴电子商务模式的发展。目前，直播电商、社交电商等模式不断深化创新，农村电商进入规模化、专业化的发展阶段，跨境电商成为外贸转型升级的重要方向，电子商务的结构效益更加优化。在政府和市场的共同推动下，电子商务的发展成果丰硕，在促进消费、稳定外贸、扩大就业和带动数字化转型方面做出了重大贡献。从国际市场看，我国已经与多个国家和地区建立了电子商务合作机制，在世界舞台上受到越来越多的关注。随着经济全球化的不断深入和数字技术应用的进一步加速，我国的电子商务势必朝着智慧化、数字化、绿色化的方向发展。

电子商务的高速发展也对电子商务人才的培养提出了更高的要求。一方面，电子商务的从业者需要具备与电子商务相关的基础知识；另一方面，电子商务的从业者还需要具备对市场行情、行业发展趋势等的分析判断能力，以及电子商务知识的应用能力。因此，了解和学习电子商务的基础知识和应用方法是对电子商务从业者的基本要求。本书正是基于以上需求进行策划和编写的，不仅系统地介绍了电子商务的基础知识、应用和原理，还结合案例，解答了电子商务是什么、电子商务做什么、电子商务怎么做的问题。

总体来说，本书具有以下特色。

（1）思路清晰，知识分布合理。本书从宏观角度出发，合理布局，全面围绕支撑电子商务活动的各项内容进行介绍，即先从基础知识开始讲解，循序渐进，层层深入，使读者对电子商务有一个全方位的了解。

（2）理论与实践相结合。本书每章开篇以课前预习的方式引导读者预习理论知识，并在正文的知识讲解过程中穿插有丰富的案例，以帮助读者快速理解所学知识。此外，本书还在除第10章外的每章章末设计了"案例分析"和"任务实训"板块，帮助读者更好地运用这些知识。

（3）形式新颖。本书配有二维码，二维码中的内容既有对书中知识点的说明、补充和扩展，也有对重难点知识和实践操作的微课讲解。通过扫描二维码，读者可直接查看相关知识和观看微课视频，从而加深对相关知识的理解。

（4）立德树人，提升个人素养。为更好地落实立德树人这一根本任务，编者根据党的二十大精神，在本书的内容布局、案例选取和栏目设计等方面融入了文化教育元素，以培养读者敢于担当、勇于奉献、诚实守信的良好品格，提升读者的职业道德和文化自信。

（5）配套资源丰富。本书不仅提供精美的PPT课件、教学大纲等资源，还提供题库、电子教案等资源，用书教师可自行通过人邮教育社区免费下载。

本书由华迎担任主编，程絮森担任副主编。在编写本书的过程中，编者参考了国内多位专家、学者的著作或译著，也参考了许多同行的相关教材和案例资料，在此对他们表示崇高的敬意和衷心的感谢！

由于编者水平有限，书中难免存在纰漏和不足之处，恳请专家、读者批评指正。

编　者

目 录
CONTENTS

第1章

电子商务基础知识

【课前预习】

预习课程	电子商务基础知识	时间：30分钟
预习方式	1. 在网络中搜索并阅读电子商务的相关资料。 2. 浏览本章内容，熟悉本章的知识结构。 3. 阅读下面的案例并回答问题。 **遂昌县利用电子商务解决农产品滞销** 遂昌县是浙江省丽水市下辖的一个县级市，耕地面积约占总面积的4.06%，并且气候适宜，雨量充沛，适合种植粮食作物，如稻谷、玉米、番薯、豆、麦和荞麦等，同时拥有茶产业、竹产业、生态蔬菜产业、生态畜牧产业和水干果产业五大主导产业，素有"中国竹炭之乡""中国菊米之乡""中国茶文化之乡"等称号。 尽管该县农产品资源丰富，但受交通不便、运输困难、销售渠道不多等因素的影响，该县的农产品滞销问题非常严重。为解决这一问题，2010年3月，在遂昌县县委、县政府的大力支持下，当地企业共同创建了遂昌网店协会，希望通过电子商务助力遂昌县的农产品销售。这一重大措施解决了遂昌县网上销售农产品物流、售后等相关问题。同时，遂昌县的电子商务也进入了快速发展期。2013年1月，淘宝网和遂昌县共同打造的农产品电商模式"特色中国—遂昌馆"开馆，这一举动让遂昌县的畜牧、谷物被更多的人熟知，也初步形成了以农特产品为特色、多品类协同发展的县域电子商务中的"遂昌模式"。紧接着，当地大批年轻人也开始投身电子商务，进一步丰富了当地电子商务形态，逐渐形成了较为完备的电子商务生态体系，并带动了遂昌县旅游业及电子商务服务业的发展，为全县提供了上万个就业岗位。2019年，遂昌县生产总值增长至124.66亿元，农林牧渔业增加值为12.03亿元，整体经济发展水平有了显著提高。2020年，遂昌县生产总值达到了130.81亿元，比上年增加了3.4%。 思考：（1）什么是电子商务？ （2）发展电子商务对个人或企业有何意义？
预习目标	1. 能够通过网络搜索，了解电子商务的相关基础知识。 2. 能够通过阅读本章内容，熟悉本章所讲述的知识。 3. 能够通过课前预习，回答案例中提出的问题。
疑难点总结	

1.1 电子商务概述

在互联网、云计算、大数据等技术快速发展的背景下，电子商务作为一种新兴的商务模式正推动着各行各业的创新与升级，促进着我国经济与社会的协调发展。学习电子商务的基础知识，可以培养人们对电子商务的学习和探究兴趣，为更好地理解和掌握电子商务奠定基础。

1.1.1 电子商务的定义

早在1839年，人们就开始运用电子手段讨论商务活动。而关于电子商务的定义，不同的学者、组织和企业在不同的时期因角度不同而有不同的看法。1996年，国际商业机器公司（International Business Machines Corporation，IBM）提出了Electronic Commerce（E-Commerce）的概念，认为电子商务仅指在互联网上开展的交易或与交易有关的活动；1997年，该公司又提出了Electronic Business（E-Business）的概念，将电子商务定义为：利用信息技术使整个商务活动实现电子化，包括利用互联网、内联网和外联网等网络形式，以及信息技术进行的商务活动。简单来说，就是将所有的商务活动业务流程电子化，如网络营销、电子支付等外部业务流程，以及企业资源计划、客户关系管理和人力资源管理等内部业务流程。

IBM公司先后提出的E-Commerce和E-Business概念，可以视为狭义的电子商务和广义的电子商务，不同电子商务概念间的关系如图1-1所示。

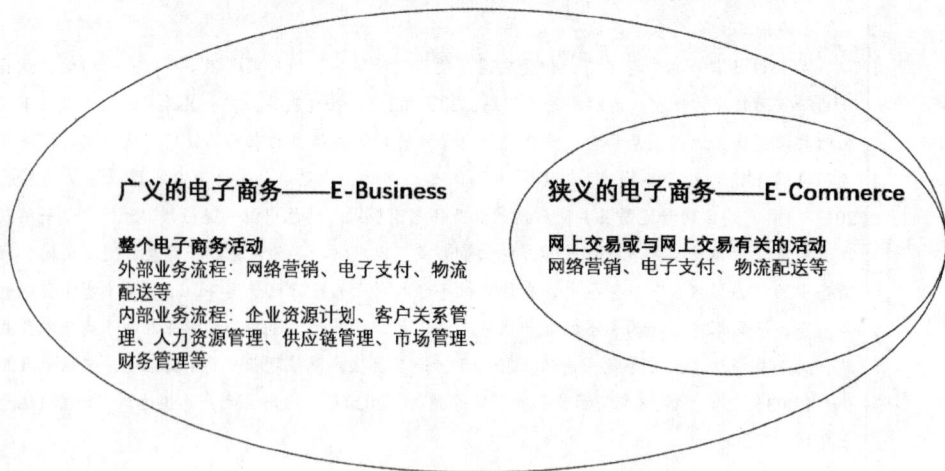

广义的电子商务——E-Business

整个电子商务活动
外部业务流程：网络营销、电子支付、物流配送等
内部业务流程：企业资源计划、客户关系管理、人力资源管理、供应链管理、市场管理、财务管理等

狭义的电子商务——E-Commerce

网上交易或与网上交易有关的活动
网络营销、电子支付、物流配送等

图1-1 不同电子商务概念间的关系

电子商务是一个不断发展的概念，时至今日，学术界也没有统一的界定。中国电子商务协会发布的《中国电子商务发展分析报告》中将电子商务定义为：以电子形式进行的商务活动。

综合分析各类看法后，本书认为：电子商务是指利用互联网及现代通信技术进行任何形式的商务运作、管理或信息交换，包括企业内部的协调与沟通、企业之间的合作及网上交易等内容。

1.1.2　电子商务的特点与功能

传统商务是指商品的买卖或交易活动，其涉及的地域范围和商品范围有限，电子商务则是随着互联网的推广和普及发展起来的，其商务活动的开展不受时间和空间的限制，因此，电子商务可以看作传统商务的延伸与升华，其特点与功能也呈现出全新的样态。

扫码阅读

传统商务与
电子商务的
区别

1. 电子商务的特点

电子商务是在传统商务的基础上发展起来的，传统商务主要具有标准化、连续性的特点，由于信息技术的支撑，电子商务呈现出新的特点，主要包括贸易全球化、交易虚拟化、交易便捷化、交易成本低、营销精准化、发展规范化等。

（1）贸易全球化。与传统商务相比，电子商务消除了传统商务的地理和空间障碍限制，其无限的信息存储空间可以便捷地检索和迅速地传输信息，使得不同地域的经济联系更加便利。目前，由于互联网信息的全球流通，电子商务活动也可在全球开展。

（2）交易虚拟化。与传统商务不同，电子商务是科学技术与信息技术结合的产物，主要通过互联网开展贸易活动，从挑选商品、贸易切磋、签订合同到支付货款等，均可在互联网上完成。

（3）交易便捷化。当前的电子商务环境下，消费者和企业主要通过电子商务平台完成交易，满足消费者足不出户的消费需求。并且交易的流程清晰、操作简单，消费者能在较短的时间内收到购买的商品，如果出现退换货等情况，还能通过电子商务平台进行申请。

（4）交易成本低。电子商务的买卖双方通过互联网进行商品宣传、销售等活动，无需中介者参与，既可以节省印刷制作等费用，又可以减少交易环节和流通成本。另外，电子商务交易流程的电子化、数据化，还大大减少了人力、物力耗用，降低了交易成本。

（5）营销精准化。当前，电子商务平台、社交平台及传感设备等能够很好地收集消费者数据，各大电子商务企业通过运用云计算、大数据等技术，对消费者数据进行整合和分析，能够根据消费者的消费习惯和消费行为精准推送营销信息。

（6）发展规范化。随着我国"一带一路"倡议的拓展，以及针对电子商务的法律法规相继出台，我国的电子商务逐渐呈现出国家化和规范化的特点。

> **素养提升**
>
> 近年来，在国家政策的大力扶持下，我国电子商务迅速发展。电子商务蕴含了创新、创业的特质，能积极响应国家"大众创业、万众创新"的号召。电子商务为创业、创新提供了广阔的平台和发展空间，电商创业已成为"大众创业、万众创新"时代背景下的热门选择。

2. 电子商务的功能

按照电子商务的交易流程，其功能主要囊括了广告宣传、咨询商谈、网上订购、网上支付、电子账户、物流服务、意见征询、交易管理等。

（1）广告宣传。在电子商务交易过程中，买方可以借助互联网检索工具迅速查询商品信息，卖方可以利用各大浏览器、App等在全球范围内投放广告，进行广告宣传。在互联网上投放广告的成本较低，且传播的信息非常丰富。

（2）咨询商谈。电子商务可以借助电子邮件、即时通信工具等了解市场与商品信息、商谈交易事项，不但商谈形式多样，而且不受地域的限制。

（3）网上订购。电子商务可以实现网上订购，一般来说，卖方通常会在广告宣传页上显示网上订购提示信息，买方在填完网上订购单后，系统会确认和审核信息单，从而保证网上订购信息的真实性和准确性。同时，系统还会采用加密的方式确保买卖双方的商业信息不会被泄露。

（4）网上支付。网上支付是电子商务交易过程中的重要环节。电子商务采用的电子支付手段能够省去传统商务交易中支付环节的开销。当然，电子商务网上支付的信息安全问题也需要更为可靠的信息安全控制措施来进行保障。

（5）电子账户。电子账户即银行卡、信用卡及保险公司等金融单位提供电子账户管理等网上操作的金融服务。电子商务的网上支付需要由电子账户来支持，其中，数字证书、数字签名、加密等手段的应用保证了电子账户的安全。

（6）物流服务。在电子商务的环境下，买卖双方虽然通过网上订购完成了商品所有权的交割，但商品或服务需要通过物流转移到买方手中。在电子商务交易过程中，物流会严格按照买方要求将商品或服务运送到买方处。

（7）意见征询。电子商务将反馈意见的收集变得更简单，从而有助于卖方提高售后服务水平，发现商机。

（8）交易管理。电子商务的交易管理是涉及电子商务活动全过程的管理，包括有关市场法规、税务征管及交易纠纷仲裁等。随着电子商务的发展，还有可能出现许多新的交易管理服务功能，这些新功能的出现，将会进一步推动电子商务的发展和完善。

1.1.3　电子商务的概念模型

电子商务的概念模型是对电子商务活动的抽象描述，由电子商务实体、交易事务、电子市场（Electronic Market，EM）、信息流、资金流、商流和物流等基本要素构成。图1-2所示为电子商务的概念模型。

电子商务概念模型中各对象的含义如下。

（1）电子商务实体。电子商务实体是指能够从事电子商务活动的客观对象，可以是企业、银行、商店、政府机构、科研教育机构或个人等。

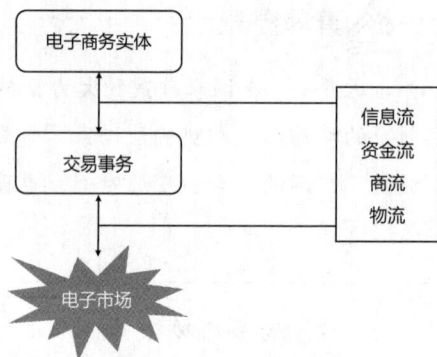

图1-2　电子商务的概念模型

（2）交易事务。交易事务是指电子商务实体之间从事的具体的商务活动内容，如询价、报价、转账支付、广告宣传和商品运输等。

（3）电子市场。电子市场是指电子商务实体从事商品或服务交换的场所，由各种商务活动参与者利用各种通信装置，通过网络连接成一个统一的经济整体。

（4）信息流、资金流、商流、物流。信息流、资金流、商流、物流也被称为"四流"，电子商务的任何一笔交易都离不开这4项基本要素。

表1-1所示为信息流、资金流、商流、物流的详细说明。

表1-1 信息流、资金流、商流、物流的详细说明

基本要素	含义	基本功能	关系
信息流	指商品基本信息的流动，贯穿于整个电子商务交易过程	商品信息的提供、促销等；技术支持、售后服务等；询价单、报价单、付款通知单和转账通知单等；支付能力、支付信誉等	以物流为物质基础，以商流为表现形式，以信息流贯穿始终，引导资金流正向流动的动态过程
资金流	指资金的转移过程，一般开始于买方，中间经过银行等金融机构，终止于卖方	付款、转账、结算和兑换等	
商流	买卖或者一种交易活动过程，通过商流活动发生商品所有权的转移	商品交易、转移所有权等	
物流	指商品或服务从供应商向需求者移动	运输、存储、流通加工等；装卸、保管、物流信息管理等	

1.1.4 电子商务的分类

随着电子商务的蓬勃发展，电子商务的类型也呈现出了多样化的特征。电子商务可以根据交易对象、商务活动内容、交易地域范围进行不同的分类。

1. 根据交易对象划分

企业、政府和消费者是电子商务中常见的3类交易对象，按照信息在这3类交易对象之间的流向，电子商务可以分为以下几种不同的类型。

（1）企业与企业之间的电子商务。企业与企业之间的电子商务（Business to Business，B2B）是指企业与企业之间的互联网商务活动，如谈判、订货、签约、接受发票和付款，以及索赔处理、商品发送管理和运输跟踪等活动。B2B是目前应用非常广泛的一种电子商务模式。一些大型企业有自建的B2B平台，如海尔创建了海尔招标网，通过该网站，海尔可以与供应商开展交流和贸易。一些中小型企业主要通过阿里巴巴1688采购批发网、慧聪网等B2B平台开展B2B商务活动。图1-3所示为海尔招标网。

图1-3　海尔招标网

🔍 **案例阅读**

慧聪网

慧聪网成立于1992年，是我国优秀的B2B平台，专注于电子商务、金融、地产及防伪等多个领域。目前，慧聪网已拥有庞大的用户基数，为各大企业提供了多样的特色商品与服务。

（1）买卖通。买卖通是慧聪网为企业量身定制的线上诚信平台，帮助中小型企业通过互联网开启电子商务市场。买卖通会员不仅可以通过个人商务中心查询符合需要的采购信息，还可以通过在线洽谈会、即时通信工具（Instant Messaging，IM）获得第一手采购信息，洽谈交易。同时，企业用户可以通过买卖通建立网络商铺，展示商品、推广企业等。

（2）互通宝。互通宝是慧聪网提供的一款推广商品的营销工具，按点击付费，具有操作灵活的特点。慧聪网买卖通会员可在广告后台自主设定多维度目标关键词，通过免费展示商品信息，并通过大量曝光来吸引潜在买方。

（3）慧付宝。慧付宝是支持买卖双方在线完成交易的支付服务工具，主要提供货款代收代付服务。

（4）慧企通。慧企通是慧聪网携手腾讯于2018年12月推出的一款全新产品——企业工作台。慧企通能够提醒企业有访客，并记录访客信息，以帮助企业更好地管理访客。慧聪网与腾讯携手，帮助企业将店铺开设到QQ上，将企业信息、商品展示给访客，让访客在沟通中了解企业信息。慧企通还能帮助企业跟进访客，对访客进行二次营销。

（5）慧生意。慧生意是慧聪网2020年9月上线的产品，是慧聪网为企业用户提供的在线做生意、结商友的诚信平台，被称为"装进口袋的业务员"。慧生意可以帮助企业建立集产品展示、企业推广、在线洽谈、身份认证等功能于一体的网络商铺。

（6）慧优采。慧优采是慧聪网携手360搜索于2020年11月上线的B2B信息聚合平台。慧优采经慧聪网和360搜索的巧妙结合，完美地将B2B平台嵌入搜索引擎，减少了搜索商品的步骤，能够帮助用户快速搜寻全网优商优品，实现精准匹配。

（7）慧采购。慧采购是慧聪网携手腾讯于2020年推出的B2B平台，可以帮助中小型企业寻找货源，获取精准流量。

慧聪网作为国内领先的B2B电子商务平台，能够帮助更多中小企业获得更多的商业机会。近年来，慧聪网与腾讯、360搜索等多个互联网流量巨头合作，携手推出的"慧生意""慧优采"等互联网产品，能够帮助更多中小企业降本增效，助力传统产业转型升级，为我国企业服务向高质量发展提供更多新动能。

（2）企业与消费者之间的电子商务。企业与消费者之间的电子商务（Business to Consumer，B2C）是指企业与消费者之间的商品或服务交易模式，即网络零售。B2C的基本模式是：企业自建网上商店，推销商品（如食品、汽车等）或服务（远程教育、在线医疗等网络服务）；消费者访问网上商店，在网上商店中浏览、购买商品或接受服务。随着互联网的快速发展与网民数量的增多，B2C得到了快速发展，典型的B2C平台有京东商城、天猫、唯品会、拼多多等。

随着电子商务的发展，电子商务模式也在不断地突破和创新，出现了B2B2C（Business to Business to Consumer）模式，其由B2B和B2C演变和升级而来，是电子商务类型的网络购物商业模式，第一个B是指商品或服务的供应商，第二个B是指从事电子商务的企业，C是指消费者。B2B2C主要有以下两种模式。

① 商品或服务的供应商面对企业、企业面对消费者。例如，某电器供应商提供冰箱给专注于销售的企业，企业在网络购物平台上销售冰箱，然后消费者在网络购物平台上购买冰箱。

② 商品或服务的供应商同时面对企业和消费者。例如，某电器企业既是商品的供应商，为企业提供商品，又会在自建的网络购物平台中销售商品。

目前，很多大型生产企业都采用B2B2C模式，既生产商品、建立官方网络购物平台，又通过淘宝网、天猫、苏宁易购、京东商城等大型电商平台销售商品，海尔、格力便是该模式的典型代表。例如，海尔通过海尔招标网采购原材料，然后通过海尔商城、天猫、京东商城等大型电商平台销售商品。

（3）消费者与消费者之间的电子商务。消费者与消费者之间的电子商务（Consumer to Consumer，C2C）是指消费者之间通过网络平台实现交易的电子商务模式。该模式下，一方面消费者可以在网络平台上出售持有的商品；另一方面消费者还可以在网络平台上购买需要的商品。

（4）消费者与企业之间的电子商务。消费者与企业之间的电子商务（Consumer to Business，C2B）是指消费者先提出需求，然后生产企业或商贸企业按需求组织生产、货源的

1
Chapter

电子商务模式。C2B模式下，消费者可根据自身需求定制商品，或主动参与商品设计、生产和定价，彰显了消费者的个性化需求。

🎓 专家提示

如果某企业是一家工厂，电子商务还可以分为消费者与工厂之间的电子商务（Consumer to Factory，C2F），指消费者先提出需求，然后由工厂定制商品的电子商务模式。当前，服装、家具等行业多应用这种模式。

🔍 案例阅读

海尔的C2B电子商务模式

海尔诞生于1984年，是知名的家电品牌。自成立以来，海尔始终坚持以消费者为中心的发展理念。2000年，海尔为实施电子商务进行了重组，投资建立了电子商务有限公司，启动B2B和B2C两部分电子商务工程。2012年，海尔与天猫携手发起了"网络定制液晶电视"活动，给出6项指标让消费者自行选择，开始试水消费者个性定制，创下了"两天内出售万台"的记录，为其C2B电子商务模式的应用实现了良好的开端。2013年9月，海尔与聚划算进行合作，以团购的方式销售3款定制彩电，4小时内5 000台彩电全部售罄；2014年3月又推出了15款定制商品，最终售出16 000多台彩电。这些数据证明了海尔C2B电子商务模式非常受消费者青睐，进一步坚定了海尔以满足消费者需求为中心的发展理念。

当前，海尔不仅有冰箱冷柜、洗衣机、热水器、空调、电视、厨电、智慧家电等多个品类的商品，还支持消费者自行定制商品。随着"互联网+"计划的实行，大数据、云计算等新技术的应用，制造企业的发展理论转变为以消费者为核心、以消费者需求为导向，海尔实施的C2B电子商务模式，更能得到消费者的认可，可以在激烈的市场竞争中占据一定的竞争优势。另外，为了更好地满足消费者的个性化需求，海尔还创建了智能制造平台和智慧生活平台，通过这些平台可以为消费者提供更好的服务。

C2B电子商务模式将互联网作为平台，依靠大数据、云计算等技术，以消费者的消费需求为驱动力，以单独定制的方式来创造价值。国务院印发的《中国制造2025》通知中提出，鼓励制造业企业增加服务环节的投入，发展个性化定制服务、全生命周期管理、网络精准营销和在线支持服务等。海尔在2012年就开始了C2B的探索，它的C2B模式的选择先于他人，且顺应时代的发展趋势，因此海尔才能在C2B模式的道路上获得成功。

（5）线上线下共同交易的电子商务。线上线下共同交易的电子商务（Online to Offline，O2O）是指将线下的商务机会与互联网结合在一起，让互联网成为线下交易的"前台"，实现线上购买、线下服务。美团、饿了么等都是

✏️ 课堂讨论

团购是什么？与O2O有什么区别？

O2O的典型代表。

（6）企业与政府之间的电子商务。企业与政府之间的电子商务（Business to Government，B2G）是指企业与政府之间的电子商务模式。B2G覆盖了企业与政府组织间的各项商务活动，如采购、税收、商检、管理条例发布等。在B2G交易中，政府一方面作为消费者，通过互联网发布采购清单，以示公开、公正、廉洁；另一方面，政府宏观调控、指导规范、监督管理企业的职能通过电子商务更能充分发挥出来。图1-4所示为某市政府采购中心发布的招标公告。

某市政府采购中心关于该市博物馆物业管理服务采购项目的公开招标公告

发布日期：2021-08-03

项目概况
某市博物馆物业管理服务采购项目招标项目的潜在投标人应在政府采购云平台（■■■■■）获取（下载）招标文件，并于2021年08月24日 09:00（北京时间）前递交（上传）投标文件。

一、项目基本情况
项目编号：WLCG-2021-15-GK
项目名称：某市博物馆物业管理服务采购项目
预算金额（元）：6 000 000
最高限价（元）：/
采购需求：

标项名称：某市博物馆物业管理服务采购
数量：3
预算金额（元）：6 000 000
简要规格描述或项目基本概况介绍、用途：配备人员总共 30 人，其中项目经理 1人，经理助理兼主管1人、安保人员 22 人（其中消控室人员不少于4人，入口安检处女性不少于3人，夜间巡逻值班男性不少于2人），保洁人员4人、绿化养护人员1人、工程维修人员 1人。
备注：
合同履约期限：标项 1，三年
本项目（否）接受联合体投标。

图1-4　某市政府采购中心发布的招标公告

换句话说，在B2G交易中，政府扮演着双重角色：一是电子商务的使用者角色，其购买活动属于商业行为；二是电子商务的宏观管理者角色，对电子商务起到管理和规范的作用。

（7）消费者与政府之间的电子商务。消费者与政府之间的电子商务（Consumer to Government，C2G）是指消费者与政府之间的电子商务模式。该模式下，政府为了提高办事效率，将部分可以在线办理的业务放在网络上，如网上个人报税、网上支付社会福利和缴纳保险费用等。

（8）政府与政府之间的电子商务。政府与政府之间的电子商务（Government to Government，G2G）是指政府间利用网络开展电子商务活动，如政府部门间的信息共建共享、各级政府间的远程视频会议等。

2．根据商务活动内容划分

根据商务活动内容，电子商务可以划分为完全电子商务和不完全电子商务两种类型。

（1）完全电子商务。完全电子商务是指交易过程中的信息流、资金流、商流和物流都能通过网络实现，商品或服务的整个商务过程都可以在网络上实现的电子商务。完全电子商务适用于数字化的无线商品或服务，如计算机软件、电子书籍、远程教育和网上订票等，买卖双方可以直接在网络上完成订货或申请服务、货款的电子支付与结算、实施服务或商品交付等，整个过程无需借助其他手段。

（2）不完全电子商务。不完全电子商务是指先基于网络，解决好信息流的问题，使交易双方在互联网上结识、洽谈，然后通过传统渠道实现资金流和物流。不完全电子商务只是实现了信息流的电子化和网络化，并在一定程度上减少了商流，但并未实现资金流和物流的电子化和网络化。

简单来说，如果商品、交易和配送都在网上完成，就是完全电子商务，如果其中一个环节没有通过网络，就是不完全电子商务。例如，小明在京东商城选购了一箱牛奶，付款后快递将牛奶配送到家，由于牛奶不是数字化商品，配送也需要经由快递公司，仅有下单付款通过网络来完成，因此属于不完全电子商务，如果小明购买的是电子书，那么就属于完全电子商务，因为电子书、交易过程、配送等都是数字化的，都在网上完成。

3. 根据交易地域范围划分

根据交易地域范围，电子商务可分为本地电子商务、远程国内电子商务和全球电子商务。

（1）本地电子商务。本地电子商务是指在本地区范围内开展的电子商务，具有涉及范围小及货物配送速度快、成本低等特点。本地电子商务通过互联网、内联网或专用网络，将用于商务活动的系统连接在一起，解决了本地支付、配送和售后服务等问题。

本地电子商务的系统包括：①参加交易各方的电子商务信息系统，包括买方、卖方及其他各方的电子商务信息系统；②银行金融机构电子信息系统；③保险公司信息系统；④商品检验信息系统；⑤税务管理信息系统；⑥货物运输信息系统；⑦本地区电子数据交换系统。

（2）远程国内电子商务。远程国内电子商务是指在本国范围内进行的电子商务，涉及的范围比本地电子商务大，参与商务活动的各方可能分布在不同的省、市、区，对软件、硬件和技术的要求更高。远程国内电子商务要求在全国范围内实现商业电子化和自动化，实现金融电子化，要求交易各方具备一定的电子商务能力、经营能力、技术能力和管理能力等。

（3）全球电子商务。全球电子商务是指在全世界范围内进行的电子商务。与一般的电子商务活动相比，全球电子商务的交易行为涉及范围更加广泛，交易对象也更加多样，包括政府行政管理部门、贸易伙伴和商业部门等。需要注意的是，全球电子商务并不直接针对消费者，只是包括了商业机构对商业机构和商业机构对行政机构的电子商务活动。总的来说，全球电子商务的业务内容繁杂，数据来往频繁，相关的协调工作和法律法规具有全球性，需要更

扫码阅读

电子商务的其他分类

加严格、准确、安全和可靠的电子商务系统，以及各国共同制定全球统一的电子商务标准、签署电子商务贸易协议。

1.1.5　电子商务的基本框架

电子商务的基本框架是指实现电子商务从技术到一般服务层次应具备的完整的运作基础，

也指实现电子商务的技术保证和电子商务应用所涉及的领域。一般来说，电子商务的基本框架包括4个层次和三大支柱。为了更好地理解电子商务的基本框架，可参考图1-5所示的电子商务基本框架图，它简洁地描绘了我国电子商务环境中的主要因素。

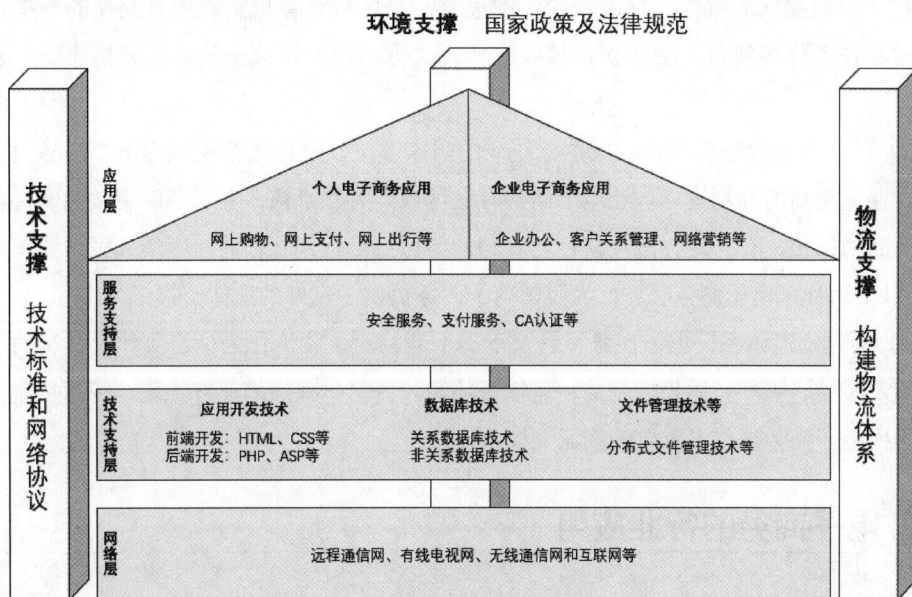

图1-5　电子商务基本框架图

1. 4个层次

电子商务基本框架的4个层次分别是网络层、技术支持层、服务支持层和应用层。

（1）网络层。网络层指网络基础设施，是实现电子商务的基础硬件设施，主要包括远程通信网、有线电视网、无线通信网和互联网等。这些网络都在不同程度上提供了电子商务所需的传输路线。

（2）技术支持层。技术支持层为电子商务的信息传输和管理提供技术支持，主要包括应用开发技术、数据库技术和文件管理技术。其中，应用开发技术包括前端开发和后端开发，数据库技术包括关系数据库技术和非关系数据库技术。

（3）服务支持层。服务支持层为电子商务提供网上商务活动服务，包括安全服务、支付服务、CA认证等。其中，CA认证服务是电子商务服务支持层的核心，CA认证服务是电子商务安全的保障，通过给参与交易者颁发数字证书，来确认交易双方的身份，然后通过加密和解密保证信息交换与交易的安全。

（4）应用层。应用层是指电子商务在生活和工作中的实际应用，主要包括个人电子商务应用（网上购物、网上支付等）和企业电子商务应用（企业办公、网络营销和客户关系管理等）。

2. 三大支柱

电子商务基本框架的三大支柱分别是技术标准和网络协议、国家政策及法律规范和构建物流体系。

（1）技术标准和网络协议。技术标准是信息发布、传递的基础，定义了用户接口、传输协议和信息发布标准等技术细节，保证了网络信息的一致性。网络协议是计算机在网络中进行数据交换而建立的规则、标准或约定的集合，是各台计算机实现信息交换的前提。网络的各层中存在着许多协议，必须保证接收方和发送方同层的协议一致，计算机才能识别发出的信息。

（2）国家政策及法律规范。成熟、统一的国家政策及法律规范能够为电子商务提供稳定的环境，保证交易的顺利进行，让电子商务有法可依、有法必依，并且还能有效遏制侵权商品或仿冒商品的销售，有力地打击侵权行为。2019年1月1日正式施行的《中华人民共和国电子商务法》（以下简称《电子商务法》）为我国电子商务提供了良好的法律支撑。

（3）构建物流体系。电子商务交易过程离不开物流，物流作为信息流和资金流的基础和载体，涉及采购、生产、销售、仓储、运输等环节。目前，我国第三方物流、智慧物流等的发展，为国内电子商务提供了重要的物流支撑。

1.2 电子商务的行业应用

现如今我国的电子商务已经进入了全新的格局，电子商务已经逐渐被更多的企业和消费者所接受和应用，并渗透到了各个领域，如在线教育、在线旅游、互联网医疗和电子政务等。

1.2.1 在线教育

在线教育也就是网络教育，是基于网络开展的教育活动。与传统的教育方式相比，在线教育具有效率高、方便（打破了时空限制，可碎片化学习）、门槛低、教学资源丰富等特点。

当前比较受欢迎的在线教育平台主要包括荔枝微课、网易云课堂、网易公开课等。这些在线教育平台的授课形式非常多样化，包括录播教学、直播教学（或直播与录播结合）、一对一教学等，主要提供语言培训、职业技能培训等。例如，网易云课堂就是网易公司打造的专注于成人终身学习的在线教育平台，立足于实用性的要求，为用户提供大量的优质课程，涵盖了实用软件、IT与互联网、外语学习、生活家居、兴趣爱好、职场技能、金融管理等多个方面。图1-6所示为网易云课堂。

图1-6　网易云课堂

实际上，我国当前的在线教育模式可以按照电子商务的主要类型分类，主要包括以下几种类型。

（1）B2B在线教育模式。B2B在线教育模式是指企业提供在线教育的整体解决方案，主要是向企业、政府、学校、团体提供在线教育的平台及服务工具。例如，云朵课堂就是典型的B2B在线教育模式，主要为教育机构、企业、老师等提供包括直播、录播、考试、题库、学员管理等功能在内的在线视频教学。

（2）B2C在线教育模式。B2C在线教育模式是当前的主流模式，是指企业向个人提供的教育培训服务，猿题库、51Talk、91外教等都属于B2C在线教育模式。

（3）C2C在线教育模式。C2C在线教育模式比较特殊，主要是指教师和学生直接在互联网巨头等搭建的在线教育平台开展教学、交易活动，这一模式跳过了传统的线下培训机构。荔枝微课、网易云课堂等属于典型的C2C在线教育模式。

（4）O2O在线教育模式。O2O在线教育模式是指在线上引流，然后将流量导入线下，在线下实现教学。在这个模式下，O2O在线教育平台集合了众多培训机构和教师，然后为线下培训机构引流。

1.2.2　在线旅游

在线旅游实际是旅游电子商务行业的专业词语，是指旅游消费者通过互联网平台获取到旅游商品与服务信息，继而借助网络咨询或网络自助服务等方式向旅游服务提供商预订酒店、机票、门票等产品或服务的一种产业模式。

目前，我国热门的在线旅游平台主要包括携程旅行网、去哪儿网、飞猪、驴妈妈旅游网、途牛旅游网等。其中，携程旅行网一直处于领先地位，其在线旅游服务贯穿消费者出行的整个过程。下面以携程旅行网为例，介绍在线旅游服务，图1-7所示为携程旅行网的相关订购页面。

图1-7　携程旅行网的相关订购页面

1. 出行前

出行前，携程旅行网的在线旅游服务包括信息查询、行程规划、服务预订等。

（1）信息查询。出行前，消费者可以通过携程旅行网查询旅游目的地的天气、景区票价、交通路线、酒店住宿情况等。除此之外，携程旅行网也会根据消费者的搜索、浏览、购买等数据，分析消费者的爱好，有针对性地向消费者推送个性化旅游信息，提升消费者的服务体验。例如，当消费者频繁搜索云南旅游攻略时，携程旅行网就会判断消费者对云南感兴趣，进而主动向其推送云南的酒店、景区介绍等信息。

（2）行程规划。携程旅行网还可以充当智能行程助手的角色，帮助消费者规划旅游线路，为消费者推荐适合的游玩计划、交通路线等。在此基础上，消费者可以根据实际情况调整行程规划。

（3）服务预订。携程旅行网主打预订服务。消费者可以随时随地预订酒店、景区门票、观光车票等，预订时，消费者还可查看其他消费者的评价以决定是否购买该项服务。

2. 出行中

出行中，携程旅行网的在线旅游服务包括基于位置的服务（Location Based Services，LBS）、景区导览、租车包车等。

（1）LBS。LBS贯穿消费者出行的整个过程，主要通过定位技术、移动通信网络和全球定位系统，获得移动终端的位置信息，实现与位置相关的业务。出行中，LBS主要包括导航服务、位置跟踪服务、安全救援服务、移动广告服务及相关位置的查询服务等。例如，消费者可以根据当前定位的位置，在携程旅行App中查找并预订附近的酒店、景点、餐馆、特产店等，系统会为消费者规划前往目的地的路线。

（2）景区导览。携程旅行网提供了智能语音导览服务，包括地图、定位、查询、景点讲解等。消费者在景区游览过程中，可以使用该项服务。

（3）租车包车。鉴于消费者在旅游过程中对当地的交通可能不太熟悉，携程旅行网还提供了租车和包车服务。前者可以实现快速租车，且有平台作为保障，退赔更安心；后者由平台严选当地人气向导为司机，可以提供陪游、拍照等服务。

3. 出行后

出行后，携程旅行网的在线旅游服务包括写作游记攻略和点评景区、酒店等。

（1）写作游记攻略。携程旅行网不仅是一个旅游商品交易的平台，还是一个旅游爱好者交流的社区。消费者可以在携程旅行网上分享此次出游的感受、攻略等，在分享的同时还可以获得其他消费者的反馈和认可。

（2）点评景区、酒店。消费者可以在携程旅行网上对景点、酒店等进行点评，包括酒店的舒适度、景区的票价、风景的欣赏性、旅游设备的完善程度等，供其他消费者参考。

与传统的线下销售旅行服务的模式相比，在线旅游提供的旅行资讯、信息等更加直观，不仅节约了交易成本，还缩短了交易时长。

1.2.3　互联网医疗

医疗一直备受关注。随着医疗技术与信息技术的进步，互联网医疗开始出现并不断发展。互联网医疗是电子商务在医疗行业的新应用，是信息技术与传统医疗健康服务深度融合而形成的一种新兴医疗服务业态。目前，我国互联网医疗的运营模式主要包括远程医疗、互联网医院、互联网诊疗3类。

1. 远程医疗

远程医疗包括远程诊断、远程会诊及护理、远程教育、远程医疗信息服务等所有医学活动，是指以计算机技术、遥感、遥测、遥控技术为依托，充分发挥大医院或专科医疗中心的技术和设备优势，对医疗条件较差地区的患者进行远距离诊断、治疗和咨询。

远程医疗中，利用远程诊断、远程阅片、远程监护，实现医疗机构间患者信息的传递，能够有效调动异地医疗资源为患者提供优质服务。

2. 互联网医院

互联网医院实际是线下实体医院的互联网化，包含实体医院、互联网医院和独立设置的互联网医院。绝大多数互联网医院以实体医院为主导，同时会通过互联网技术为本院患者提供预约挂号、报告查询、远程会诊等服务，或与连锁药店、社区卫生服务中心等机构合作，通过互联网平台提供网络就诊服务。需要注意的是，互联网医院不能接待首诊患者，首诊患者要想在互联网医院看病，首先得有实体医院看病的经历。

近年来，阿里巴巴、好大夫在线、春雨医生、丁香园等率先突破传统医疗服务模式，建立起支持医保支付的银川智慧互联网医院、普安春雨云医院、银川丁香互联网医院等网络医院，为患者建立共享电子健康档案，提供在线问诊、用药咨询、药品配送等网上服务，在为患者减少就医成本的同时，也提高了诊疗效率，真正达到了"让患者少跑路，让数据多跑路"。

3. 互联网诊疗

互联网诊疗是指医疗机构集合在本机构注册的医师，利用互联网技术为患者和公众提供疾病诊断、治疗方案、处方等服务的模式。近来比较火热的互联网诊疗平台包括春雨医生、好大夫在线、丁香医生、微医等。除此之外，互联网诊疗也是当前许多医院采用的模式，大部分医院会设立专门的网站，并开通官方微信公众号或小程序，以便患者就医问诊和健康咨询。图1-8所示为某医院在微信公众号中建立的线上诊疗中心，这就是典型的互联网诊疗模式。

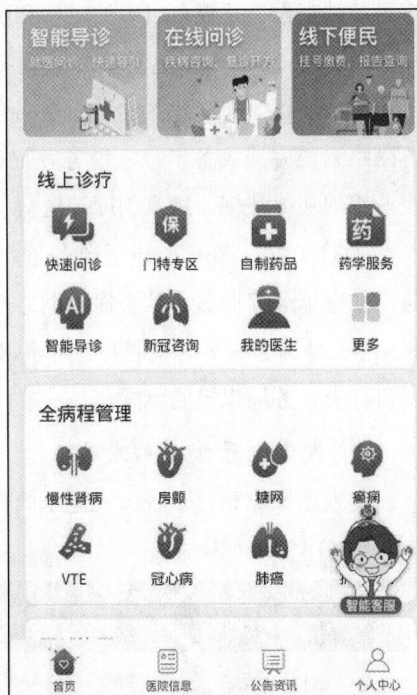

图1-8　某医院在微信公众号中
建立的线上诊疗中心

素养提升

互联网医疗涵盖了传统实体医疗的很多方面，问诊、挂号、候诊提醒、远程诊断、缴费和查询报告单等医疗活动均可在网上进行。互联网医疗不仅简化了就医流程、缓解了医疗资源地域发展不平衡的难题，也提高了医疗资源的利用率和患者的就医满意度，促进了我国医疗服务向分级诊疗、健康管理、医药流通等纵深领域发展。

1.2.4 电子政务

我国"互联网+政务服务"发展迅速，如今电子政务已成为提高公共服务治理水平的重要引擎。电子政务是指政府运用计算机技术、现代通信技术等技术，在安全可靠的网络平台上全方位行使管理职能、开展政务活动的一种全新的管理模式。

1. 电子政务的内容

简单来说，电子政务也就是运用电子化手段所实施的国家管理工作，主要包括以下几种类型。

（1）G2G。G2G电子政务即政府上下级之间、部门之间利用电子法规政策系统、电子公文系统、电子办公系统等施行政务工作。例如，就某政府部门的电子办公系统而言，工作人员可以在系统中完成请假、申请出差、审批文件等事务性工作，不仅可以节约时间和费用，还能提高工作效率。

扫码阅读

不同电子政务的具体示例

（2）B2G。B2G电子政务即政府通过电子网络系统采购与招标，精简业务流程，快捷、迅速地为企业提供各种信息服务。例如，某企业利用政府的税务网络系统完成税务申报、税务登记等工作；某政府对企业开放数据库，以便企业查询法律法规、规章制度等资料。

（3）C2G。在C2G电子政务下，政府主要充当"服务者"的角色，为消费者提供各种服务，如电子医疗服务、社会保险网络服务、交通管理服务、电子税务服务等。例如，个人所得税App就是国家税务总局推出的个税申报系统，消费者可以在该App中申报个人所得税，免去了自行去税务局申报的麻烦。

2. 我国电子政务的发展

与发达国家相比，我国的电子政务起步较晚，图1-9所示为我国电子政务的发展进程。

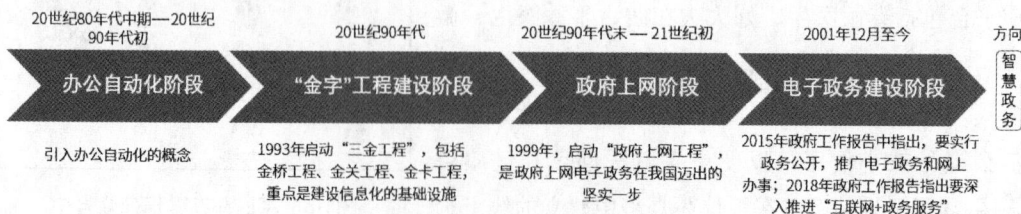

20世纪80年代中期—20世纪90年代初	20世纪90年代	20世纪90年代末—21世纪初	2001年12月至今	方向
办公自动化阶段	"金字"工程建设阶段	政府上网阶段	电子政务建设阶段	智慧政务
引入办公自动化的概念	1993年启动"三金工程"，包括金桥工程、金关工程、金卡工程，重点是建设信息化的基础设施	1999年，启动"政府上网工程"，是政府上网电子政务在我国迈出的坚实一步	2015年政府工作报告中指出，要实行政务公开，推广电子政务和网上办事；2018年政府工作报告指出要深入推进"互联网+政务服务"	

图1-9　我国电子政务的发展进程

当前，随着物联网、云计算、移动互联网等新一代信息技术的涌现，我国电子政务也随之升级。智慧政务就是我国电子政务的发展方向。实际上，智慧政务并非一种全新的政务形式，而是电子政务发展到一定程度、为适应时代需求而形成的，是智慧城市理念对电子政务提出的更高要求，旨在为消费者提供更便捷、更高效的服务，实现消费者办事"零跑腿"的新目标。例如，2021年4月，陕西省"秦务员"服务体系正式上线运行，消费者可在"秦务员"App及其小程序中查询办理涵盖社保医保、户籍户口、住房公积金、婚姻登记、资质认证、准营办税等多个领域的民生事项，这正是智慧政务的建设成果。

1.3　电子商务的法律环境

和传统商务类似，电子商务的交易活动要保证高效、有序地进行，必然要有成熟统一的法律规范。只有拥有了稳定、安全的法律环境，电子商务才能健康、持续地发展。

1.3.1　电子商务法的应用主体及其认定

《电子商务法》现已成为我国调整电子商务交易活动的基本法。该法详细规范了电子商务法的应用主体，主要包括电子商务经营者、电子商务消费者、快递物流服务提供者、电子支付服务提供者和信用评价服务提供者。

1. 电子商务经营者

电子商务经营者是指通过互联网等信息网络从事销售商品或者提供服务的经营活动的自然人、法人和非法人组织，包括电子商务平台经营者、平台内经营者以及通过自建网站、其他网络服务销售商品或者提供服务的电子商务经营者。

（1）电子商务平台经营者。电子商务平台经营者是指在电子商务中为交易双方或者多方提供网络经营场所、交易撮合、信息发布等服务，供交易双方或者多方独立开展交易活动的法人或者非法人组织。例如，携程旅行网、美团、天猫、唯品会等都属于电子商务平台经营者。

（2）平台内经营者。平台内经营者是指通过电子商务平台销售商品或者提供服务的电子商务经营者，如个人网店经营者就属于平台内经营者。

（3）通过自建网站、其他网络服务销售商品或者提供服务的电子商务经营者，也被统称为其他电子商务经营者，如微商、直播销售者等。

2. 电子商务消费者

电子商务消费者是与电子商务经营者相对应的主体，在电子商务交易中，电子商务消费者主要是指在电子商务平台上与平台内经营者发生实际交易的自然人、法人和非法人组织。应当注意的是，《电子商务法》中并没有使用电子商务消费者的概念，而是使用了电子商务当事人、用户、消费者这3个概念。其中，电子商务当事人包括电子商务经营者和电子商务消费者，用户仅在叙述电子商务平台时使用。

另外，本书中的消费者不等同于一般意义上的消费者，而是泛指在电子商务平台购买商品或者接受服务的自然人、法人和非法人组织。

3. 快递物流服务提供者、电子支付服务提供者和信用评价服务提供者

快递物流服务提供者、电子支付服务提供者和信用评价服务提供者又被称为辅助性民事主体。快递物流服务提供者即快递配送公司，如圆通、韵达等；电子支付服务提供者多指使用第三方支付的企业，如支付宝、微信支付、云闪付等；信用评价服务提供者即在电子商务交易法律关系中进行信用评价的第三方，目前，在电子商务中，基本上是由电子商务平台经营者对平台内经营者进行信用评价。

1.3.2 电子商务涉及的法律问题

电子商务以互联网为依托，因为交易场所虚拟化、电子商务发展不成熟等引发了许多法律问题，如知识产权保护问题、税收问题、隐私权保护问题、电子合同问题等。

（1）知识产权保护问题。知识产权包括商标权、专利权、著作权。电子商务的虚拟化使得知识产权的保护非常困难，文章、图像、音频、视频、计算机软件、商标及电子商务网站所涉及的商业秘密等都会涉及知识产权保护问题，仅靠加密等技术手段无法解决知识产权保护问题，还需要法律的支持。

（2）税收问题。电子商务下的合同、票据等均无纸化，使合同、支付等都变成了信息流和数字流的形式，并且由于计算机加密系统的开发和应用，以及法律方面的原因，税务部门无法进入加密程序，也就不能获得真实的纳税资料，这使得电子商务的税收征管变成了一个难题。另外，传统的管辖有属地和属人两种原则，由于互联网的超地域性、电子商务交易的多国性，使得税收管辖权面临挑战。

（3）隐私权保护问题。电子商务中涉及的隐私权保护侧重于消费者在网上的私人信息要受到保护，不被他人非法侵犯、知悉、搜集、复制、公开和利用。消费者在进行电子商务交易时，往往被要求提供详细资料，这也让不法分子有可乘之机，使消费者的隐私权受到严重威胁。

（4）电子合同问题。与传统的纸质合同不同，电子合同是数字化的，在文件传输过程中，电子文件内容有可能被截取、修改，甚至丢失，因此在没有法律依据的情况下，容易出现法律纠纷和安全问题。另外，电子商务交易下，在电子合同的谈判、协商和签订等环节，各方当事人可能互不见面，因此在签署电子合同过程中，存在着比签订传统合同更大的风险问题。

1.3.3 电子商务法律的相关政策

电子商务发展至今，国家已经出台了许多与电子商务相关的法律及政策，这对保障电子商务各方主体权益、规范电子商务行为、维护市场秩序、促进电子商务行业持续健康发展都具有极其重大的意义。

（1）新版《中华人民共和国消费者权益保护法》（简称《新消法》）。电子商务的本质仍然是商务，建立在消费者信赖和认可的基础之上，因而消费者权益的保护在电子商务发展中占有重要地位。《新消法》完善了消费者权益保护制度，有利于限制不正当竞争，提高企业和全社会的经济效益。

（2）《中华人民共和国网络安全法》。该法是我国第一部全面规范网络空间安全管理方面问题的基础性法律，为了保障网络安全，维护网络空间主权和国家安全、社会公共利益，保护公民、法人和其他组织的合法权益，促进经济社会信息化健康发展而制定，该法为电子商务的网络安全提供了重要保障。

（3）《中华人民共和国电子签名法（2019修正）》。该法赋予了电子签名与手写签名或盖章同等的法律效力，并明确了电子认证服务的市场准入制度，为我国电子商务安全认证体系和网络信用体系的建立奠定了基础。

（4）《电子商务法》。该法对我国的电子商务行为进行了规范，对电子商务发展过程中出现的问题和矛盾做出了规定，明确了电子商务争议的解决办法，以及电子商务经营者应当履行的义务和应当承担

> ✏️ 课堂讨论
> 《电子商务法》解决了电子商务哪些方面的问题？

的法律责任。《电子商务法》新增了电子商务经营者的知识产权保护义务的内容，弥补了电子商务中有关知识产权法的空白。另外，电子商务交易过程中许多环节的费用支付都是通过网络完成的，使得税款的征收变得困难，为此，《电子商务法》明确规定了电子商务经营者应当依法办理市场主体登记，履行纳税义务。

（5）《中华人民共和国民法典》。该法被称为"社会生活的百科全书"，是我国第一部以法典命名的法律，在法律体系中居于基础性地位，也是市场经济的基本法。其中，第三编（合同）明确了电子合同具有的法律效力，明确规定了时下流行的网购、电子合同的履行规则。

🔍 案例阅读

网店用返现诱使消费者修改差评

在网购商品时，经常会有消费者买到质量较差或货不对版的商品，如果网店不给予退款退货处理，消费者会在网购平台中给予网店差评的评价。网店为了不被差评影响，经常会用返现诱使消费者修改差评。

2019年1月，在《电子商务法》施行的第二天，温州某市场监督管理局检查辖区某皮鞋加工厂时，发现该皮鞋加工厂的网店客服人员存在修改评价记录的情况，当即依法立案调查。调查过程中，网店客服人员坦白，通过"评价好助手"的提醒，与打差评的消费者取得联系，以返现的方式引导消费者删除差评，并给予好评。后来，该市场监督管理局根据《电子商务法》第五条和第十七条的规定，对该皮鞋加工厂进行了查处。

《电子商务法》的出台，对规范电子商务行为、保护消费者权益、引导电商行业持续健康发展有重要意义，电子商务经营者应以法律规定为准绳，自我约束网络经营行为，共同促进网络经济的完善和发展。

1.4 案例分析——从阿里巴巴看我国电子商务的发展

1999年，阿里巴巴成立，此时的阿里巴巴主要通过网站为中小型企业提供商品销售服务。经过多年的发展，阿里巴巴已不再局限于网站，而是成为集电子商务、金融服务、物流服务、广告服务、大数据服务、云计算服务和跨境贸易服务等于一体的综合服务商。阿里巴巴作为我国电子商务的主要引领者，旗下的电子商务市场份额在B2B、B2C和C2C中均排名前三，成为电子商务发展中不可或缺的一部分，从其发展史中可以了解到我国电子商务的发展轨迹和趋势。

1.4.1 阿里巴巴的发展历程

1999年6月，阿里巴巴网站正式成立。到2001年12月，阿里巴巴网站在线注册用户数超过100万。2003年5月，淘宝网正式创立，主营C2C业务，而阿里巴巴主营B2B业务，专注于信息流服务。1999—2003年是阿里巴巴发展的初级阶段，我国的电子商务也进入发展期，这一阶段，我国的上网用户数量增长速度较快，远超全球平均水平。

2004年12月，阿里巴巴推出支付宝，为淘宝网购物的资金安全提供保障，同时也为阿里巴巴提供了一股强大的现金流，为阿里巴巴在各方面的发展与投资奠定了基础。2005年10月，阿里巴巴接管中国雅虎，2007年阿里巴巴在香港联交所主板挂牌上市，并成立网络广告平台阿里妈妈。2008年，阿里巴巴推出淘宝商城（即天猫）。同年，阿里巴巴成立阿里云计算，并收购中国领先的互联网基础服务供应商——中国万网。从2004年到2010年年底，阿里巴巴专注于B2C市场与新技术的探索，此时，我国电子商务也进入加速发展期，B2C市场发展迅速，显示出蓬勃、积极的一面。

2011年，阿里巴巴宣布将淘宝网拆分为一淘网、淘宝网、淘宝商城3家公司。次年，阿里巴巴宣布调整公司组织架构，将子公司制调整为事业群制，把现有子公司的业务调整为淘宝、一淘、天猫、聚划算、阿里国际业务、阿里小企业业务和阿里云7个事业群。2013年，阿里巴巴再次调整业务架构和组织结构，将7个事业群拆分为25个事业部，使阿里巴巴能够从容面对日益复杂的商业系统。2011—2013年是阿里巴巴业务与组织架构重组的关键时期，此时，我国电子商务逐渐进入成熟期，电子商务行业发展迅猛，产业规模迅速扩大。

2014年，"天猫国际"正式推出，国际品牌通过天猫国际能直接向中国消费者销售产品。同年，阿里巴巴与银泰成立合资企业，发展O2O业务，关联公司蚂蚁金融服务集团（原"小微金融服务集团"）正式成立。2015年，阿里巴巴宣布成立阿里音乐集团。2016年，阿里巴巴与国家发展改革委签署结合返乡创业试点发展农村电商战略合作协议，未来3年双方将共同支持300余试点县（市、区）结合返乡创业试点发展农村电商。2018年，阿里巴巴联合蚂蚁金服全资收购饿了么。同年，阿里巴巴与星巴克宣布达成新零售全面战略合作，星巴克依托饿了么配送体系，逐步上线外送服务。同时，基于盒马鲜生以门店为中心的新零售配送体系，共同打造了星巴克"外送星厨"。2018年12月27日，阿里国际站正式宣布启动"数字化出海"计划。2015—2018年，阿里巴巴开始发展新的电商领域，积极拓展O2O业务，进一步深化线上线下业务。

2019年3月初，阿里巴巴宣布投资46.6亿元，入股申通快递，成为申通快递的第二大股东。2020年2月6日，阿里巴巴发布"爱心助农计划"，基于完整的数字农业基础设施，助力农产品上行。2020年4月，阿里巴巴启动"春雷计划2020"，全力推动面向数字经济时代的新型基础设施建设。2020年9月16日下午，阿里巴巴神秘项目犀牛工厂亮相。2020年10月9日，淘宝特价版在上海推出首家"1元体验店"，继续发挥低价优势，渗透下沉市场。2020年11月2日，阿里巴巴正式宣布在湖北武汉启动华中总部项目，预计2026年建成。

1.4.2 阿里巴巴的三大发展战略

阿里巴巴经营着多项业务，业务和关联公司包括淘宝网、天猫、阿里巴巴国际交易市场网站、1688采购批发网网站、阿里妈妈、阿里云、菜鸟网络等。阿里巴巴能获得今日的成就，与其三大发展战略密切相关。

1. 国际化发展战略

国际化是阿里巴巴的长期发展战略。2010年后，阿里巴巴开始拓展国际市场，开展了多种海外投资与并购，交易规模不断扩大。阿里巴巴在国际化发展进程中大力扩张B2B模式，并在此基础上以全球化发展作为目标。

近年来，阿里巴巴加速布局海外市场，抢占海外优势资源，分别在俄罗斯、东南亚、印度、中东、墨西哥、澳大利亚和非洲市场取得不错的成绩。例如，2017年，阿里巴巴推出了面向消费者的天猫俄罗斯站，并获得俄罗斯政府的支持，与俄罗斯某互联网公司建立了伙伴关系；2018年，阿里巴巴投资了东南亚电商平台——Lazada。目前正在积极开拓欧美及日本市场。

"到2036年服务全球20亿消费者，创造1亿个就业机会，帮助1 000万中小企业盈利"是阿里巴巴的一大发展愿景，其建立的电子商务平台已经连接了全球供应链和消费者，国际化的发展战略给阿里巴巴带来了更广阔的发展空间。

2. 多元化发展战略

阿里巴巴的商品和服务遍布多个领域，无论是满足消费者需求的淘宝网，解决在线支付问题的支付宝，解决物流问题的菜鸟网络，还是为企业提供管理与服务的阿里云软件，满足消费者生活服务需求的口碑网、飞猪网等，都具有非常强大的市场竞争力。阿里巴巴利用多元化经营，形成了一个集网上购物、客户定位、在线支付、商品配送、售后服务于一体的循环闭环，形成了方便消费者的一站式服务，从而给予消费者愉快的购物体验。

阿里巴巴通过实施多元化发展战略，不仅可以争取协同效应、降低交易成本、提升企业的核心竞争力，还可以分散经营风险，另外还可以利用企业富余资源开拓新的市场。

3. 持续创新发展战略

阿里巴巴能保持多年的竞争力，与其持续创新的发展战略密不可分。阿里巴巴一直以来都非常注重创新，如在淘宝网发展起来之后，又开始进行业务创新，发展了天猫、支付宝、阿里云、一淘、聚划算等众多延伸新业务；在技术上，持续对云操作系统、服务器、芯片、网络等重大核心技术进行研发，建设面向未来的数据中心。

2009年9月，阿里云的成立让阿里巴巴成为国内最早布局云计算的平台型企业；2016年年底，阿里率先提出了"五新"（新零售、新金融、新制造、新技术、新能源）战略；2017年阿里巴巴成立阿里巴巴达摩院，主要研究量子计算、基础算法、网络安全、视觉计算、芯片技术、传感器技术领域。除此之外，阿里巴巴的成熟业务也不断创新升级，如利用直播、短视频等为淘宝网、天猫注入新动力。

正是因为持续创新战略，阿里巴巴才能够在市场竞争中处于优势地位。创新是电子商务企业发展的核心，时刻影响着企业的兴衰存亡，这也给我国其他企业的发展提供了借鉴意义。

1.4.3　阿里巴巴的现状和未来

2021年8月，阿里巴巴发布了2021年第二季度财务业绩报告，报告显示，阿里巴巴实现了2 057.48亿元的营收，同比增长34%。阿里巴巴表示，企业收入的增长得益于零售商业业务的稳健增长以及菜鸟物流服务、跨境及全球零售商业业务的收入增长。图1-10所示为阿里巴巴2019年第二季度至2021年第二季度的中国零售商业收入及增速，图1-11所示为阿里云和菜鸟网络2018年第二季度至2021年第二季度的各季度营收。

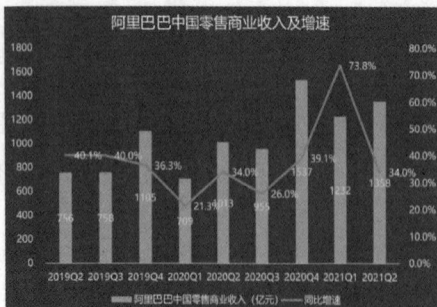

图1-10　阿里巴巴2019年第二季度至2021年第二季度的中国零售商业收入及增速

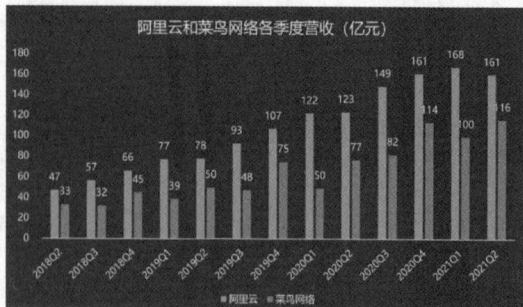

图1-11　阿里云和菜鸟网络2018年第二季度至2021年第二季度的各季度营收

从阿里巴巴新发布的财报可以看出，阿里巴巴目前保持稳定发展的状态，核心电子商务业务依然是其主要的收入来源，菜鸟网络和阿里云构成了阿里巴巴产业互联网的基石，国际化扩张发展良好。

近年来，阿里巴巴宣布新一轮面向未来的升级，集中发力推进全球化、内需、大数据和云计算三大战略。在核心商业的驱动下，阿里巴巴发展为集电商、新零售、云计算、金融、物流、大文娱于一体的庞大生态体系，搭建成一个服务于全球中小企业的商业基础设施。从此可见，阿里巴巴未来必将紧抓数字化浪潮，朝着全球化、智慧化、数字化的方向发展。

根据上述材料，回答以下问题。

（1）阿里巴巴的发展与我国电子商务史有什么联系？

（2）阿里巴巴能保持竞争力的发展战略有哪些？

（3）阿里巴巴未来的发展方向是什么？

任务实训

随着我国电子商务的不断发展，电子商务完成了原始的消费者积累及市场铺垫。电子商务的基础设施和相关法律法规的日趋完善，也使得我国电子商务逐渐向深层次和多元化的方向发展。为了更好地理解电子商务，并掌握相关的基础知识，下面通过实训来巩固所学内容。

【实训目标】

（1）熟悉电子商务的概念，理解电子商务与传统商务的不同。

（2）掌握电子商务的分类和行业应用。

（3）了解我国当前的电子商务环境，熟悉电子商务涉及的法律问题。

【实训内容】

（1）戴尔是传统企业成功向互联网和电子商务转型较成功的例子，掌握戴尔原有的经营模式和当前的电子商务模式，比较传统商务与电子商务运作过程的不同，并填写表1-2所示的传统商务与电子商务运作过程对比。

表1-2 传统商务与电子商务运作过程对比

运作过程	传统商务	电子商务
交易前的准备		
贸易磋商		
合同与执行		
支付与结算		

（2）分别浏览B2B、B2C、C2C、O2O、G2G、B2G、C2G网站，查看其提供的商品或服务，向同学说说它们有哪些区别。

（3）了解电子商务在不同行业中的应用，想想电子商务还可以应用在哪些行业。

1 Chapter

（4）与同学合作搜集《电子商务法》施行后电子商务领域发生的重大事件，说说哪些法律问题经常发生。

课后习题

1. 名词解释

（1）电子商务　（2）电子政务　（3）电子商务经营者　（4）B2B2C　（5）C2B

2. 单项选择题

（1）狭义的电子商务用E-Commerce表示，广义的电子商务用（　　）表示。

  A. E-Internet B. E-Intranet C. E-Business D. E-Consumer

（2）构成电子商务概念模型的基本要素不包括（　　）。

  A. 电子商务实体 B. 交易市场 C. 电子市场 D. 交易事务

（3）B2B和B2C的演变和升级产生了（　　）。

  A. C2C   B. B2B2C   C. B2C2B   D. G2C

3. 多项选择题

（1）电子商务中所包含的几种流有（　　）。

  A. 信息流   B. 资金流   C. 商流   D. 物流

（2）按商务活动内容划分，电子商务可分为（　　）。

  A. 交易前电子商务   B. 交易后电子商务

  C. 完全电子商务   D. 不完全电子商务

（3）电子商务的基本框架包括的层次有（　　）。

  A. 网络层 B. 技术支持层 C. 服务支持层 D. 应用层

（4）电子商务法的应用主体有（　　）。

  A. 平台内经营者   B. 电子商务平台经营者

  C. 电子支付服务提供者   D. 认证服务提供者

4. 思考题

（1）如何判断一项商务活动是否属于电子商务？

（2）电子商务的概念模型中，有哪些基本要素？每个基本要素的功能是什么？

（3）智慧政务是什么？你知道近年有哪些智慧政务建设。

（4）我国电子商务涉及的法律问题有哪些？国内有哪些相关的法律规范？

5. 案例分析题

1688采购批发网

1688采购批发网原称为阿里巴巴中国交易市场，与阿里巴巴国际交易市场同年创立，是国内领先的网上采购批发平台。1688采购批发网以批发和采购业务为核心，通过专业化运营，完善客户体验，全面优化企业电子商务的业务模式。

目前，1688采购批发网已覆盖原材料、工业品、服装服饰、家居百货、小商品等多个行业大类，提供原料采购、生产加工、现货批发等一系列供应服务，以实现"让天下没有难做的生意"的企业愿景。1688 采购批发网为阿里巴巴旗下零售平台经营业务的商家提供了商品采购渠道。2013 年 6 月，1688 采购批发网注册会员数量突破 1 亿人；2014 年 7 月，1688 采购批发网无线客户端上线，标志着 1688 采购批发网进入无线时代。目前，1688 采购批发网已和全国百强企业签约达成合作，带动产业朝数字化转型，更加高效率地服务线上采购批发商。

根据上述材料，分析以下问题。

（1）1688 采购批发网属于哪种类型的电子商务网站？

（2）1688 采购批发网的主要业务是什么？

【课前预习】

预习课程	电子商务的技术基础	时间：20分钟
预习方式	1. 在bilibili中搜索并观看与电子商务技术相关的学习视频，了解电子商务技术。 2. 浏览本章内容，熟悉本章的知识结构。 3. 阅读下面的案例并回答问题。 **阿里云的云计算、人工智能布局** 阿里云是阿里巴巴集团2008年注册成立的公司，如今已是全球领先的云计算及人工智能科技公司。 2009年，阿里云正式对外亮相并提供云计算服务，同年推出飞天计算操作系统。飞天计算操作系统可以将遍布全球的百万级服务器连成一台超级计算机，最先只是阿里巴巴集团内部搜索、邮箱、小文件存储等应用的公共基础。2011年7月，阿里云开始将飞天计算操作系统大规模对外提供，如12306的车票查询业务就是由飞天计算操作系统完成的。2015年，蚂蚁金服及阿里巴巴网站的所有数据的存储、计算任务都迁移至飞天计算操作系统中。近年，阿里云加强了云计算服务，2018年发布了飞天2.0大规模云计算操作系统，成了面向万物智能的云计算操作系统，可以满足百亿级设备的计算需求。 2016年，阿里云也开始在人工智能领域进行发展，同年8月推出了人工智能ET（Evolutionary Technology），该人工智能ET具备了智能语音交互、图像/视频识别、交通预测、情感分析等技能，如自助电话客服、语音导航、智能助手等都是人工智能ET的应用。基于人工智能ET，2017年，阿里云发布了超级智能ET大脑，整合了城市管理、工业优化、辅助医疗、环境治理、航空调度等多个方面。 思考：（1）什么是云计算？什么是人工智能？ 　　　（2）电子商务的常用技术有哪些？	
预习目标	1. 能够自主在网络中搜索与电子商务技术相关的学习视频来进行课前预习。 2. 能够通过阅读本章内容，熟悉本章所讲述的知识。 3. 能够通过课前预习，回答案例提出的问题。	
疑难点总结		

2.1 电子数据交换技术

电子数据交换（Electronic Data Interchange，EDI）于20世纪90年代快速发展起来，后成为全球贸易中基本的商务手段和联络方式，为信息处理带来了极大便利。在基于互联网的电子商务普及应用之前，基于电子数据交换技术的电子商务是一种主要的电子商务模式。

2.1.1　电子数据交换的定义和特点

电子数据交换是指将商业或行政事务处理按照一个公认的标准，形成结构化的事务处理或报文数据格式，从计算机到计算机的电子传输方法。简单地讲，电子数据交换就是根据商定的交易或电文数据的结构标准实施商业或行政交易，完成从计算机到计算机的电子传输，俗称"无纸化贸易"。

电子数据交换是一种企业或部门之间传输电子单证（如订单、发票等）的电子化手段。电子数据交换有3个显著特点。

（1）处理和传输的数据来源于参与贸易各方之间的商业文件。

（2）文件传输采用国际公认的电子数据交换标准报文格式，由专门的计算机网络实现。

（3）信息的发送、接收与处理由计算机自动进行，无需人工干预。

2.1.2　电子数据交换系统的构成

微课视频

一个完整的电子数据交换系统由3个要素构成，分别是EDI标准、通信网络和软硬件，3个要素之间互相协作，缺一不可。

1. EDI标准

电子数据交换是计算机与计算机之间的通信，核心是结构化的数据通过一定标准的报文格式，从一个应用程序到另一个应用程序的电子化的交换，因此，实施电子数据交换，需制定各方都能理解和使用的标准，其主要目的是消除各方语言、商务规定以及表达与理解上的歧义性，为贸易实务操作搭起一座电子通信的桥梁。

行政、商业和运输行业电子数据交换（Electronic Data Interchange for Administration，Commerce and Transport，EDIFACT）作为国际标准，提供了一套语法规则的结构、互动交流协议，以及允许多国和多行业的电子商业文件交换的标准消息，已被世界上大多数国家所接受，我国的EDI标准也以EDIFACT标准为基础制定。

EDI标准是实现电子数据交换的关键部分。EDI标准的组成分为解决通信网络协议问题的网络通信标准，解决各种消息报文的处理标准，解决用户所属的管理信息系统或数据库与电子数据交换之间的接口的联系标准，解决消息报文在国际网络和各系统之间传递的标准协议的语义语法标准等。

2. 通信网络

通信网络是实现电子数据交换的手段，是电子数据交换的载体。电子数据交换的通信方式有多种，包括点对点、一点对多点、多点对多点和增值网络（Value Added Network，VAN）等通信方式。

点对点、一点对多点、多点对多点的通信方式分别指两台计算机之间相互通信、一台计算机与多台计算机相互通信、多台计算机与多台计算机相互通信。当贸易方的数量较少时，可采用点对点、一点对多点或多点对多点的通信方式；当贸易方的数量较多时，可采用增值网络通信，所谓增值网络，是指网络自身具有附加价值的、进行信息分配和加工的结构。

3. 软硬件

软硬件是生成和处理数据的工具。电子数据交换的软件包括转换软件、翻译软件和通信软件3类。

（1）转换软件。转换软件可以帮助用户将原有计算机系统的文件或数据库中的数据，转换成翻译软件能够理解的平面文件，或者将从翻译软件接收来的平面文件，转换成原计算机系统中的文件。

（2）翻译软件。翻译软件可以将平面文件翻译成EDI标准格式文件，或将接收到的EDI标准格式文件翻译成平面文件。

（3）通信软件。通信软件会将EDI标准格式文件的外层加上通信信封，再送到通信网络系统内的邮箱，或经通信网络系统内的邮箱，将接收到的文件取回。

EDI所需硬件主要有计算机、调制解调器和通信线路。其中，计算机是实施电子数据交换的平台。调制解调器一般由调制器和解调器组成，在发送端，调制解调器将计算机串行口产生的数字信号调制成可以通过电话线传输的模拟信号；在接收端，调制解调器把输入计算机的模拟信号转换成相应的数字信号，送入计算机接口，调制解调器根据其功能和传输速度选择。常用的通信线路一般是电话线路，如果在传输时效及资料传输量上有较高要求，可以考虑租用专线。

2.1.3 电子数据交换的应用

电子数据交换应用在金融、电子商务、物流及国际贸易等领域中，能够实现各方之间各种交易单证的安全和有效交换。就电子商务领域而言，电子数据交换多用于订单的自动处理，能够实现订单数据标准化，计算机可以自动识别和处理订单数据，可以减少重复劳动。下面以订单发送与回复为例，简要介绍电子数据交换在电子商务领域中的应用流程。

第一步，买方根据实际需求利用计算机在订单处理系统中制作一份订单，系统以电子数据的格式存储信息，并形成买方数据库，然后生成一份电子订单。

第二步，买方将该电子订单通过电子数据交换中心传送给卖方。在实际应用中，该电子订单被发往卖方的电子邮箱，先被保存在电子数据交换中心，等待来自卖方的接收指令。

第三步，卖方从位于电子数据交换中心的电子邮箱接收邮件，电子邮箱中包含了买方发送的电子订单。

第四步，卖方查阅电子订单后，使用计算机上的订单处理系统，自动生成一份回执，卖方确认后，该电子订单回执经网络发送到电子数据中心再存放到买方的电子邮箱。

第五步，买方再通过电子数据中心接收全部邮件，邮件中就包含了电子订单回执。

在整个流程中，卖方接收到订单，买方接收到电子订单的回执，图2-1所示为通过电子数据交换中心发送订单与回复的流程。

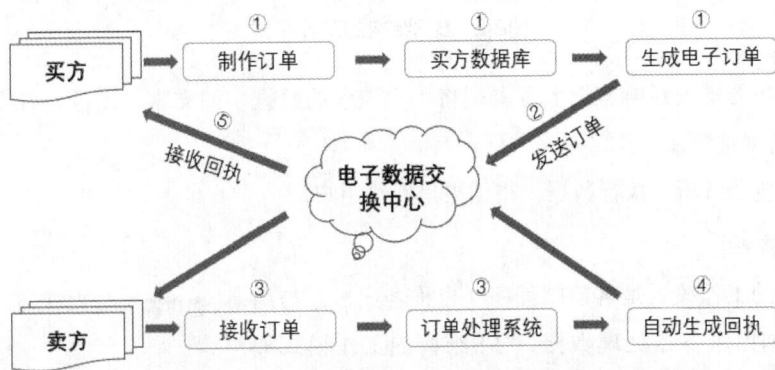

图2-1　通过电子数据交换中心发送订单与回复的流程

2.2　Web开发技术

Web服务器、Web浏览器及一系列的协议和约定组成了Web开发技术。Web开发技术是开发互联网应用的技术总称，其运用超文本和多媒体技术，让用户可以在网络上阅读新闻、下载软件、搜索信息、在线购物等。

2.2.1　Web应用系统的结构

Web应用系统可以通过Web访问，具有方便、易用、简捷、开放等特点，其主要有浏览器/服务器（Browser/Server，B/S）和客户端/服务器（Client/Server，C/S）两种结构。

1. B/S结构

B/S结构是基于互联网的发展产生的一种网络结构。该结构统一了客户端，将应用系统的核心业务处理功能集中到了服务器端，让应用系统的开发更简单、系统维护更方便。B/S结构的工作模式是客户端请求，服务器端响应，图2-2所示为B/S结构的工作模式。B/S结构的具体工作流程如下。

（1）客户端发送请求。用户在客户端提交操作，向服务器端发出请求。

（2）服务器端处理请求。服务器端接收并处理请求，若不涉及数据库，直接由应用程序服务器产生响应；若涉及数据库，则访问数据库服务器，并请求进行数据处理，产生响应。

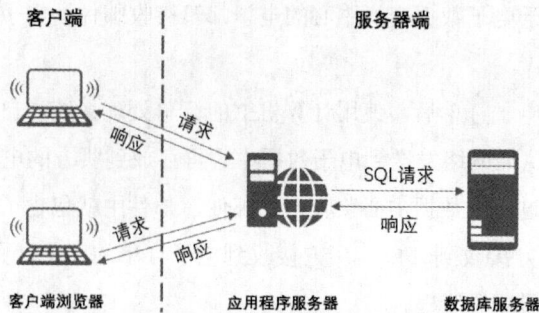

图2-2　B/S结构的工作模式

（3）服务器端发送响应。服务器端将用户请求的数据（如文本、图像、音频、视频或网页等）返回给浏览器。

（4）浏览器解析并执行数据，将结果呈现给用户。

2．C/S结构

C/S结构的工作模式是客户端程序（也称客户机）与用户交互，数据库服务器处理数据，C/S结构的工作模式如图2-3所示，C/S结构的具体工作流程如下。

（1）客户端程序提出请求。客户端程序与数据库服务器通过局域网连接在一起，客户端程序接收用户的请求，并通过网络向数据库服务器提出数据请求。

（2）数据库服务器返回数据。数据库服务器接收客户端程序的请求，将数据库服务器中对应的数据返回给客户端程序。

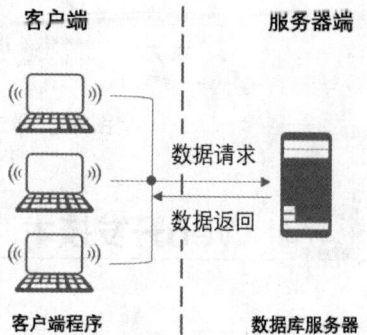

图2-3　C/S结构的工作模式

（3）客户端程序解析并执行数据，将结果呈现给用户。

由此可看出，C/S结构只有客户端程序和数据库服务器两部分，交互性较强、响应速度较快，适合小型局域网使用。

2.2.2　Web客户端技术

在实际应用中，信息在客户端浏览器显示的样式、与用户在服务器端的交互等都是由Web客户端技术实现的。Web客户端技术常用的有超文本标记语言、脚本语言、可扩展标记语言、级联样式表和文件对象模型等，比较常用的主要是前4种。

1．超文本标记语言

超文本标记语言（Hyper Text Markup Language，HTML）主要用来构建Web页面，表示网络信息的符号标记语言。网页文件本身是一种文本文件，通过在文本文件中添加标记符，告诉浏览器如何显示内容，如文本如何处理、画面如何安排、图像如何显示等。

HTML能支持不同数据格式的文件嵌入，包括图像、音频、视频、动画、表单和超链接等，具有简易性、可扩展性、平台无关性等特点。一个网页对应一个HTML文件，HTML文件以.htm或.html为后缀名，可以使用任何能够生成TXT类型源文件的文本编辑软件（如记事本、Dreamweaver、Amaya等）产生HTML文件。

目前，较新的超文本标记语言的版本是HTML5，HTML5是HTML新的修订版，结合HTML4.0的相关标准并进行了革新，更符合现代网络发展的要求。HTML5强化了Web网页的表现性能，除了可描绘二维图形，还添加了播放视频和音频的标签，以及本地数据等Web的应用功能。

2．脚本语言

脚本语言弥补了HTML无法实现客户端与服务器端交互的缺陷。脚本语言支持网页应用程序的客户机和服务器的开发，可以被嵌入超文本标记语言之中，实现客户端与服务器端实时、动态的交互。

JavaScript是较为常见的一种脚本语言，与超文本标记语言关联紧密。JavaScript是基于对象和事件驱动且具有安全性能的脚本语言，可以编写网页浏览器在网页页面中执行的程序。在服务器中，脚本语言可以编写网页服务器程序，网页服务器程序用于处理浏览器页面提交的各种信息，并更新浏览器的显示。

3．可扩展标记语言

可扩展标记语言（Extensible Markup Language，XML）是一种使用简单标记来描述数据的技术。XML以一种开发的自我描述方式定义了数据结构，将页面的内容和展示分开，通过标记不同类型的内容，体现数据之间的关系。

XML数据的存储格式是纯文本文件，易于读取、记录和调试，使数据共享变得更简单。除此之外，XML能从HTML中分离数据，在不兼容的系统之间交换数据，使数据能被不同的程序读取，并且避免数据改动而修改HTML文件。

4．级联样式表

级联样式表（Cascading Style Sheets，CSS）是一种用来表现HTML或XML等文件样式的计算机语言，能够真正实现网页表现与内容的分离。CSS不仅可以灵活控制网页页面文本的字体、字号、颜色、间距、风格和位置等，还可以定位网页中的任何元素，并为其设置不同的背景颜色和背景图像，甚至可以与脚本语言结合，使网页中的元素产生各种动态效果。

2.2.3　Web服务器端技术

Web服务器端技术是在静态网页越来越不能满足用户需求的背景下产生的，目前已经成为较为主流的电子商务系统的实现方式，主要负责实现动态交互。常见的服务器端技术主要有公共网关接口、动态服务器页面、Java服务器页面和超文本预处理语言等。

（1）公共网关接口。公共网关接口（Common Gateway Interface，CGI）是运行在网络服务器上的可执行程序，主要负责接收客户端的请求，并与服务器端的应用程序或数据库交互，将结果转换为HTML代码传送到客户端。Java、C/C++等编程语言都可以设计CGI，但如今在电子商务领域中已经使用得较少。

（2）动态服务器页面。动态服务器页面（Active Server Pages，ASP）是一种生成动态交互性网页的工具，可以创建和运行动态网页或Web应用程序。ASP只能在支持它的服务器上运行，由服务器处理数据后，将标准的HTML页面传送到浏览器。

（3）Java服务器页面。Java服务器页面（Java Server Pages，JSP）是一种动态网页技术标准，可以在传统的HTML文件中插入Java程序段和JSP标记，形成JSP文件。目前，JSP是在电子商务领域应用得较多的Web服务器端技术。

（4）超文本预处理语言。超文本预处理语言（Hypertext Preprocessor，PHP）是一种创建动态交互性站点的服务器端脚本语言，是一种通用开源脚本语言。相比HTML、JSP等脚本语言，PHP功能强大且复杂，其语言风格与C语言类似。

2.2.4　数据库管理技术

数据库（Database，DB）是长期储存在计算机内的、有组织的、可共享的大量数据的集合。数据库管理技术应数据管理任务的需要而产生，是对数据进行分类、编码、存储、检索和维护的一种技术。数据库管理技术能使数据库中的数据按一定的数据模型组织、描述和储存，具有较小的冗余度、较高的数据独立性和易扩展性，可共享。目前，数据库管理技术主要有3种类型。

（1）关系型数据库。关系型数据库将复杂的数据结构归结为简单的二次关系（即二维表格形式）。MySQL、SQL Server、Oracle、Access等都是典型的关系型数据库。

（2）网络式数据库。网络式数据库是数据库技术在计算机网络中的应用，以实现数据和资源的共享。网站留言簿、论坛、远程教育和复杂的电子商务等都是通过网络式数据库实现的。

（3）层次式数据库。层次式数据库是较早研制成功的数据库系统，可在DOS/VS操作系统上运行。

2.3　其他新兴技术

随着科学技术的快速发展，物联网、云计算、大数据、人工智能、VR/AR和区块链等新技术的出现与应用，为我国电子商务注入了新的活力，优化了电子商务活动的各个环节，进一步推动了电子商务的发展。

2.3.1　物联网

物联网是一个基于互联网、传统电信网等信息承载体，让所有能够被独立寻址的普通物理对象实现互联互通的网络。简单地说，物联网就是把所有物品通过信息传感设备与互联网连接起来，进行信息交换，以实现智能化识别和管理的网络。

微课视频

扫码阅读

物联网的
关键技术

目前，物联网主要应用在交通运输、物流、电力、建筑、医疗及人们日常生活中，如智能公交车、共享单车、医疗的可穿戴设备、消防监测等。就电子商务领域而言，物联网的应用主要体现在以下 3 个方面。

（1）智能零售。零售按照距离可以分为远场零售、中场零售和近场零售，三者分别以电商、商场/超市和自动售货机为代表。物联网更多应用在中场零售和近场零售中，如对传统的商场/超市和售货机进行数字化升级和改造，诞生了无人便利店和自动（无人）售货机，即智能零售。

（2）智慧物流。物联网在智慧物流的整个过程中实现数字化控制和信息传递，主要体现在仓储、运输监测以及快递终端等方面，如通过物联网技术实现对货物的监测以及运输车辆的监测，包括货物车辆位置、状态，货物温湿度，油耗及车速等。

（3）智能制造。智能制造即继自动化制造之后更进一步的制造业形态。智能制造的物联网应用主要体现在数字化以及智能化的工厂改造上，包括工厂机械设备监控和工厂的环境监控。例如，在工厂机械设备上加装相应的传感器后，设备厂商可以远程对设备进行监控、升级和维护等操作，更好地了解商品的使用状况，完成商品全生命周期的信息收集，指导商品设计和售后服务。

🔍 **案例阅读**

物联网在我国农业领域的应用

农业是物联网应用的核心领域之一，物联网在农业领域的应用主要表现在农业种植、畜牧养殖方面，如环境监控、品种培育、精准作业、园艺种植、畜禽精细化管理等方面。

（1）环境监控。物联网能够实时监测农作物大气环境，分析大气中二氧化碳浓度、分析大气中是否存在有害物质，同时还能够检测农作物的土壤环境。

（2）品种培育。培育抗倒能力和抗病虫害能力强且产量较高的农作物品种是农业生产的关键点。我国湖南"隆平高科"育种企业就广泛使用物联网技术培育农作物品种，物联网技术的使用大大提升了育种效率，加快了育种速度和育种流程的规范性与科学性。

（3）精准作业。运用物联网技术对农作物的生长过程进行监控，并分析监控数据信息后，依据农作物生长情况对农作物灌溉、农药喷洒以及施肥工作进行精细化管理，一方面能够节省水源、肥料以及减少农药的使用，另一方面也有利于提高农作物的产量。例如，新疆在种植棉花过程中使用了物联网技术进行精准作业，在节省了约 10% 的水、肥条件下，棉花的产量却同比增加了 10%。

（4）园艺种植。物联网监控在园艺种植方面的应用非常广泛，如精准判断园艺作物的生长环境中的空气湿度、土壤湿度、大气中二氧化碳含量、光照条件，并分析相关数据，当农作物生长环境中的二氧化碳浓度、土壤湿度、光照条件以及空气湿度不符合预设的农作物生长状态时，通过计算机、手机等调整设备，将农作物的生长环境调整到最佳状态。图 2-4 所示为利用物联网监控园艺种植环境。

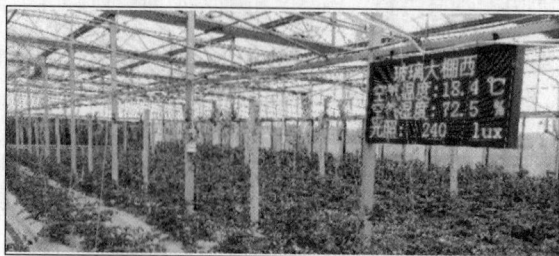

图2-4 利用物联网监控园艺种植环境

（5）畜禽精细化管理。物联网在水产、家禽养殖中的应用也非常广泛，通过物联网精准判断畜禽的生长情况、生长周期、进食周期，从而实现自动化喂食等操作，或精准监测畜禽的体温等，从而判断和分析畜禽的健康情况。

目前，我国农业正处于从传统农业生产管理向现代农业转型的重要阶段，物联网对我国农业的发展具有重要的推动作用，因此，国家相关部门在我国内蒙古、新疆、江苏等地区均建立了物联网农业发展基地。物联网与农业的结合可以显著提高农业生产水平和效率，非常有利于促进农业经济的良性发展。

专家提示

现在是移动互联网时代，移动互联网的演进历程是移动通信和互联网等技术汇聚、融合的过程，其中，不断演进的移动通信技术是其持续且快速发展的主要推动力。目前，随着5G的落地应用，物联网的发展将获得更为全面的支撑。

2.3.2 云计算

云计算是分布式处理、并行处理和网格计算等技术综合发展的结果，其原理是透过网络将庞大的计算处理程序自动分拆成无数个较小的子程序，交由多部服务器所组成的庞大系统搜寻、计算分析之后，将处理结果回传给用户。云计算使网络服务提供者可以在数秒之内处理数以千万计甚至亿计的信息。

云计算具有虚拟化、超大规模、高扩展性、高可靠性、低成本等优势，目前，云计算多应用在云教育、云医疗、云政务等方面。

（1）云教育。云教育即基于云计算应用的教育平台服务。云教育平台为学校及学校管理者提供了从日常工作管理、学籍管理到教学教务管理的一系列服务，让教育部门、学校、教师、学生、家长及其他教育工作者，可以在同一个平台上，根据权限去完成不同的工作、获取不同的资讯和分享不同的经验。远程教育、协同教学、网上公开课等均为云教育的应用。

（2）云医疗。云医疗包括云医疗健康信息平台、云医疗远程诊断及会诊系统、云医疗远程监护系统以及云医疗教育系统等。在线问诊、快递配送药品、互联网医院均属于云医疗的应用形式。

（3）云政务。云政务主要应用在公共服务和电子政务领域。就公共服务而言，云政务主要由政府主导，整合公共资源，为公民和企业的直接需求提供云服务的创新型服务平台；就电子政务而言，云政务为政府部门搭建的一个底层基础架构平台，把传统的政务应用迁移到平台上，去共享给各个政府部门，提高服务效率和服务能力。

2.3.3　大数据

数据是指存储在某种介质上包含信息的物理符号。大数据是指无法在一定时间范围内用常规软件工具进行捕捉、管理、处理的数据集合。大数据技术是指为了传送、存储、分析和应用大数据而采用的软件技术和硬件技术，也可将其看作面向数据的高性能计算系统。大数据技术在电子商务领域中的应用主要体现在以下两个方面。

扫码阅读

大数据处理的基本流程

（1）推荐系统。推荐系统可以向用户提供信息和建议，如商品推荐、新闻推荐、视频推荐等，而实现推荐的过程就需要依赖大数据。用户在访问网站时，网站会记录和分析用户行为并建立模型，将该模型与数据库中的信息进行匹配后，才能产生推荐信息。为了实现推荐，需要存储海量的用户访问信息，并基于大数据的分析，推荐与用户行为符合的内容。例如，某用户在天猫、淘宝网等平台中购买了一双运动鞋，之后再打开该平台，推荐购买区就会显示一些同类物品，这就是大数据技术在推荐系统方面的典型应用。推荐系统将用户的使用习惯、搜索习惯记录到数据库中，应用独特的算法计算出用户可能感兴趣的内容，并将相同类目的内容推荐给用户。

（2）搜索引擎系统。搜索引擎是非常常见的大数据系统，为了有效完成互联网上庞大的信息收集、分类和处理工作，搜索引擎系统大多基于集群架构。搜索引擎的发展历程为大数据研究积累了宝贵的经验，用户在网络中通过搜索引擎搜索并浏览信息时，需要将关键词与搜索引擎数据库中的海量数据进行匹配，而后搜索引擎会将符合用户搜索需求的数据呈现给用户。

就技术层面而言，大数据必须依托分布式架构来分布式挖掘海量数据，且必须利用云计算的分布式处理、分布式数据库、云存储和虚拟化技术，因此，大数据与云计算密不可分。

2.3.4　人工智能

人工智能（Artificial Intelligence，AI）也叫作机器智能，是指由人工制造的系统所表现出来的智能，可以概括为研究智能程序的一门科学。人工智能研究的主要目标在于研究用机器来模仿和执行人脑的某些智力功能，探究相关理论、研发相应技术，如判断、推理、识别、感知、理解、思考、规划、学习等思维活动。人工智能在电子商务中的应用主要包括智能客服、智能搜索、智能推荐、智能分拣等。

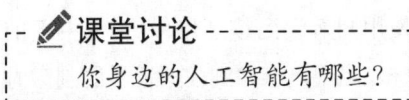

课堂讨论

你身边的人工智能有哪些？

（1）智能客服。智能客服即智能客服机器人，能够自动回复用户咨询的问题，识别用户发送的文本、图像、语音，响应简单的语音指令。目前，各大电子商务平台甚至微信公众号等都引进了智能客服机器人，可以减少人工客服的重复性劳动，提高企业的工作效率、降低人工成本。

（2）智能搜索。智能搜索主要指图片智能搜索。用户在淘宝网、京东商城等平台中搜索商品时，如果文本不能很好地表达关键信息，可以使用图片智能搜索。图片智能搜索可实现拍摄或者上传图片，通过人工智能分析图片特征，为用户推荐同款或相似的商品。图片智能搜索不但可以缩短用户搜索商品的时间，而且可以提高搜索结果的准确性，进而提高用户满意度和体验度。

（3）智能推荐。智能推荐即智能推荐引擎的应用。智能推荐引擎基于大数据的推荐算法，在海量数据的基础上分析用户的日常搜索、浏览与购物行为，预测并推荐用户可能感兴趣的内容，实现用户的个性化推荐与服务。不仅淘宝网、拼多多等电子商务平台使用了智能推荐引擎，抖音、快手等短视频平台也使用了智能推荐引擎。

（4）智能分拣。智能分拣即智能分拣机器人的应用，主要用于物流环节。伴随着电子商务的发展，全国快递业务量极速增长，如2020年的快递业务量已超500亿件，人工分拣无法快速、准确地实现分拣任务。而智能分拣机器人的灵活性高、适应性强，可以根据分拣包裹的大小和数量进行智能增减，当前，我国各大快递企业大多上线了智能分拣机器人，以提高运输效率、保障运输安全。

> ✍ **素养提升**
>
> 我国职业教育每年培养约1 000万个技能人才，现代制造业、战略性新兴产业和现代服务业等领域的从业人员大多是高校毕业生。目前，我国对高素质、高技能人才的需求非常大，每一位学生都应该努力提升自身的综合能力，为国家的发展贡献力量。

2.3.5 VR和AR

虚拟现实技术（Virtual Reality，VR）和增强现实技术（Augmented Reality，AR）结合了仿真技术、计算机图形学、人机接口技术、图像处理与模式识别、多传感技术、人工智能等多项技术。这两项技术的发展给电子商务带来了新的体验。

> ✏ **课堂讨论**
>
> VR和AR当前都应用在哪些行业？

VR是一种可以创建和体验虚拟世界的计算机仿真系统，利用计算机生成一种模拟环境，使用户沉浸到该环境中。VR主要的特征就是让用户成为并感受到自己是模拟环境中的一部分，当用户感知到虚拟世界的刺激时，包括触觉、味觉、嗅觉、运动感知等，便会产生思维共鸣。VR可以实现人机交互，用户在操作过程中，可以得到模拟环境真实的反馈，如推动虚拟世界中的物体时，物体会向力的方向移动、翻倒、掉落等。VR给电子商务带来了新的体验升级，使用户"身临其境"，可以360度观察商品细节。例如，2020年9月，京东在北京举办了VR/AR战略发布会，会上展示了VR购物应用VR购物星系，用户戴上VR头显以后可以体验到线下购物的真实感，使用VR控制器可以拿起选中的商品（主要聚集在3C、家电等领域），查看商品内部结构、功能特性等。

AR是在VR的基础上发展起来的技术，将计算机生成的文本、图像、三维模型、音频、视频等虚拟信息模拟仿真后，应用到真实世界中，两种信息互为补充，从而实现对真实世界的"增强"。在电子商务中使用AR，用户能够360度查看商品的全貌，可以以1∶1的比例将商品放置到真实的环境中，用户将商品放置到真实的环境中时，还可以看到该商品与自己家中的环境设计是否搭配等，从而大大节省了挑选商品的时间，提高用户体验度。AR被广泛应用于美妆、鞋服、家居等领域，图2-5所示为AR的显示效果。

图2-5　AR的显示效果

2.3.6　区块链

区块链（Blockchain）是近年出现的一种新兴技术。中央政治局第十八次集体学习时强调，要"把区块链作为核心技术自主创新的重要突破口""加快推动区块链技术和产业创新发展"，自此，区块链走进大众视野，成为社会关注的焦点。

区块链是分布式数据存储、点对点传输、共识机制、加密算法等计算机技术的新型应用模式，本质上是一个去中心化的数据库。区块链技术是一项对电子商务具有颠覆性的新兴技术，具有去中心、保护用户隐私、降低交易和信任成本等特点，对平台、卖方、买方、物流等方面都具有积极作用。

（1）区块链对平台的积极作用。区块链技术能在保证数据安全的前提下保证信息的公开透明，做到可追溯、可防伪，从而可以提升买方对平台的信任感。

（2）区块链对卖方的积极作用。区块链技术下，商品销售的所有环节信息都能够实现透明化管理，卖方可以通过区块链向买方证明自身的信用（即溯源），借此降低信用成本。

（3）区块链对买方的积极作用。通过区块链技术，买方可以更加快速且透明地了解卖方的信誉程度。买卖双方在电商平台上的每一步活动都会被记录在区块链上，无法被篡改。当买方发起维权时，更方便掌握对自己有用的信息，从而更好地维护自己的权益。

（4）区块链对物流的积极作用。区块链技术可以实现对生产、运输过程的实时记录，交易双方都可以清楚地看到商品的运输状态。另外，区块链技术可以把商品从卖方发出到买方签收的全过程都记录下来，保证了运输的可追溯性，能减少运输过程中丢件或错领、误领现象的发生。

扫码阅读

区块链关键技术

课程思政

　　建设网络强国，是以习近平同志为核心的党中央准确把握信息时代特征提出的战略目标。核心技术是国之重器，突破并掌握核心技术既是建设网络强国的重要内容，也是建成网络强国的必由之路。电子商务作为我国的战略性产业，其发展更需要技术的支持。

37

Chapter 2

🔍 **案例阅读**

区块链技术在跨境电子商务中的应用

在跨境电子商务中，商品品质如何得到有效保障是用户较关注的问题。区块链技术具有其他技术不具备的强大保密性和不可篡改性，应用到整个全球供应链体系的各个环节（如线上消费、商品采购、检验检疫、物流运输配送等），可以让每一个环节都可做到有"链"可查，这便让跨境电子商务中的溯源不再是难事。跨境电子商务中的另一大问题就是支付，当前跨境支付不仅要面对高昂的跨境转账手续费，还有漫长的转账周期。区块链技术采用点对点的支付方式，可以直接省去很多中间环节，可以实现全天候支付、实时到账等。

近年来，阿里巴巴、京东等企业都将区块链技术应用在了跨境电子商务中，如2018年，天猫国际正式宣布在跨境物流业务中应用区块链技术，实时跟踪全部进口货物，能够提供包括获取原产地、运输方式、途经港口、海关报告及第三方验证等的详细信息。

在经济全球化飞速发展的当下，跨境电子商务成为经济发展中至关重要的一环，跨境电子商务的发展直接影响着国家经济的趋势与走向。将区块链技术应用于跨境电子商务，可以解决当前跨境电子商务的难题，将跨境电子商务平台打造成为一个安全、便利、高效的交易平台。

2.4 案例分析——火山引擎：大数据、人工智能技术的应用

火山引擎是北京字节跳动科技有限公司（以下简称字节跳动）推出的企业智能技术服务平台，致力于在智能应用、视觉智能、数据智能和多媒体技术等领域为用户提供技术产品与解决方案。

2.4.1 火山引擎推出背景

近年来，我国经济正从快速发展逐渐向高质量发展转变，由社交媒体、移动设备、物联网和大数据技术引发的数字化趋势正在逐渐改变人们的生产方式、生活方式、交往方式、思维方式和行为方式。2017年，数字经济被正式写入党的十九大报告；2018年，政府工作报告提出"发展壮大新动能""为数字中国建设加油助力"。因此，在数字化浪潮中，企业必须与时俱进，进行数字化转型。面对数字化转型的新挑战，字节跳动意识到，要想打造数字化企业，走上数字化增长之路，就必须开发能够帮助企业实现业务增长的产品，火山引擎应运而生。

在火山引擎微信公众号发布的一篇文章中，火山引擎副总经理提到，火山引擎隐含着两大使命：一是推动企业的业务增长；二是激发企业自身的创造力。火山引擎是字节跳动实现数字化增长的数字化产品，其推出代表了企业数字化转型的决心。

2.4.2 大数据技术的应用

大数据技术是一种数据检索与分析的技术，使用大数据相关技术，能从大量不同类型的数

据中快速获得有价值的信息。智能推荐是大数据的典型应用，基于大量的数据记录（如用户浏览记录、停留时长、购物喜好等），经过数据分析和整合后，由经验丰富的算法团队基于用户的应用场景生成个性化推荐。火山引擎的智能推荐机制就应用了这一技术。

火山引擎的智能推荐机制立足于字节跳动先进的大规模机器学习和个性化推荐技术，并结合字节跳动在信息资讯、视频直播、社交、电商等多个领域积累的数据，为有需要的用户提供定制化的推荐算法服务。火山引擎的智能推荐机制在电子商务中主要应用于个性化推荐、个性化搜索和个性化推送等方面。个性化推荐的应用场景主要包括电子商务网站的首页、分类页、详情页、购物车页面、聊天页、个人中心页等具有推荐栏位的页面；个性化搜索的应用场景主要包括个性化联想词、搜索结果页推荐；个性化推送的应用场景主要包括App、短信、邮件等渠道的个性化内容推送。

2.4.3　人工智能的应用

人工智能是一种通过普通计算机程序手段实现的人类智能技术。火山引擎的视觉智能就应用了人工智能，可以精准进行人体识别、物体识别、通用文字识别、图像识别、语音识别等。

2021年6月，火山引擎参展了全球人工智能技术博览会，展示了虚拟人物卡诺橙，卡诺橙来源于火山引擎的"数字人与虚拟形象"服务，该服务可定制各类虚拟人物形象，能应用于虚拟主播、虚拟偶像代言人、虚拟教师等创新互动场景中。当天，火山引擎还与NVIDIA技术服务（北京）有限公司合作，展示了火山引擎拍照识别小程序，该小程序就是火山引擎视觉智能的应用，可以精准识别超过10万种物体和场景，支持植物识别、动物识别、商品识别等，能够满足企业多种应用需求。

截至目前，火山引擎已经为多个企业提供了服务。例如，火山引擎在2018年开始为手机品牌vivo提供服务。"智能内容+智能推荐"（即根据用户的相关数据将用户可能喜欢的内容或商品推荐给用户）的组合方案就是火山引擎应用人工智能技术为vivo搭建的组合解决方案。

火山引擎作为企业级智能技术服务平台，依托于字节跳动强大的技术支持，融合了字节跳动内部的技术能力、企业理念与功能，为各大企业提供了数字化转型的快捷途径，使其与其他企业形成差异化优势。

根据上述材料，分析以下问题。

（1）字节跳动为什么要推出火山引擎？

（2）火山引擎的核心技术是什么？

（3）火山引擎新兴技术的应用具有哪些好处？

任务实训

电子数据交换是电子商务的雏形，Web开发技术提供了电子商务应用的环境，物联网、云计算、大数据、人工智能、AR/VR、区块链等新兴技术为电子商务注入了新的活力。电子商务技术作为支撑电子商务发展的关键，近年来成为促进电子商务向数字化转型的重点，为了更好地理解电子商务技术的相关知识，下面通过实训来巩固所学知识。

【实训目标】

（1）理解电子数据交换的系统构成与应用。

（2）进一步了解电子商务新兴技术及其应用。

【实训内容】

（1）了解电子数据交换技术在华联超市仓储管理中的应用，说明电子数据交换技术是如何实施的，并列出电子数据交换技术应用的好处。

（2）近年来，京东将云计算、大数据、人工智能、区块链等新兴技术应用在了各个方面，了解京东在这些新兴技术方面的布局情况，并完善表2-1所示的京东在云计算、大数据、人工智能、区块链等技术的布局。

表2-1　京东在云计算、大数据、人工智能、区块链等技术的布局

技术	大事记	典型应用	好处
云计算			
大数据			
人工智能			
区块链			

课后习题

1. 名词解释

（1）EDI标准　（2）Web客户端技术　（3）物联网　（4）VR/AR　（5）区块链

2. 单项选择题

（1）软硬件系统中的（　　）可以将计算机系统的原始文件转换成平面文件。

    A. 转换软件　　　B. 翻译软件　　　C. 通信软件　　　D. 信箱软件

（2）常见的服务器端技术不包括（　　）。

    A. 公共网关接口　　　　　　　　B. 动态服务器页面

    C. Java服务器页面　　　　　　　D. 超文本标记语言

（3）（　　）不是电子商务的新兴技术。

    A. 云计算　　　B. 大数据　　　C. 人工智能　　　D. 数据交换

3. 多项选择题

（1）电子数据交换系统的三要素包括（　　）。

    A. EDI 标准　　B. 软硬件　　C. 增值网络　　D. 通信网络

（2）数据库管理技术的类型包括（　　）。

    A. 关系型数据库　B. 网络式数据库　C. 层次式数据库　D. 网状型数据库

（3）物联网在电子商务中的应用包括（　　）。

    A. 智能零售　　B. 智慧生活　　C. 智能制造　　D. 智慧物流

（4）Web客户端主要完成与用户的交互及信息呈现等任务，其常用的技术有（　　）。

　　A．HTML　　　　　B．JavaScript　　　　C．XML　　　　　　D．CSS

（5）人工智能的应用领域包括（　　）。

　　A．智能客服　　　B．智能搜索　　　　C．智能推荐　　　　D．智能分拣

4．思考题

（1）电子数据交换系统的三要素各有何作用？

（2）Web应用系统的结构是什么？

（3）云计算到底是什么？谈谈你的理解。

（4）根据你的了解，人工智能除了应用于本章中介绍的领域，还被应用于哪些领域？并对其在该领域的具体应用进行说明。

（5）人工智能、物联网、大数据与云计算未来的发展前景如何？

（6）区块链是什么？究竟是如何应用的？

5．案例分析题

啤酒与尿不湿

"啤酒与尿不湿"是大数据技术应用家喻户晓的经典案例，讲的是沃尔玛公司通过分析和挖掘仓库数据，将啤酒和尿不湿这两种看似完全没有联系的商品放在一起销售，然后双双提高销量的故事。

沃尔玛对其数据仓库的历史交易数据进行分析和挖掘，通过各种模型的建立与计算，发现与尿不湿一起购买最多的商品是啤酒。为了验证这一结果，沃尔玛专门派人进行实际调查和分析，最终得到结论：就美国而言，一些年轻父亲周末下班后会到超市购买尿不湿，而这类人群又喜欢在周末观看各种体育赛事，而啤酒是他们观看赛事的必备饮品，这些人在购买尿不湿时，部分人会因想起周末赛事而购买啤酒。因此，如果将尿不湿和啤酒放在一起销售，就会让那些忘记购买啤酒的人自然而然地想起购买啤酒的事情。得出这一结论后，沃尔玛便将美国所有门店的啤酒与尿不湿放在一起，竟然真的得到了尿不湿与啤酒销售量双双增长的结果。

当然，"啤酒与尿不湿"的故事必须具有技术方面的支持。1993年美国学者艾格拉沃（Agrawal）提出通过分析购物篮中的商品集合，从而找出商品之间的关联，并根据商品之间的关联关系，找出消费者的购买行为。艾格拉沃从数学及计算机算法角度提出了商品关联关系的计算方法——Aprior算法。沃尔玛从20世纪90年代尝试将Aprior算法引入到POS机数据分析中，并获得了成功，于是产生了"啤酒与尿不湿"的故事。

根据上述材料，分析以下问题。

（1）沃尔玛是如何将啤酒与尿不湿这两种毫不相干的商品联系在一起的？

（2）大数据技术当前在电子商务中的应用与"啤酒与尿不湿"的故事有什么联系？

第3章

【课前预习】

预习课程	传统电子商务商业模式	时间：30分钟
预习方式	1. 在网络中搜索并阅读传统电子商务商业模式的相关资料。 2. 浏览本章内容，熟悉本章的知识结构。 3. 阅读下面的案例并回答问题。 **电子商务促销活动——"双11"**　　2009年11月11日，天猫为了扩大品牌影响力策划了一场促销活动，该活动取得了非常好的效果，并引发了其他电子商务平台的模仿。为了纪念这一天取得的成果，天猫将11月11日定为固定的网络促销节，其所属集团阿里巴巴还申请了"双11"商标。自此以后，"双11"变成了购物狂欢节，各大电子商务平台都会在"双11"开展商业促销活动，利用各种手段吸引消费者购物。 　　与往年不同，2020年的"双11"迎来了新的打开方式。2020年9月28日，苏宁易购发出公告，称提前正式启动2020年"双11"大促。2020年10月19日，京东商城宣布"2020京东11.11全球热爱季"从10月21日正式开启。2020年10月21日，天猫正式启动"双11"预售，且分两个售卖期：11月1日~3日为第一波，11月11日为第二波。另外，唯品会于2020年10月19日开始放出"双11"超级红包，拼多多也在2020年11月7日开启了"双11"大促，提供了优惠券秒杀、9.9元特卖、质量新鲜水果团等玩法。除此之外，饿了么、飞猪也在此时推出"百亿补贴"计划，希望促进外卖和酒旅业务的销售。 　　思考：（1）案例中一共出现了几种电子商务模式？ 　　　　　（2）这些电子商务模式有何特点？	
预习目标	1. 能够通过网络搜索，了解电子商务商业模式的基本情况。 2. 能够通过阅读本章内容，熟悉本章所讲述的知识。 3. 能够通过课前预习，回答案例中提出的问题。	
疑难点总结		

3.1 B2B

B2B是企业与企业之间的电子商务，具有交易金额大、交易对象广泛、交易操作规范和交易过程复杂等特点，是一种传统的电子商务商业模式。发展至今，B2B的市场规模已经较为庞大，B2B不仅支撑起了电子商务市场，还在传统实体企业向电子商务转型的过程中起着重要作用，为企业的管理和转型发展提供了平台支撑。

3.1.1　B2B分类及主流平台

根据不同的分类标准，B2B可以划分为不同的类型，且各类型下有许多典型的电子商务平台。例如，阿里巴巴作为领先的B2B平台，按照不同的分类标准，既可以是水平型B2B，也可以是基于第三方中介网站的B2B。

1. B2B分类

B2B可以根据行业性质、B2B交易平台的构建主体、B2B交易的贸易类型分类，每种类型的特征不同。

（1）根据行业性质分类。根据行业性质分类，B2B可以分为水平型B2B和垂直型B2B两种。

① 水平型B2B。水平型B2B也叫综合型B2B，涵盖了众多行业和领域，主要提供供求信息，典型代表是阿里巴巴。水平型B2B是为采购商和供应商提供信息和交易的平台，采购商和供应商都可以在平台中发布信息、进行交易等。例如，采购商可以查看供应商和商品的有关信息，供应商也可以查看采购商发出的采购信息。

② 垂直型B2B。垂直型B2B也叫行业型B2B，仅提供某一类商品以及相关商品的一系列服务。该类型包括上游（指向供应商）和下游（指向经销商）两个方向，生产商或零售商与上游的供应商形成供货关系，生产商与下游的经销商形成销货关系。垂直型B2B网站将自身定位在特定的行业或领域内，专业性较强，如化学、医药、钢铁等行业。典型的垂直型B2B电商平台有找钢网、九正建材网等。

（2）根据B2B交易平台的构建主体分类。根据B2B交易平台的构建主体分类，B2B可以分为基于企业自有网站的B2B和基于第三方中介网站的B2B。

① 基于企业自有网站的B2B。大型企业在与消费者或其他企业交易时，为提高交易效率，减少库存，降低采购、销售、售后等成本，往往会先通过互联网完成交易过程，逐渐建立自己的B2B网站，以实现企业间的电子商务。这种基于企业自有网站的B2B电子商务网站大多由商品交易供应链中的大型企业建立，与该企业有关的合作伙伴及相关部门或机构都能通过该企业建立的电子商务网站进行商品交易，如百度爱采购。

② 基于第三方中介网站的B2B。第三方中介网站是指不参与交易，只为供应商和采购商

提供交易平台的电子商务网站，如慧聪网、环球资源网等。

（3）按B2B交易的贸易类型分类。根据B2B交易的贸易类型，可将B2B电子商务分为内贸型B2B和外贸型B2B。

① 内贸型B2B。内贸型B2B是指以在同一国界范围内的供应商与采购商进行交易服务为主的电子商务市场，交易的主体和行业范围主要在同一国家内进行，如慧聪网等。

② 外贸型B2B。外贸型B2B也叫作跨境B2B，是指以提供不同国家或地区间的供应商与采购商交易服务为主的电子商务市场，如阿里巴巴国际站、敦煌网等。与内贸型B2B市场相比，外贸型B2B市场需要突破语言文化、法律法规、关税汇率等方面的障碍，涉及的B2B活动流程更复杂，要求的专业性更强。

2. B2B主流平台

近年来，我国的B2B平台随着国内企业贸易的需求逐渐增加，主要包括阿里巴巴网站、环球资源网、慧聪网、敦煌网等。

（1）阿里巴巴网站。阿里巴巴网站（见图3-1）以批发和采购业务为核心，覆盖了原材料、工业品、服装服饰、家居百货、小商品等多个行业大类，提供包含原料采购、生产加工、现货批发在内的一系列供应服务。

图3-1　阿里巴巴网站

阿里巴巴网站为中小型制造商提供了一个供应商品的贸易平台。就供应商而言，可以以实力商家、超级工厂的形式入驻网站，还可以开通诚信通（阿里巴巴网站推出的会员制商品）促进商品销售；就采购商而言，可以按找货源、找工厂、找工业品的方式搜索商品，在各类供应信息中找到物美价廉的商品。

（2）环球资源网。环球资源网是全球性的多渠道B2B平台，其核心业务是通过一系列英文媒体，包括环球资源网网站、电子杂志、采购资讯报告、买方专场采购会、贸易展览会等，促进亚洲国家和地区的出口贸易。环球资源网专注外贸B2B，对采购商来说，环球资源网可以提供供应商和商品信息，帮助他们高效完成询盘、采购；对供应商来说，环球资源网提供的出口推广服务，能提升企业形象，获得更多国家和地区的订单。

扫码阅读

阿里巴巴网站与环球资源网的区别

（3）慧聪网。慧聪网与阿里巴巴网站类似，主要提供B2B行业资讯、供应和求购信息，其中，B2B行业资讯是慧聪网的强项。慧聪网中，大型企业所占比重大，且在工业领域有优势，企业可以以"买方"（采购商）或"卖方"（供应商）的身份入驻网站。慧聪网的行业专属服务提供的企业应用非常全面，主要包括信息展示、商品推广、新闻发布、行业资讯管理、专家咨询等。这些全面化、精细化的应用满足不同行业的企业的精细化需求。

（4）敦煌网。敦煌网是以在线交易为核心的B2B小额外贸批发平台，也是全球领先的在线外贸交易平台。就业务布局而言，敦煌网主要以平台交易为核心，以小额批发为主，能够为在线贸易提供从金融、物流、支付、信保到关、检、税、汇等领域的一站式综合服务。与其他B2B平台不同，在国内，敦煌网侧重售卖环节，国内供应商能够在网站中注册和发布商品；在国外，敦煌网则侧重采购环节，国外采购商可在该网站中注册、浏览、采购商品。另外，敦煌网只在买卖双方交易成功后收取费用。

素养提升

随着电子商务的快速发展与我国5G、云计算、大数据等技术的成熟，企业采购已逐渐从传统的线下采购转移至线上，并开始迈入智能化阶段。这不仅体现了我国B2B电子商务商业模式的先进，催生了企业采购的内外部全链路协同，也说明了企业采购对采购效率、流程透明、采购风险等的要求越来越高。

3.1.2 B2B盈利模式

在以信息经济、数字经济、智能经济为核心的新经济浪潮下，物联网、区块链、大数据、人工智能等技术推动了B2B平台逐步走向以智能互信为核心的4.0时代。在当前的发展阶段下，B2B盈利模式变得多样化，按照盈利来源由简到繁的顺序，可以分为以下3类。

（1）以信息咨询和企业推广服务为主的基本盈利模式。这种盈利模式以信息咨询服务费（即提供财务、税收、内部管理等信息而收取的费用）、广告费、竞价排名费（按点击收费的网络推广方式，企业购买该项服务后，注册一定数量的关键词，其推广信息就会率先出现在相应的搜索结果中）、会员服务费（即针对会员专有服务而收取的费用，如会员特有的经营培训服务等）及自有商品销售等为主要的收入来源，如中国制造网、中国化工网、环球资源网等B2B平台。

（2）以交易佣金、认证服务费为主的专业盈利模式。这种模式主要收取的是交易佣金（即供应商和采购商买卖成交后，按实际成交金额的比例向平台缴纳的费用）、第三方认证服务收费（即向第三方审核机构支付的认证费用）等，如敦煌网等。

（3）整合盈利模式。这种盈利模式整合了多种服务的盈利方式，能够提供全方位的服务，如慧聪网、阿里巴巴等。

基本盈利模式——中国化工网

中国化工网是国内第一家专业化工网站，也是目前国内客户量较大、数据丰富、访问量较高的化工网站。自开通起，中国化工网就将服务对象定位为化工企业，为其提供网站建设和贸易信息服务等。

中国化工网对化工企业的原材料采购和商品销售提供信息和技术支持，对企业的经营决策提供行业信息和情报支持，对企业日常经营提供商务服务支持。中国化工网建有国内较大的化工专业数据库，目前包含了40多个国家和地区，超两万家化工企业的化工商品记录。中国化工网提供了专业的集化工商品、目录、网页为一体的化工搜索平台，在网站上，采购商可以从众多商品信息中搜索出自己的需求商品，这不但提高了化工行业的信息获取效率，而且体现了网站的专业程度。另外，其相关网站——全球化工网也是在国际上享有盛名的化工网站。

扫码阅读

中国化工网
竞价排名及
收费规则

中国化工网的主要收入来源包括广告费、会员费和竞价排名费等，其盈利模式主要为基本盈利模式。中国化工网的广告收入很可观，首页的部分广告位每年高达十几万元。若化工企业想开通会员，每年需要交纳几千元或上万元的会员费，中国化工网仅会员费这一项的收入每年就有数千万元。另外，中国化工网还提供有竞价排名的服务，可以对全球近20万个化工及与化工相关的网站进行搜索，搜录的网页总数达5 000万，能够帮助企业提升知名度、提高成交率，主要采用的是"竞价排名、按天消费、限量发展、左右兼顾"的模式。

中国化工网将电子商务与化工企业的实际需求相结合，为化工企业提供全方位的服务，也是其B2B模式成功的根本原因。正是因为中国化工网的专业品质和稳定的客户群，才确保了其在化工行业的领先地位，从而保证了其稳定、可观的盈利来源。

3.1.3 B2B交易方式和流程

在实际应用中，B2B通常分为基于企业自有网站的B2B和基于第三方中介网站的B2B。下面以这两种类型的B2B为例介绍B2B的交易方式和流程。

1. 基于企业自有网站的B2B交易方式和流程

基于企业自有网站的B2B交易按照对象不同，还可以分为基于采购商网站的B2B交易和基于供应商网站的B2B交易。

（1）基于采购商网站的B2B交易

基于采购商网站的B2B交易以采购商为主导，由采购商与其上游的供应商开展各种采购活动，多采用网络采购的形式。网络采购即通过互联网在企业之间开展的商品或服务等的购买活动，一般来说，多采用网上招投标、团队购买、易货交易等方式。

① 网上招投标。网上招投标包括公开招标、邀请招标两种，是进行大宗商品买卖、工程建设等的一种交易方式，网上招投标的流程如图3-2所示。

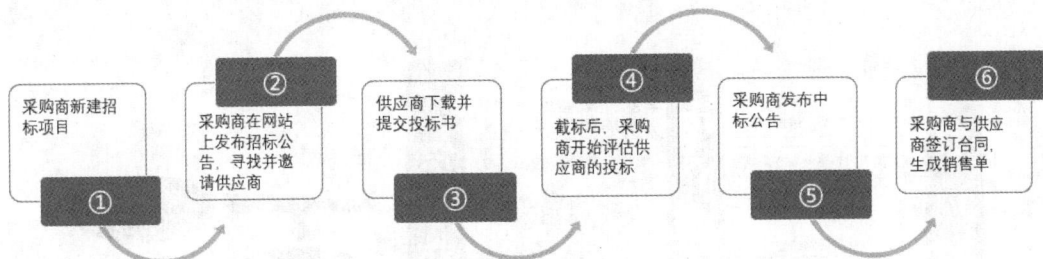

图3-2　网上招投标的流程

② 团队购买。团队购买即团购，是将多个订单整合成大订单，从而获得比较优惠的交易价格。目前，团购的主要方式是网络团购，中小型企业可以参加一些第三方机构组织的网络团购活动，比较大型的企业可以集合所有子公司采购，在很大程度上可以降低企业的交易成本。

③ 易货交易。易货交易即采购商和供应商采用以商品或服务换商品或服务的方式，商品或服务需要经过计价后才能交换。采购商可以根据商品或服务的特点在网站上自行发布信息进行易货交易，也可以借助易货服务公司推广企业的商品或服务，以促成易货交易。

（2）基于供应商网站的B2B交易

基于供应商网站的B2B交易指的是供应商基于自有网站与其下游的企业开展的电子商务活动。基于供应商网站的B2B交易流程主要包括发布相关信息、资格审查、交易谈判、签订合同、订单跟踪、物流配送等程序，基于供应商网站的B2B交易流程如图3-3所示。

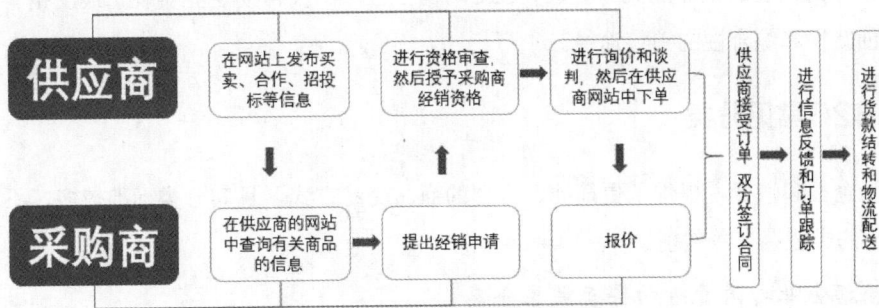

图3-3　基于供应商网站的B2B交易流程

2. 基于中介网站的B2B交易方式和流程

基于中介网站的B2B交易主要由B2B中介网站提供电子商务交易平台，采购商和供应商需要登录B2B中介网站进行交易。中国化工网、全球五金网、阿里巴巴、慧聪网都属于B2B中介网站。基于中介网站的B2B交易流程中，涉及的参与主体包括采购商、供应商、中介网站、物流配送中心和网上银行等，基于中介网站的B2B交易流程如图3-4所示。

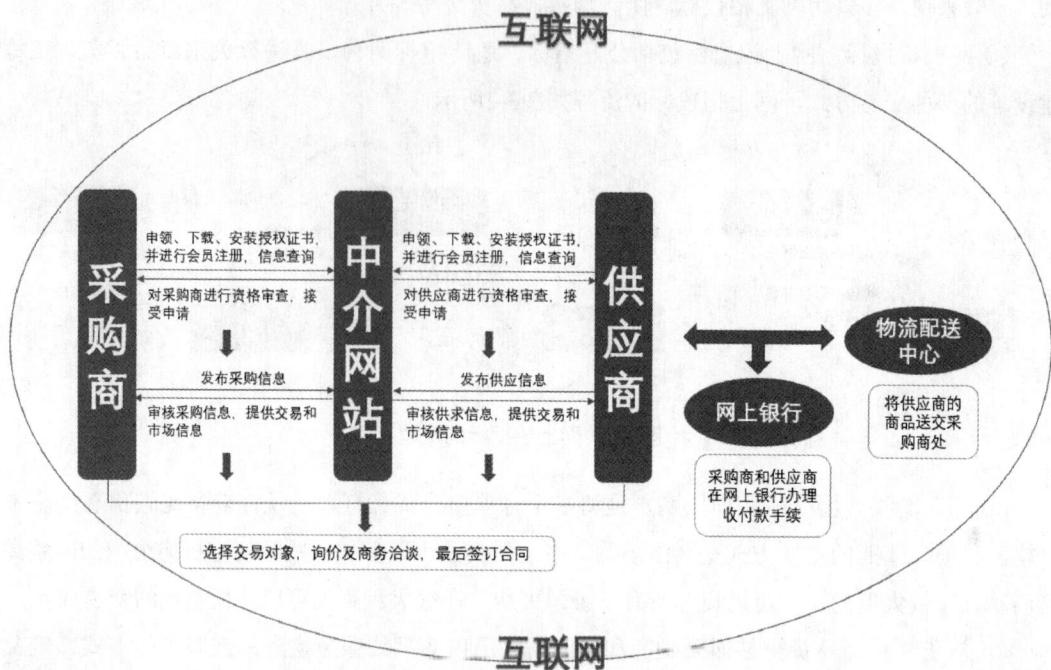

图3-4　基于中介网站的B2B交易流程

3.2 B2C

B2C即企业与消费者之间的电子商务，是目前较为常见的电子商务模式。近年来，以苏宁易购、国美等为代表的企业加大力度建设B2C网购平台，不仅帮助企业实现了线上销售，还开拓了更具创新性和综合性的销售途径。

3.2.1 B2C常见分类

B2C为企业和消费者提供了更简捷、方便的商品交易方式，且其分类标准较多，不同分类标准下B2C的类型存在着差别。

1. 根据企业与消费者的买卖关系分类

根据企业与消费者的买卖关系对B2C进行分类，可以分为卖方企业对买方个人的电子商务和买方企业对卖方个人的电子商务两种模式。

（1）卖方企业对买方个人的电子商务模式。该模式是企业出售商品或服务给个人消费者，是一种常见的B2C模式，代表平台有京东商城、天猫等。

（2）买方企业对卖方个人的电子商务模式。该模式是企业在网上向个人求购商品或服务的一种B2C模式，主要用于招聘企业人才，常见平台有智联招聘、BOSS直聘等。

2. 根据交易客体分类

根据交易客体对B2C进行分类，可以分为无形商品或服务的电子商务模式、有形商品或服务的电子商务模式。

（1）无形商品或服务的电子商务模式

电子客票、网上汇款、网上教育、计算机软件和数字化视听娱乐商品等，可以在网上直接实现交易的商品或服务都属于无形商品或服务。其电子商务模式主要包括网上订阅模式、付费浏览模式、广告支持模式和网上赠与模式4种。

① 网上订阅模式。网上订阅模式是消费者通过网络订阅企业提供的无形商品或服务的模式，消费者可以直接在网上浏览或消费，常被一些在线机构用来销售报纸、杂志、有线电视节目和课程订阅等。例如，网易云课堂、淘宝大学等在线服务商，为消费者提供了关于互联网、电子商务和淘宝开店等内容。

② 付费浏览模式。付费浏览模式是指企业通过网站向消费者提供按次收费的信息浏览和信息下载服务的模式。该模式下，消费者可以根据需要，在网上有选择地购买文章、书的部分章节或参考内容。消费者在数据库中查询的内容也可付费获取。另外，一次性付费参与游戏娱乐也较流行，如红袖添香、期刊网等网站就采用该模式营利。

③ 广告支持模式。广告支持模式是指在线服务商免费向消费者或商家提供信息在线服务，其营业收入完全来源于网站上的广告，如百度、搜狗等在线搜索服务网站。

④ 网上赠与模式。网上赠与模式是企业借助互联网的优势，向消费者赠送软件商品，以扩大企业的知名度和市场份额。由于软件商品属于无形的计算机商品，企业只需投入较低的成本，就能促进商品销售。

（2）有形商品或服务的电子商务模式

有形商品是指传统的实物商品。有形商品或服务的电子商务模式下，查询、订购和付款等活动都可以通过网络进行，但最终的交付不能通过网络实现。根据经营主体的不同，有形商品或服务的电子商务模式可以分为独立B2C网站和B2C电子化交易市场。

① 独立B2C网站。独立B2C网站是指由企业自行搭建的网上交易平台，需要企业具有较强的资金和技术实力，能够自行完成网站的开发、建设、支付和维护等一系列活动，如唯品会等。

② B2C电子化交易市场。B2C电子化交易市场也称为B2C电子商务中介或B2C电子市场（Electronic Marketing，EM）运营商，指在互联网环境下利用通信技术和网络技术等手段把参与交易的买卖双方集成在一起的虚拟交易环境。B2C电子市场运营商一般不直接参与电子商务交易，而是由专业的中介机构负责电子商务市场的运营，其经营的重点是聚集入驻企业和消费者，扩大交易规模。常见的B2C电子化交易市场有天猫、招商银行信用卡商城等。

3. 根据网购模式分类

根据网购模式，B2C可以分为综合平台商城、综合独立商城、网络品牌商城和连锁购销商城等，B2C各模式的对比如表3-1所示。

表3-1　B2C各模式的对比

模式	代表平台	情况说明
综合平台商城	天猫	只做网络交易，不涉及具体的商品采购和配送服务，企业可以缴纳一定租金申请加入综合平台商城
综合独立商城	京东商城、当当网	内部机构庞大，具有商城的独立经营权，能提供正规发票和售后服务，需要自行完成商品的采购、仓储、上架、发货和配送等工作
网络品牌商城	凡客诚品	拥有自身的商品品牌，但商品线较单一，是一种"轻资产、快公司"模式（"轻资产"是指企业的无形资产"轻"，"快公司"是指在较短的时间内有可能实现业绩的高速增长）
连锁购销商城	苏宁易购	也是一种"实体+网销"的模式，依托于传统零售采购平台的供应链，以及和厂商良好的合作关系，具有较高的品牌信誉度与丰富的商品种类

案例阅读

苏宁易购电子商务模式的探索

苏宁易购原名为苏宁电器，当前，其电子商务模式采用的是"实体＋网销"的模式。苏宁易购是传统企业转型为电商企业，开办网上商城的典型代表。

近年来，线上线下融合发展的新零售模式已经成了零售行业的主流发展方向，各零售业巨头均在转型。苏宁易购是传统企业，但早在20世纪90年代就已经开始了电子商务的研究。2010年2月1日，苏宁易购网上购物平台正式对外发布上线，自此，开始了从线下到线上的转型。2013年年初，苏宁易购基于线上线下多渠道融合、全品类经营、开放平台服务的业务形态，将原企业名称"苏宁电器"更名为"苏宁云商销售有限公司"，2013年6月，苏宁易购宣布线上线下同品同价。2018年，为进一步凸显苏宁易购的零售主营业务、彰显智慧零售内涵、体现转型成效，苏宁易购把企业名称与品牌名称进行了统一，将"苏宁易购"升级为企业名称，标志着苏宁易购已经成功探索出线上线下融合的电子商务模式。目前，苏宁易购已经迈入能力和业绩全面凸显的新阶段，零售模式也已成为行业趋势。

国内零售行业经历了从线下主导，到线上主导，再到线上线下融合的发展道路，苏宁易购更名的背后，实际上是我国零售行业发展的具体体现。电商时代下，线上和线下并不相互孤立，苏宁易购构建的线上线下全场景百货零售形态值得其他传统企业学习。从发展状况来看，苏宁易购由专业性购物平台转变成了综合性购物平台，由网上虚拟店、线下实体店、物流配送中心组成的三位一体经营模式将成为未来苏宁易购的发展方向。

作为中国零售企业的代表，苏宁易购的发展史充满了时代印记。时代的发展变革是不可抗拒的潮流，作为市场经济的主体，传统企业只有顺应时代，在外部力量的推动下不断进行内部的转型升级，才能发展壮大，并以此促进时代的进步。党的十九大报告指出，创新是引领发展的第一动力，传统企业要想不被淘汰，就要坚定不移地深化改革创新，完成品牌的传承和发展。

4. 根据商品覆盖品类和品牌的多少分类

根据商品覆盖品类和品牌的多少，B2C可以分为品牌垂直电子商务商城、平台型综合电子商务商城和平台型垂直电子商务商城，按商品覆盖品类和品牌多少分类的模式对比如表3-2所示。

表3-2　按商品覆盖品类和品牌多少分类的模式对比

模式	代表平台	情况说明
品牌垂直电子商务商城	小米商城、华为商城	销售单品类、单品牌商品，需要商城具有强大的品牌影响力
平台型综合电子商务商城	京东商城、天猫	销售服装、化妆品、数码和图书等品类丰富的商品，且每个品类下有很多品牌
平台型垂直电子商务商城	贝贝网	品牌丰富，且针对单品类进行了细分，具有"小而精"的优点

3.2.2　B2C主流平台

B2C模式极大地满足了企业经营发展的需求和消费者的购买需求。目前，国内常见且消费者数量较多的B2C电子商务平台有天猫、京东商城和唯品会。

1. 天猫

天猫是阿里巴巴集团旗下的综合性B2C购物网站，整合了数千家品牌商、生产商，致力于服务日益追求更高质量的商品与购物体验。

天猫包含了旗舰店、专卖店、专营店和卖场型旗舰店等店铺类型，平台中的店铺需要以企业或品牌的形式进行入驻。企业或品牌在入驻天猫时，需按照入驻申请（提交入驻资料）→平台审核→完善店铺信息→开店（发布商品、装修店铺等）的流程进行。

天猫是一家大型"商城"，包含了服饰、数码、电器、生鲜水果、家具、汽车、图书等多种品类，分类齐全。另外，天猫还提供七天无理由退货、正品保障和信用评价等服务，消费者无须担心买到不合适或者虚假的商品。

扫码阅读
天猫不同类型店铺的区别与收费标准

素养提升

吸引消费者在电商平台购物的一大要点是商品价格要低，这是因为电商市场竞争激烈，有些商家为了吸引消费者，大打价格战。价格战的现象造成了电商商家之间的恶性竞争，给电商行业的发展带来了负面影响，最终导致消费者利益受损。作为电商的主要参与者，商家将精力放在质量和服务上，致力于推动电商行业的健康发展。

2. 京东商城

京东商城是京东建立的B2C平台。企业或品牌想要入驻京东商城，可以选择以POP商家、自营合作、京喜合作的身份入驻。

（1）POP商家。POP商家即第三方商家，主要借用京东商城销售商品，打包、发货、配送、售后等均由商家自己完成，这种类型与天猫的店铺类似。

（2）自营合作。自营合作即与京东商城合作，成为京东商城的供应商，

扫码阅读
京东商城不同类型店铺的区别与资质要求

供应商仅仅负责供货，客服、打包、发货、配送等均由京东负责。

（3）京喜合作。京喜合作即与京东旗下的特价购物平台——京喜进行合作，与前两种类型不同，个人也可以申请入驻京喜。

无论是POP商家、自营合作，还是京喜合作，都包含了旗舰店、专卖店和专营店3种店铺类型。消费者可以根据实际需求，在京东自营店铺或京东第三方店铺中购买商品。一般来说，京东自营店铺采用京东自建的物流体系，可以保证商品快速送达消费者手中，并且京东自营店铺的商品质量、品质等也相对更有保障。

> 🎓 **专家提示**
>
> 当前京东也推出了一些B2B服务，如企业采购、京喜通、京东物流等，一些大型企业，如华为、中国电信、中国南方电网等也与京东建立了密切的合作关系。

3. 唯品会

唯品会是一个专注品牌特卖的B2C平台，主要面向各大网商或者实体店商，唯品会主推知名品牌折扣，满足人们低价购买优质商品的购买需求。与天猫和京东商城不同，唯品会的供应商必须是具备法人资格的合法经营的公司或企业，且至少满足著名/知名品牌的生产商、著名/知名品牌的授权总代理商、著名/知名品牌的分公司等任一资格。

唯品会采用的是"精选品牌+深度折扣+限时抢购"的品牌特卖模式，通过限时销售有较大折扣的品牌商品来营造抢购的氛围，吸引消费者消费。唯品会的品牌特卖模式的一大关键就是商品品质的保证，其对商品供货渠道的把控非常严格，售卖的商品均为唯品会从品牌官方渠道直接采购的，并且在商品入库后还会进行抽检。

> ✏️ **课堂讨论**
>
> 唯品会拥有超过2 000名专业买手，这些买手大多具有在知名零售百货或国际品牌工作的经验，这体现了唯品会在商品质量方面的哪些考虑？

3.2.3　B2C盈利模式

随着我国市场经济的不断发展和信息技术产业的飞速进步，B2C电商领域欣欣向荣，B2C电商企业的发展呈现出不断上升的态势。对于B2C网站而言，其盈利模式主要有4种，分别是网络广告收益模式、商品销售营业收入模式、出租虚拟店铺收费模式和网站的间接收益模式。

（1）网络广告收益模式。广告收入是大部分B2C网站的主要收入来源，企业为了促进销售，会选择在网站中发布广告以吸引消费者。网络广告收益模式的成功与否取决于网站的访客量大小与广告是否受欢迎。

（2）商品销售营业收入模式。商品销售营业收入模式主要通过赚取采购价与销售价之间的差价和交易费来获得利润，如京东商城、当当网等。

（3）出租虚拟店铺收费模式。出租虚拟店铺收费模式是B2C电子化交易市场的主要盈利模式。这种模式的网站在销售商品的同时也出租虚拟店铺，通过收取租金来赚取中介费。例如，天猫、京东商城和当当网等都会向入驻商家收取一定的服务费和保证金。

淘宝网还有特别的盈利——支付宝盈利，支付宝是淘宝网提供的第三方支付工具，在淘宝网上进行交易需要使用支付宝进行结算。买方在淘宝网购买商品后，其资金暂时停留在支付宝中。因此，淘宝网可以利用这部分资金进行再投资从而获得盈利。

3.3.3 C2C交易流程

根据交易平台的运作模式进行分类，可以将C2C分为拍卖平台运作模式和店铺平台运作模式。拍卖平台运作模式下，由C2C电商企业为卖方和买方搭建拍卖平台，按拍品成交金额收取一定比例的费用；店铺平台运作模式下，C2C电商企业为卖方提供开设网店的平台，方便卖方和买方进行网上交易。在我国，无论是拍卖平台运作模式还是店铺平台运作模式，突出代表都是淘宝网，图3-7所示为淘宝网的交易流程。

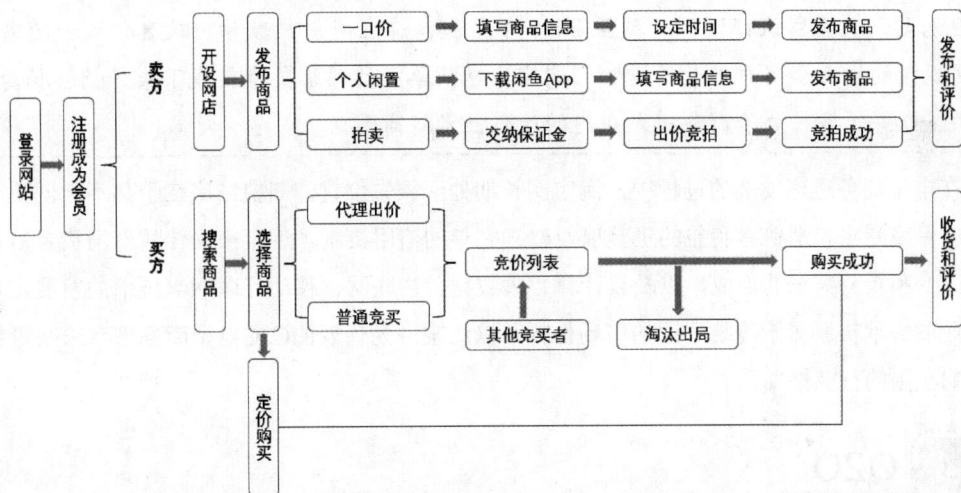

图3-7 淘宝网的交易流程

案例阅读

C2C模式的突出代表——淘宝网

随着我国网民数量的不断增加，网购需求的不断扩大，网购市场的不断完善，C2C电子商务更是持续活跃。在电子商务市场中，淘宝网在我国网购市场中处于领先地位，促进了国内电子商务的发展繁荣，拉动了经济的增长。根据阿里巴巴网站发布的数据，2020年，淘宝网中的商家数量超过了1 000万家，仅"双十一"当天的交易额就超过了4 000亿元。

淘宝网现在已发展成为我国具有重大影响力的综合类C2C电子商务网上购物平台。淘宝网之所以能够在庞大的C2C市场中一路领先，主要

扫码阅读

淘宝网的发展历程

得益于商家免费入驻策略，由于没有交易提成费，很多商家都会选择入驻淘宝网。但是就盈利来源而言，淘宝网主要有广告收入、增值服务收入和支付宝资金沉淀收入。其中，广告收入包括两个方面：一是淘宝网根据网站流量和网站人群精度标定广告位价格，然后通过各种形式向商家出售广告位；二是淘宝网允许商家竞价搜索排名，商家竞价排名更是占据淘宝网广告总收入的 50% 以上，主要来源于淘宝直通车。淘宝直通车展现在淘宝页面右侧和页面下侧，由商家自行从后台设置直通车相关关键词出价。

2003 年 10 月，淘宝网推出第三方支付工具——支付宝，支付宝的担保交易模式提升了消费者在淘宝网上交易的信心；2004 年 6 月，淘宝网推出淘宝旺旺，将即时聊天工具和网络购物结合起来，消费者可以一边在网上购物，一边与商家沟通；2005 年 2 月，支付宝推出全额赔付制度。这些措施都加快了电子商务发展历程中的支付电子化和通信及时化。2009 年 7 月 24 日，淘宝网"诚信自查系统"上线，推进了我国电子商务发展的交易信用化。2015 年，淘宝网导入 CCC 认证信息数据库，实现自动校验和标注，从而避免无证及假冒认证商品。截至 2020 年年底，淘宝网用户数量突破 8 亿人，随着淘宝网规模的增大和用户数量的增加，淘宝网也从单一的网络集市变成了集分销、拍卖、直供、众筹等多种电子商务模式在内的综合性零售商圈。

在电子商务迅速发展的过程中，淘宝网长期处于领先位置，归根结底在于其不断创新，不断推出保障商家和消费者利益的工具以及建立完善的信用机制。近年来，伴随着消费者消费习惯的改变和新的需求的形成，以及云计算、大数据、物联网、移动互联网等技术的发展，互联网行业加快承接原属于传统行业的市场份额，以淘宝网为代表的C2C电子商务平台未来更将继续影响我国的行业格局。

3.4 O2O

在大数据时代，O2O模式深受广大消费者群体青睐，该模式的主要特点是线上和线下结合，让消费者在享受线上优惠价格的同时，又可享受到线下的实际服务。就我国而言，O2O模式最先应用于服务类的餐饮业，后来很快就蔓延到旅行、租车、观影等其他许多行业。

3.4.1 O2O模式的优势

就传统的销售方式而言，O2O模式主要是由商家在线下提供商品或服务，消费者在线下进行购买，并获得商品或服务；就早期的电子商务而言，主要由商家在线上提供商品，消费者在线上购买并通过物流获得商品。O2O模式是传统消费方式与电子商务相结合的模式，即消费者在线上进行购买支付，在线下获得服务。O2O模式不仅改变了消费者的消费思维和服务模式，更给电子商务企业提供了一条线上线下融合交互、多方共赢的新道路。与其他传统电子商务模式相比，O2O模式的优势主要如下。

（1）对消费者而言，O2O可以提供丰富、全面、及时的商家折扣信息。消费者可以通过商业行业分类、关键词查询等方式，浏览多家商家的信息，获得符合自身需求的服务。另外，消费者还可以向商家在线咨询并预购，同时获得与线下直接消费相比较更为便宜的价格。

（2）对商家而言，O2O模式为商家了解消费者购物信息提供了渠道，商家不仅可以获得更多的宣传和展示机会，还有利于收集消费者的购买数据，更好地留存并拓展客户，进行精准营销。同时，O2O模式还可以通过有效的网上预订，在一定程度上降低商家对店铺地理位置的依赖，减少租金支出。

（3）对O2O电子商务平台（服务提供商）而言，O2O模式可以带来大量更有黏性的消费者，进而为平台争取到更多的商家资源，并且借助O2O模式还能为商家提供更多的增值服务，增加收益。

3.4.2　O2O常见平台

O2O模式主要针对线下那些无法搬到网上的实际服务和体验性项目，如美容、美食、电影、旅游等。当前，我国O2O模式的电子商务发展已经比较成熟，不同行业也有很多具有代表性的平台。

（1）餐饮业。餐饮业中，比较具有代表性的O2O平台包括美团、饿了么、百度糯米、大众点评网等。其中，美团、饿了么等是国内成立较早、口碑较好和综合实力较强的平台，能够根据消费者的定位提供其附近的美食、酒店和娱乐等众多信息及电子兑换券。

（2）旅游业。携程旅行网、途牛、去哪儿网、飞猪等都是旅游业的O2O代表平台。其中，携程旅行网成功整合了电子商务与传统旅游业，向其会员提供包括酒店预订、机票预订、度假预订、商旅管理及旅游资讯在内的全方位旅游信息及服务。在O2O电商领域，携程旅行网保留了传统的线上销售商品的思路，利用限时限量的特价来销售商品或服务。

（3）家装业。土巴兔装修网、齐家网等是家装业的O2O代表平台。这两个平台都是以互联网家装平台业务为核心，依靠互联网与大数据技术，以线上化的形式连接业主和家装企业，从信息推荐、交易保障、质量监督等多角度，为消费者提供渗透家装各环节的服务。

（4）生鲜业。生鲜业中，每日优鲜、顺丰优选等是比较有代表性的O2O平台。其中，每日优鲜是一个专注于优质生鲜，致力于重构供应链，连接优质生鲜生产者和消费者，为消费者提供极致服务的生鲜O2O平台。

除此之外，京东到家、58同城、神州租车、下厨房也是O2O模式的主流平台，这些平台可以为消费者提供更舒适完善的消费体验。需要注意的是，通常O2O电子商务平台作为第三方平台，只为消费者和商家提供服务，不直接参与交易。因此，O2O模式的盈利一般来自交易提成、广告收入以及VIP会员费（会员等级决定消费者购买商品时折扣的大小）。

3.4.3　O2O运作模式

O2O模式主要包括O2O平台、线下实体店、消费者、线上支付等要素，其交易流程大多按照线上选择→在线支付→线下消费→评价反馈的步骤进行，O2O模式的运作思路如图3-8所示。

图3-8　O2O 模式的运作思路

随着在营销实践中的应用，O2O形成了下面4种运作模式。

（1）线上交易，线下体验模式（Online to Offline）。这种模式是O2O的主流模式，该模式通过打折、提供信息、服务预订等方式，把线下实体店的消息推送给消费者，将消费者从线上引流到线下实体店消费。例如，消费者在线上平台订餐然后到线下餐饮店消费。

（2）线下营销，线上交易模式（Offline to Online）。这种形式被广泛应用于传统线下企业中，在移动营销的大趋势下，很多传统的线下企业开始在移动互联网上搭建自己的电子商务平台，将线下流量引至线上，拓展线上市场。

（3）线上营销到线下体验，再到线上交易模式（Online to Offline to Online）。这种模式是线上交易、线下体验模式的衍生模式，需要先搭建起线上平台进行营销，再将线上的流量导入线下实体店，让消费者享受服务体验，然后再让消费者到线上进行交易或消费。很多团购、B2B电商企业都采用了这种O2O模式，如京东商城。

（4）线下营销到线上交易，再到线下体验模式（Offline to Online to Offline）。这种形式是线下营销、线上交易模式的衍生模式，即先搭建起线下平台进行营销，再将线下流量导入线上平台进行线上交易，然后再让消费者到线下进行体验。这种模式下，所选择的线上平台一般是比较具有影响力的第三方平台，如微信、大众点评网等，以便借力第三方平台引流，从而实现销售目标。

新零售可总结为线上+线下+物流，其核心是以消费者为中心的会员、支付、库存、服务等方面数据的全面打通。新零售的出现为O2O 市场带来了更广阔的发展空间，O2O 模式下，线上网店与线下实体店是相对独立、互相竞争的关系，而进入新零售时代，电子商务与传统零售业不再是对立竞争的关系，而需要协调合作、共同发展。面对新零售的发展趋势，商家需要在经营范围、商品种类、销售方式等许多方面进行拓展，需要树立创新理念，重构经营管理模式。例如，沃尔玛山姆会员店等多家线下超市就与京东到家、美团外卖等O2O平台合作，在原有业务基础上，向社区业务延伸；美团、饿了么等O2O平台在原有外卖业务的基础上，将业务范围加以拓展，将配送的商品种类扩展到日用品、药品、鲜花等。这种多业态的融合充分发挥了线上线下的优势，既满足了消费者对商品物美价廉、方便快捷的需要，也助力零售企业开拓市场、增加销量、提高销售额。

扫码阅读

新零售

案例阅读

专业的餐饮O2O平台——饿了么

饿了么是一家专业的餐饮O2O平台，主营在线外卖、即时配送和餐饮供应链等业务。2008 年 4 月，上海交通大学的学生团队开办了饿了么网上餐厅，2009 年成立了公司，饿了么网站正式上线。此时饿了么外卖的配送由团队人员使用电动车去配送。

2010 年 11 月，饿了么手机网页订餐平台上线。2012 年 4 月，饿了么 App 上线，并在同年 9 月率先推出在线支付功能。2014 年，饿了么获大众点评网 8 000 万美元投资，双方达成深度战略合作，同年日订单超 100 万单。2015 年 8 月，饿了么推出网上订餐并开放配送平台。2017 年 6 月，饿了么在线外卖平台覆盖全国 2 000 个城市，用户数达 2.6 亿人。2017 年 8 月 24 日，饿了么正式宣布合并百度外卖。2018 年 4 月，阿里巴巴联合蚂蚁金服对饿了么完成全资收购，收购完成后，饿了么依然保持独立品牌、独立运营。2018 年 10 月 12 日，饿了么入驻阿里巴巴本地生活服务频道。

饿了么的盈利来源主要包括加盟餐厅的后台管理系统和前台应用页面的服务年费、交易额提成、竞价排名费用等。饿了么在快速发展过程中的优势体现如下。

（1）顺应电子商务的发展。饿了么在前期积累了大量用户后，快速加入移动电子商务，推出手机 App 方便消费者使用。

（2）运营思想明确。饿了么率先提出 C2C 订餐模式，重视订餐消费者的同时也重视服务餐厅，建立了网站平台系统、移动端 App 和在线支付系统，方便消费者搜索美食。除此之外，饿了么还建立了业务后台系统、餐厅管理系统，为商家的管理提供技术支持。

（3）以消费者需求为中心。饿了么了解主要消费群体（大学生和白领）的核心需求，在简化订单流程的同时，还保证了服务质量和选择的多样性，并传递着年轻化的生活方式。

（4）平台优势。饿了么与大众点评网深度合作，在资源、流量、市场覆盖率等方面实现优势互补，快速与其他外卖网站拉开差距。

随着社会生活节奏的加快，外卖就餐已经成为常见的就餐模式，饿了么的迅速发展，正是由于建立和完善了各个服务系统，并维持与消费者、商家的良好关系。饿了么的在线支付系统、移动App等都非常有利于企业的运营。另外，从阿里巴巴对饿了么的收购也可以看出新零售时代的发展趋势，表明促进O2O向新零售模式拓展非常重要。阿里巴巴涉及的领域比较广泛，饿了么则主攻餐饮，经过此次并购，饿了么可以迅速实现从商业平台向生态平台的蜕变。

3.5　案例分析——唯品会电子商务商业模式

唯品会是一家专门做品牌特卖的电子商务企业，主营业务是在线销售品牌折扣商品，唯品会的销售模式是与正规品牌合作，以低价折扣限时、限量供应商品给消费者。作为国内领先的B2C平台，唯品会在中国网络零售B2C市场份额中的占比名列前茅，在电商行业竞争日益激烈的形势下，唯品会能保持连续盈利的状态，离不开企业独特的电子商务商业模式。

3.5.1 唯品会的发展历程

唯品会作为我国电商市场中的佼佼者，对我国电商企业的发展具有借鉴意义。唯品会2021年第一季度财务报告显示，企业实现营收284亿元，同比增长51.1%，至此已实现连续34个季度盈利。此外，唯品会报告期内的总活跃用户数达到了4 580万人，同比增长54%；其中超级VIP用户数达489.1万人，同比增长37%；网站成交金额（Gross Merchandise Volume，GMV）达461亿元，同比增长59%。唯品会作为国内第一家可以连续盈利的电商企业，其发展历程受到各个行业的关注。

2008年，唯品会成立，同年12月，旗下网站——唯品会上线。2009年10月，"掌上唯品会"推出，唯品会迎来快速增长，2009年订单量增至7.1万单，2010年订单量增至92.7万单。2010年10月和2011年5月，唯品会先后获得红杉资本和美国顶级风险投资机构（Doll Capital Management，DCM）的投资，第一轮融资2 000万美元、第二轮融资5 000万美元。2012年3月23日，唯品会在美国纽约证券交易所挂牌上市。2014年3月，唯品会首次推出汽车特卖专场，扩充商品品类。2014年12月，唯品会注册会员突破1亿人。2015年1月，中国移动互联网综合数据提供商Talking Data发表报告，称唯品会成为中国电子商务移动覆盖量增长最快的企业，至2015年9月，唯品会已连续12个季度实现盈利，盈利持续保持3位数增长。2016年10月，在购物类App排行榜中，唯品会以1.84%的活跃渗透率与21.77次的人均周打开次数，排名第三。2017年12月18日，腾讯和京东向唯品会投资8.63亿美元，三方将在品牌联盟合作、流量联盟合作等方面寻求共赢合作。在这段时期内，唯品会快速发展，其"名品折扣"特卖的优势逐渐领先电子商务领域，国内也出现了类似的其他模式，如天猫的"品牌特卖"。

2018年3月3日，唯品会京东旗舰店在京东商城正式上线，同年3月14日在京东App首页一级入口全量展示。2018年4月8日，唯品会与微信钱包合作，开始发展社交电商，希望开启唯品会的新一轮增长，后唯品会微信钱包入口向微信用户全量开放。2018年5月23日，唯品会和腾讯携手举办"未来，大有可唯"暨唯品会广告平台发布会，实现场景化精准营销，在不同场景下匹配适合的目标用户。在"电子商务+社交"模式的驱动下，唯品会与腾讯深度合作，在社交电子商务之路上继续前行，并于2018年7月上线了手机一键开店的社交电子商务平台——云品仓。2018年8月，针对代购、批发商、微商等客群，唯品会推出了代购批发平台——唯品仓App（后改名唯代购）。

2019年7月，唯品会以29亿元人民币现金收购杉杉商业集团有限公司100%的股份，开始探索线上线下融合的特卖模式，为实现线上线下一体化的全渠道特卖零售布局。2020年9月，唯品会在合肥举行城市奥莱装修改造工程开工仪式，入驻合肥安粮国贸中心开始线下布局，进一步强化线上和线下的特卖生态体系。

3.5.2　唯品会盈利模式

作为典型的B2C电子商务平台，唯品会以低于市场价的售价向消费者提供正牌商品，涵盖的品牌众多，包括时装、配饰、护肤、彩妆、家居、母婴等。盈利是企业的根本目标，唯品会的盈利模式与京东等多数B2C企业的盈利模式是较为相似的。其收入来源主要包括商品销售收入、集市（Marketplace，MP）开放平台资费收入、广告收入。

1. 商品销售收入

唯品会的主营业务为互联网在线销售品牌折扣商品，因此主要的收入来源就是商品销售。唯品会所销售的商品均从品牌方、代理商、品牌分支机构、国际品牌驻中国办事处等正规渠道采购，由中国太平洋财产保险股份有限公司为消费者购买的每一件商品承保。

唯品会的目标消费者为年轻人群、白领群体及名牌爱好者，他们追求独立、新奇、个性和时尚。唯品会的商品时尚、流行，采取的正品特卖策略，可以使消费者在享受较高性价比商品的同时，利用其对价格的敏感度，使其继续在唯品会购买，图3-9所示为手机淘宝、京东、拼多多和唯品会的性别分布，图3-10所示为手机淘宝、京东、拼多多和唯品会的年龄分布，从中可以看出唯品会的消费者大多在20岁至49岁，且女性居多。

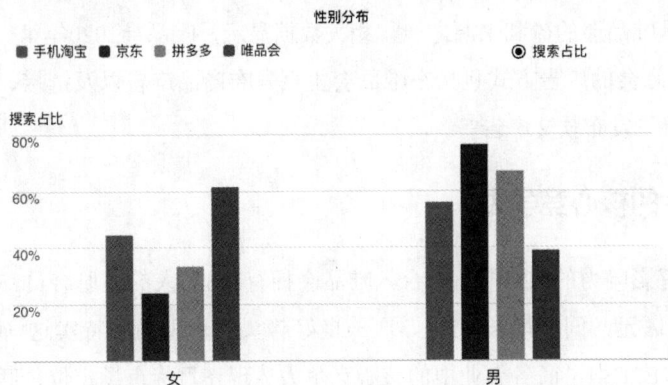

图3-9　手机淘宝、京东、拼多多和唯品会的性别分布

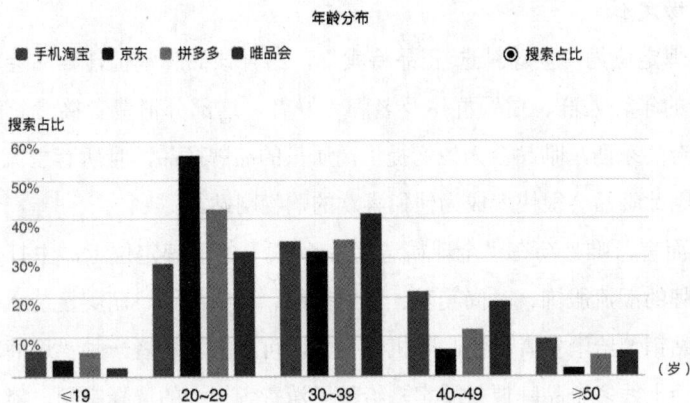

图3-10　手机淘宝、京东、拼多多和唯品会的年龄分布

就商品品类而言，唯品会以自营服饰起家，随后逐渐涉足小家电、化妆品、时尚配饰、家居家纺等多样化的商品品类。2014—2015年，唯品会通过投资乐蜂网、辣妈帮等垂直电子商务平台，开始经营美妆、母婴等品类产品，不过服装与化妆品仍是唯品会的主要利润点。就货源而言，成立初期，唯品会主要从厂家采购尾货，随着唯品会在电子商务领域的不断发展，唯品会采购新品和特供品的占比不断提高，早在2016年第二季度，唯品会当季新品和平台特供品占比就已经超过35%。近年来，唯品会逐步减少了低毛利的一些商品品类，重新聚焦服装、美妆和母婴等高毛利商品。

艾媒咨询的相关报告显示，唯品会在2020年中国主流电商平台性价比消费认可度的排行榜中排名第一，因此可以看出唯品会能够持续盈利，与其高性价比、商品品类多等特点是分不开的。

2. 集市开放平台资费收入

2018年5月10日，唯品会正式对外公布MP开放平台，卖方入驻该平台需要交纳一定额度的资费。平台资费现由平台扣点、平台使用费以及保证金构成。不同类目的平台扣点不同，平台使用费一般为1 000元/月，保证金为5万元或10万元，绝大多数类目为5万元。

3. 广告收入

广告收入也是唯品会的盈利来源之一，相关数据显示，唯品会2020年第一季度的广告收入占比为3.41%。唯品会的广告方式包括在唯品会主页发布商品广告以及链接、在类似商品信息页面提供相关链接、发布软文广告等。

3.5.3 唯品会的核心竞争力

作为比较具有影响力的B2C电商平台，唯品会拥有超3亿人的注册会员，2020年全年唯品会净收入为1 019亿元，同比增长9.5%。这一良好势头显示出品牌特卖这一模式的强大生命力。唯品会在众多B2C电子商务企业中的核心竞争力体现在目标市场定位、商业模式、物流等方面。

1. 目标市场定位

唯品会的品牌定位为"全球精选 正品特卖"，结合该品牌定位，唯品会将目标消费者定位为18岁至50岁的年轻人群、白领群体及名牌爱好者。这部分消费者接受新鲜事物的能力较高，愿意尝试新奇的东西，唯品会为他们提供高质量的品牌商品，且所有主流品牌的商品都以较低价格出售，因此唯品会很快就成为他们喜欢的购物网站。

就产品定位而言，唯品会在"全球精选 正品特卖"的品牌定位上，主打二、三线品牌的特卖，将各种品牌的潮流服饰、时尚美鞋、品质家纺、精美配饰、萌美童装、母婴用品、大牌化妆品等通过网站销售给消费者，商品随机性很大，可以给消费者一种"逛商场"的感受。另外，唯品会每天会上线多个品牌授权特卖，给予了消费者很大的选择空间，能够满足大多数消费者的购买需要。

2．商业模式

唯品会刚开始时实行"名牌折扣+限时抢购+正品保障"的商业模式，后持续深化为"精选品牌+深度折扣+限时抢购"的商业模式。

（1）精选品牌。如今的网络以及快递物流服务业发展迅速，消费者可以快速在线上购买到所需商品，从海量品牌中快速选购高性价比的商品成为消费者的一个重要诉求点。唯品会将精选与品牌结合，利用买手团队，结合大数据统计，从全球各地精选优质品牌，并从厂家直接进货，为消费者提供更放心的商品。

为了挑选全球的优质品牌好物，唯品会从2014年就开始建立买手团队，这些买手大多是往返于世界各地、时时关注最新的流行信息、掌握一定的流行趋势、追求完美时尚的人。唯品会的买手不仅要从国内外发现优质时尚的品牌好物，精准挖掘消费者喜欢的商品，还需要与品牌或者一级供货商直接接触，因此他们还具备一些专业能力。高质量的买手团队是唯品会发展B2C电商的核心竞争力，也是唯品国际发展全球采买能力、完备海外仓布局的关键。

（2）深度折扣。唯品会主打正品低价品牌特卖的模式，以企业为中心，结合自身的目标市场定位和发展战略，将上游供应商与下游消费者串联起来，组成了一条完整、高效的供应链系统。唯品会与上游供应商经过长期的合作建立了信任的关系，可以直接采购，从商品供应链端入手，实现正品低价；同时，唯品会与上游供应商又有许多的合作模式，如跨季度的商品采购、计划外库存采购、大批量采购等，可以获得很大的优惠。

另外，唯品会能获得超低折扣的原因也在于其买手团队，买手们通过预判潮流、锁定热门商品，获取议价优势，并且提前与品牌方商议商品价格，将性价比做到极致。

（3）限时抢购。唯品会商业模式的一大特点就是限时，通过销售折扣大的品牌商品，营造抢购氛围，吸引消费者购买。唯品会每天早上10点和晚上8点会准时上线几百个正品品牌参与特卖，以低至1折的折扣力度，面向消费者开展限时抢购活动。

3．物流

2019年11月25日，唯品会与顺丰速运达成合作，放弃自营物流，切换社会化物流业务后，唯品会的单件物流成本大大降低。顺丰速运以优惠的电商价格帮助唯品会降低物流履约成本，这样唯品会不仅缩减了物流成本，还解决了物流配送"最后一公里"的难题。

根据上述材料，分析以下问题。

（1）唯品会当前的B2C布局是怎样的？

（2）唯品会为什么能够持续盈利？

任务实训

2007年，我国第一个电子商务五年发展规划发布，经过多年的快速发展，当前我国的电子商务已从高速增长迈入高质量发展的全新阶段。电子商务作为我国数字经济的突出代表，分别在促消费、保增长、调结构、促转型等多个方面呈现出前所未有的发展态势，已经成为了我国驱动经济社会创新发展的一大重要动力。国家统计局电商交易平台调查显示，2021年我国电商交易额已经达到了34.81万亿元，占GDP比重达34%。2021年是"十四五"开局之年，是建党100周年，对于电子商务的发展也具有重要意义，为了更好地理解电子商务商业模式，并掌握相关的基础知识，下面通过实训来巩固所学知识。

【实训目标】

（1）熟悉不同电子商务商业模式下的典型电子商务平台。

（2）掌握不同电子商务商业模式下电子商务平台的盈利模式和交易流程等。

（3）对比分析不同电子商务商业模式的优、缺点。

【实训内容】

（1）分小组进行训练，对应B2B、B2C、C2C这3种电子商务商业模式类型，每种类型列举至少3个典型的代表进行分析，然后依次填入表3-3中。

（2）分别在对应电子商务平台注册账号，亲身体验电子商务平台的运作模式，分析电子商务的平台特点、目标消费者和盈利模式的异同点，最后完善表3-3的内容。

表3-3　电子商务网站商业模式分析

商业模式	典型代表	平台特点	目标消费者	盈利模式
B2B				
B2C				
C2C				

（3）社区是一个非常庞大的市场，近年来，越来越多的企业开始抢占社区O2O入口。社区O2O服务于社区生活的方方面面，本质上是企业与家庭之间的电子商务，主要通过互联网来打通商品或服务在社区物业的闭环，依赖线上和线下资源的互动整合来完成。爱鲜蜂、多点、社区001等都是社区O2O的典型代表平台，下面分小组进行训练，查找爱鲜蜂、多点和社区001的相关资料，分析其盈利模式、交易流程和优缺点等，填入表3-4中，最后总结O2O模式与B2B、B2C、C2C 3种模式分别适合哪些企业。

表3-4　社区O2O平台分析

平台	企业背景	盈利模式	交易流程	优缺点
爱鲜蜂				
多点				
社区001				

课后习题

1. **名词解释**

（1）垂直型B2B　　（2）有形商品或服务　　（3）无形商品或服务　　（4）连锁购销商城

2. **单项选择题**

（1）下列不属于B2B网站的是（　　）。

　　A．阿里巴巴网站　B．慧聪网　　　　C．环球资源网　　　D．京东商城

（2）下列不属于无形商品或服务的电子商务模式的是（　　）。

　　A．会员订阅模式　B．付费浏览模式　C．广告支持模式　　D．网上赠予模式

（3）按网购模式对B2C进行划分，苏宁易购属于（　　）。

　　A．综合平台商城　B．连锁购销商城　C．综合独立商城　　D．网络品牌商城

（4）O2O的主流模式是（　　）。

　　A．Online to Offline　　　　　　　　B．Offline to Online

　　C．Online to Offline to Online　　　　D．Offline to Online to Offline

3. **多项选择题**

（1）按照交易客体分类，B2C电子商务模式可以分为（　　）。

　　A．买方企业对卖方个人　　　　　　　B．卖方企业对买方个人

　　C．有形商品或服务的电子商务模式　　D．无形商品或服务的电子商务模式

（2）C2C电子商务的主要盈利模式包括（　　）。

　　A．会员费　　　　B．网络广告费　　C．增值服务费　　　D．特殊服务费

（3）下列属于O2O常见平台的有（　　）。

　　A．美团　　　　　B．每日优鲜　　　C．京东商城　　　　D．去哪儿网

（4）B2C的盈利模式包括（　　）。

　　A．网络广告收益模式　　　　　　　　B．商品销售营业收入模式

　　C．出租虚拟店铺收费模式　　　　　　D．网站的间接收益模式

（5）下面属于B2B中介网站的有（　　）。

　　A．凡客诚品　　　B．阿里巴巴　　　C．当当网　　　　　D．中国化工网

4. **思考题**

（1）C2C电子商务的交易流程是怎样的？分别从买方和卖方的角度进行阐述。

（2）了解B2C电子商务的相关知识后，谈谈你对B2C网站的认识。

（3）列举目前主要的B2B电子商务模式并进行分析。

（4）企业开展O2O平台业务时如何获取竞争优势？

5. **案例分析题**

<h3 align="center">天猫电子商务模式</h3>

天猫是阿里巴巴集团旗下的一个综合性购物网站，它整合了数万家品牌商、生产商，

为商家和消费者提供一站式解决方案。天猫依托于庞大的用户量，通过独特、创新的理念，迅速成长为全球知名的电子商务企业。

2011年6月，淘宝拆分为淘宝网、淘宝商城和一淘网，并分别独立运营。2012年1月11日，淘宝商城正式更名为天猫，开始独立运营。天猫不负责销售等相关环节，企业通过平台直接面向消费者销售商品或服务，平台起信誉保证和中间联系人的作用。天猫的定位比较清晰。对内，它是阿里巴巴集团在实物消费领域的主战场；对外，天猫将打造成一个多元化、品质和服务都非常好的时尚虚拟商圈。就目标消费者而言，随着商家入驻条件的提高，天猫的目标消费者定位是追求品质、对服务有所要求的购物能力较强的人群，包括都市白领、公务员等。目前，天猫主打服饰箱包和个护化妆，女性消费者对这些品类更加感兴趣。在物流方面，天猫采用第三方物流模式，将库存集中在某地，再从店铺所在地直发全国，并且利用第三方物流企业的交通、运输、仓储连锁经营网络，全部由物流快递企业提供配送服务。

就盈利来源而言，天猫的大部分收入来自服务费，包括软件服务年费和软件服务费，可看作收取佣金的一种方式。另外，广告收入、资金沉淀收入等也是重要的收益来源。就核心竞争力而言，一是海量的注册用户。天猫在开展平台业务时，共享了淘宝网的用户群，注册用户量非常庞大，在这方面具备了先天优势。二是天猫非常优质的服务。例如，天猫使用支付宝在线支付交易，提供了安全支付的保障，还提供了现金担保的功能，此外，天猫拥有严格的申请条件和违规处罚制度。三是天猫强大的网络通信能力和密集的客流量，这能够帮助企业打造品牌，提高品牌的知名度和影响力。

根据上述材料，分析以下问题。

（1）天猫属于哪种电子商务模式？

（2）天猫的核心竞争力主要体现在哪些方面？

第4章

【课前预习】

预习课程	新兴电子商务商业模式	时间：40分钟
预习方式	1. 在网络中搜索并阅读新兴电子商务商业模式的相关资料。 2. 浏览本章内容，熟悉本章的知识结构。 3. 阅读下面的案例并回答问题。 **农村电商新模式** 　　随着社会经济的发展，越来越多的消费者开始追求更好的生活品质。近几年，我国的农业观光旅游逐渐兴起并发展起来，成为人们周末娱乐的常见方式。随着电子商务经济的蓬勃发展，各地开始对农村电商进行创新，开创了新颖的"农产品+旅游+电子商务"模式。 　　就一般的农村电商而言，农产品电商单纯卖农特产品，农村旅游电商则是依靠门票、酒店预订等获取收入，二者各自为战。就开创的新模式而言，商家不仅要为消费者提供"管吃管住"的一体化服务，还希望消费者在旅程结束后能买走当地的农产品，以提升旅游附加值。该模式的具体运作流程为：利用农产品激发消费者对农产品产地的旅游兴趣，在当地为消费者提供吃、住、行、乐、游一条龙服务，并通过旅游服务带动当地农产品的销售，通过加深消费者对农产品产地的直观认知，促使消费者在线上购买农产品。 　　当前，很多地方旅游局不仅在线上开设了农业观光旅游的旗舰店，还在旅游地开设了农产品店铺，将线上线下相融合，并将旅游景点门票、农产品、旅游服务类产品销售整合起来，形成富有特色的农村旅游电商模式。 　　思考：（1）什么是农村电商？什么是农产品电商？什么是农村旅游电商？ 　　　　　（2）电子商务的新模式还有哪些？	
预习目标	1. 能够通过网络搜索，了解新兴电子商务商业模式。 2. 能够通过阅读本章内容，熟悉本章所讲述的知识。 3. 能够通过课前预习，回答案例中提出的问题。	
疑难点总结		

4.1 移动电商

移动电商由传统电子商务演变和衍生而来，简单来说，移动电商就是基于移动通信网络，利用智能手机、平板电脑等移动终端进行的电子商务活动。移动电商完美地结合了互联网技术、移动通信技术及其他信息处理技术，可以随时随地进行线上线下的购物与交易和在线电子支付等活动。

微课视频

4.1.1 移动电商的分类

传统的电子商务主要通过浏览器交易、沟通，而移动电商则是通过App交易。众多企业均推出移动电商App来吸引消费者，提供订票、购物、娱乐、医疗等服务。下面从应用的角度对移动电商进行分类，将其分为信息服务类、交易服务类、娱乐服务类和行业应用服务类等。

扫码阅读

移动电商的关键技术

（1）信息服务类。信息服务类移动电商主要指通过移动网络提供信息服务的电商，主要提供移动信息服务（新闻资讯、天气预报等）、移动电子邮件服务和基于位置的服务（如位置查询、定位）等。

（2）交易服务类。按照移动电商涉及交易服务类业务的不同交易方向，移动电商还可以分为提供移动金融服务的电子商务和提供移动购物服务的电子商务。移动金融服务主要包括银行业务、移动支付业务等；移动购物服务主要包括移动零售业务、移动售票业务和移动拍卖业务等。

（3）娱乐服务类。娱乐服务类移动电商的业务主要包括移动音乐、视频观看和下载及移动游戏等。

（4）行业应用服务类。行业应用服务类移动电商主要指面向行业提供专门移动应用系统，如安全生产监控服务、公共事业缴费服务等的电子商务。

4.1.2 移动电商的常见平台

目前，移动电商的平台非常多，不同的移动电商平台售卖的商品或服务也有所不同，比较常见的移动电商平台有淘宝、拼多多、美团、每日优鲜等。

1. 淘宝

淘宝App是淘宝网官方出品的手机应用软件，是目前消费者常用的移动电商购物App，依托淘宝网巨大的优势，为消费者提供了方便快捷的购物服务，以便消费者随时随地进行搜索比价、浏览商品、移动购物和订单查询等操作。

2020年，淘宝App改版升级，为消费者带来了更加沉浸式的购物体验，如首页采用突出的视频内容显示，取代了原来的分类焦点图，更加场景化。图4-1所示为改版后的淘宝App首页。

　　实际上，淘宝App属于由PC端转型而来的移动综合电商平台，同类平台还包括京东App、苏宁易购App、唯品会App等。

2. 拼多多

　　目前，拼多多App是淘宝App以外，消费者较常使用的移动电商购物平台，新增用户7天留存率高达77.3%，领先于其他平台。与淘宝App不同，拼多多App属于专注于移动端的综合电商平台，同类平台还有微店等。

　　消费者在拼多多App中购买商品时若想获得更多优惠，就需要与人拼单，这也是拼多多App与淘宝App的核心区别。另外，淘宝App上将消费者的评价详细分成了"好评""中评"和"差评"，但拼多多App不会分类显示消费者评价的好坏，而是直接展示全部的商品评价，图4-2所示为拼多多App中的商品评价。

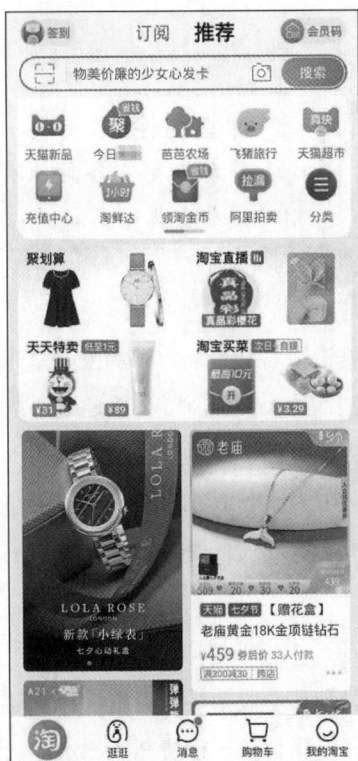

图4-1　改版后的淘宝App首页　　　　图4-2　拼多多App中的商品评价

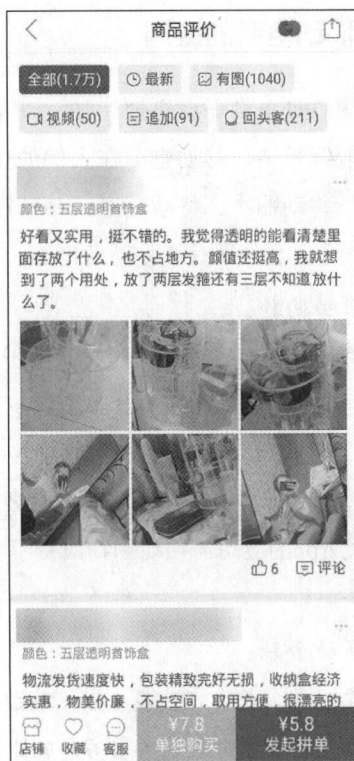

3. 美团

　　美团App是美团网官方出品的手机应用软件，是国内成立较早、口碑较好和综合实力较强的大型团购App，能够随时随地为消费者提供各个城市的美食、酒店和娱乐等众多信息及电子兑换券。同类软件还有很多，如大众点评App、百度糯米App等。

4. 每日优鲜

　　每日优鲜App是专注于优质生鲜的移动电商平台，致力于为消费者提供极致的生鲜电商服务体验。2018年，每日优鲜已完成水果、蔬菜、乳品、零食、酒饮、肉蛋、水产等全品类精选生鲜布局，在全国20个主要城市建立了"城市分选中心+社区前置仓"的极速达冷链物流体系，为消费者提供生鲜1小时达服务。

专家提示

除此之外，同样专注于生鲜领域的还有京东到家 App、盒马鲜生 App 等，与每日优鲜 App 不同，京东到家 App 和盒马鲜生 App 分别是由京东和阿里巴巴推出的手机应用软件，每日优鲜 App 是专注于生鲜的移动电商平台，京东到家 App 和盒马鲜生 App 更像是"移动超市"。

除了上述几个移动电商平台，涉及饮食起居各方面的移动电商平台非常多，还有交通出行方面的T3出行App、去哪儿旅行App，汽车导航方面的高德地图App、百度地图App等。

4.1.3　移动电商的应用

在我国移动电商平台迅速增加、订单和交易金额不断增长的背景下，移动电商在人们的生活中被广泛应用，包括移动购物、移动金融、移动教育、移动办公、移动娱乐、无线医疗和移动营销等。

> **课堂讨论**
>
> 移动电商在各行业有哪些应用？试举出典型案例。

1. 移动购物

随着我国移动电商的发展，传统电子商务企业纷纷进军移动市场，如淘宝、京东等开发的淘宝、京东等购物App的应用。消费者下载并安装这些购物App后，可直接通过手机等在购物App中购买服装、食品等。另外，除了传统的商品类购物，车票、机票、电影票和入场券等票务购物也逐渐兴起并成为移动购物的主要业务，如铁路12306App、美团App、去哪儿旅行App等票务购物App的应用。移动购物改变了消费者的传统购物方式，为消费者提供了更加方便和快捷的服务。

2. 移动金融

移动金融包含的内容较多，如移动银行、移动支付和移动股票等，消费者可以随时随地通过移动终端设备享受金融业务服务，如账户余额查询、转账付款、话费充值、水电气缴纳、股市行情查询和股票交易等。另外，消费者还能获得实时金融信息，快速掌握金融市场动向。常见的移动金融App有支付宝、同花顺和大智慧等。

3. 移动教育

移动教育即在移动的学习场所或利用移动的学习工具所实施的教育，是依托于无线移动网络、国际互联网以及多媒体技术，学员和教师使用移动设备通过移动教学服务器实现的交互式教学活动。移动教育打破了传统教育的局限性，各类移动教育App的推出，一方面可以有效地激发学员的学习兴趣，让学员利用零散时间学习；另一方面，移动教育资源丰富，交互性强，学习内容不受限制，且可自动跟踪记录学员的学习过程，更有利于满足学员的个性化学习需求。常见的移动教育App有网易公开课、233网校、中国大学MOOC等。

4．移动办公

移动办公即通过手机、平板电脑等移动终端中的移动信息化软件，与企业的办公系统进行连接，将原本公司内部的局域网变为安全的广域网的办公活动，摆脱了传统办公时间和场所的限制。移动办公涉及的服务包括短信提醒服务、远程会议、信息浏览与查询、远程内部办公网络访问等。移动办公有效地解决了企业管理与沟通方面的问题，使企业整体运作更加协调。常见的移动办公App有钉钉、腾讯会议、腾讯文档等。

🔍 **案例阅读**

移动办公应用——钉钉

钉钉是阿里巴巴旗下的一款专门为中国企业打造的集通信、协同办公为一体的免费智能移动办公平台，可以帮助企业更好地实现内部和商务沟通，全方位提高企业的工作效率。钉钉提供了PC版、iPad版和手机版等多个版本，用户可以在不同的设备上协同办公，实现真正的智能移动办公。

钉钉提供了丰富的企业沟通功能，主要包括视频电话会议、钉钉电话、DING等。其中，钉钉电话是对传统座机办公的升级，它免去了传统复杂的申请、布线过程，可以直接通过工作群免费拨打或接听办公电话；DING是消息通知功能，钉钉发出的DING消息一般以免费电话、短信等方式通知接收人，当接收人收到DING消息提醒后，可以以语音或文字的形式回复，实现消息的快速和无障碍传达。

为了方便企业进行内部管理，钉钉还专门提供了内部协同功能，包括财务管理、人事管理、行政管理等。另外，钉钉还将业务扩展到企业与企业之间，还可以在钉钉中寻找企业或商品，收集外部上传的文件，并可对文件设置权限等。

近年来，移动办公逐渐进入企业的视线，相比其他终端，这种移动办公模式有更大的移动性和自由度，工作处理效率也相对较高，为企业信息化发展注入了更多的灵活性。钉钉作为典型的移动办公平台，给用户提供了一种新的数字化工作方式，对提高工作效率、加强员工之间的沟通等有着积极的促进作用。

5．移动娱乐

移动电商使娱乐的种类变得更加丰富，如可以通过微信、QQ等聊天、视频通话等，还可以在抖音上观看短视频等。这些娱乐App可以直接在网站或应用商店中下载，并且能够为移动运营商、内容提供商和服务商带来附加收益，是影响范围较广的移动电商应用。

6．无线医疗

随着医疗技术与无线技术的进步，无线医疗技术出现并逐步融入全球医疗系统。无线医疗系统可以实现以下功能。

（1）实现不同医疗机构之间的信息共享，加快疾病诊断和治疗方案的出台速度。

（2）方便远程监控病患，确保医疗机构及时了解患者的情况。

7．移动营销

电子商务业务向移动终端的转移带动了营销的移动化，通过移动营销可以更加快速、便利地进行信息传递并与消费者互动，能够帮助企业更快地抢占移动互联网市场，促进消费市场的线上线下整合。移动营销具有消费者目标群体明确、信息传递及时和互动性强等特点，是当下流行的营销模式，如微博营销、微信营销等。

4.2 跨境电商

近年来，随着"一带一路"倡议的深入发展，我国跨境电商行业呈现出较强劲的持续增长势头。跨境电商即跨境电子商务，是指分属于不同关境的交易主体，通过电子商务平台达成交易、支付结算，并通过跨境物流送达商品、完成交易的一种国际商业活动，主要由跨境电商平台、跨境物流公司和跨境支付平台3部分组成。

微课视频

跨境电商构建了开放、立体的多边经贸合作模式，拓宽了企业进入国际市场的途径，同时还有利于消费者获取其他国家的商品。

4.2.1 跨境电商的分类

跨境电商按照交易模式的不同，可以分为B2B跨境电商、B2C跨境电商和C2C跨境电商，其中，B2C跨境电商和C2C跨境电商又被统称为跨境零售。

（1）B2B跨境电商。B2B跨境电商是指分属于不同关境的企业之间开展的在线国际商业活动。敦煌网、阿里巴巴国际站、环球资源网、中国制造网等都是十分具有代表性的B2B跨境电商平台。

（2）B2C跨境电商。B2C跨境电商是指分属于不同关境的企业直接面向消费者开展的在线国际商业活动。速卖通、eBay、Wish、兰亭集势等都是十分具有代表性的B2C跨境电商平台。

🔍 **案例阅读**

B2C跨境电商平台——速卖通

速卖通的全称是全球速卖通，是阿里巴巴为帮助中小商家接触终端批发零售商，以拓展利润空间为目的，全力打造的集订单、支付、物流于一体的外贸在线交易平台，被称为"国际版淘宝"。在速卖通上，商家可以将商品信息发布到境外，供广大消费者查看并购买，然后商家可以通过国际快递运输货物，完成交易。

速卖通于2010年4月正式上线，目前已经发展为覆盖超过200个国家和地区的全球跨境交易平台，海外成交消费者数量已突破 1.5 亿人。在全球 100 多个国家和地区的购物类 App 的下载量中，速卖通排名第一，是中国唯一一个覆盖"一带一路"全部国家和地区的 B2C 跨境电商平台。在俄罗斯、巴西、以色列、西班牙、乌克兰和加拿大等地，速卖通都是非常重要的购物平台。

与 eBay、Wish 等 B2C 跨境电商平台相比，速卖通的优势包括较低的交易手续费、丰富的商品资源，以及将商品一键卖向全球的淘代销功能。速卖通还专门为商家提供了一站式商品翻译、上架、支付和物流等服务。对于没有进行过培训的跨境电商新商家而言，速卖通的后台界面是全中文，与客服的沟通没有语言和文化上的差异，且操作简单、易上手。同时，商家还可以通过阿里巴巴提供的在线社区和线下的跨境电商培训课程，学习后台操作的技巧并了解平台的新政策。

目前，在我国 B2C 跨境电商中，速卖通已成为中小企业跨境交易的重要平台。"中国制造"借助速卖通很好地直接触达海外消费者，越来越多的中国品牌得到国外消费者的认可，升级成了"中国品牌"，很好地提高了商品的议价能力；同时，速卖通也乘着"中国制造"和"一带一路"的势头，成为阿里巴巴集团全球化战略中的先行者。

（3）C2C 跨境电商。C2C 跨境电商是指分属于不同关境的个人商家对消费者开展的在线国际商业活动。典型的 C2C 跨境电商平台有淘宝全球购、淘世界和洋码头等。

如果按照进出口贸易分类，跨境电商还可以分为出口跨境电商和进口跨境电商，也就是商品外销和商品购进。目前，在我国跨境电商中，出口跨境电商仍占主导地位，但进口跨境电商的占比正在不断上升。

4.2.2　跨境电商运作流程

跨境电商虽然是不同关境主体之间的买卖交易，但作为电子商务的一部分，其运作流程与电子商务类似，首先消费者通过跨境电商平台浏览商品，然后进行价格等信息的交谈，最后涉及物流运输和支付等环节。图4-3所示为跨境电商的运作流程图。

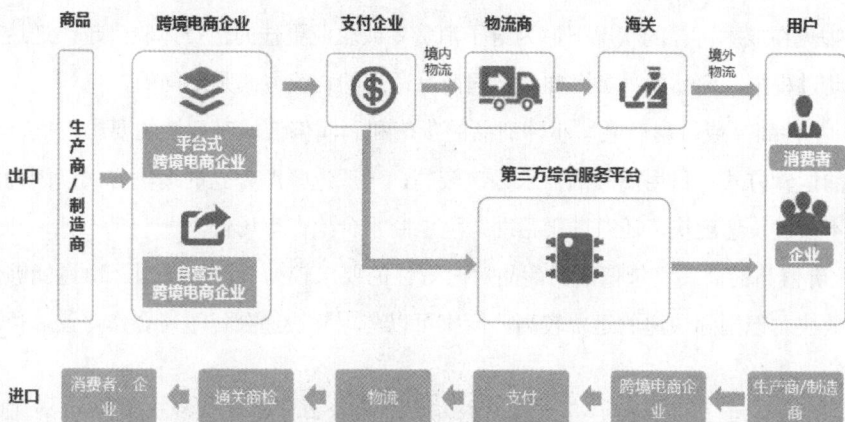

图4-3　跨境电商的运作流程图

跨境电商的整个运作流程与国内电子商务具有相似性，只是跨境电商的交易涉及更多环节，如海关、税收和跨境物流等。

4.2.3 跨境物流

跨境电商逐步成为我国对外贸易的新引擎，预计将持续保持高速增长，并向更均衡的路径结构发展。与传统电子商务不同，跨境电商需要跨越边境运输商品，因此，跨境电商的发展离不开配套的跨境物流的支持。

1. 跨境物流的运输方式

目前，常用的跨境物流的运输方式主要包括国际小包、国际快递、专线物流和海外仓。

（1）国际小包。国际小包也称为国际邮政小包裹，即通过邮政空邮服务寄往国外的小邮包。国际小包是当前比较常用的一种跨境物流运输方式，包括中国邮政小包、新加坡邮政小包、国际E邮宝和一些特殊情况下使用的邮政小包。

（2）国际快递。国际快递主要是通过国际知名的四大快递公司邮寄国际快递，这四大快递公司分别为：美国联邦快递（FedEx）、联合国包裹速递服务公司（United Parcel Service，UPS）、TNT快递和敦豪航空货运公司（DHL）。国际快递具有速度快、服务好、丢包率低等特点，但在运送包裹的过程中所产生的物流成本较高。

（3）专线物流。专线物流一般是通过航空包舱的方式将货物运输到国外，再由合作公司派送至目的国，具有送货时间基本固定、运输速度较快和运输费用较低的特点。目前，业内使用最普遍的物流专线包括美国专线、俄罗斯专线及欧洲专线，但也有部分公司拥有南美专线、南非专线及中东专线。

（4）海外仓。海外仓是指在其他国家和地区建立仓库，货物从本国出口，通过海运、货运和空运等形式储存到其他国家或地区。交易前，商家只需将货物大量运输至目的国或地区的海外仓，当线上交易完成后，再根据订单从海外仓中调出所需的物品，货物的分拣、包装及配送均可在目的国或地区进行。

2. 跨境物流的选择

跨境物流在成本可控的状况下，为给予消费者或企业更佳的消费体验，越快送达越好，但在交易活动过程中，商品的种类多样，不同商品适用的物流方式是不同的。

（1）小件商品或日用商品。小件商品的货值和利润偏低，时效性的要求较低，一般选择国际小包的运输方式；日用商品的需求频次较高，一般选择海外仓的运输方式。因为海外仓的运输方式不仅发货速度快，还有助于帮助跨境电商平台抢占市场份额。

（2）价值高的商品。价值高的商品对时效性的要求较高，而选择国际快递能够保障商品安全且时效快。但国际快递的运费较高，商家可以与国际快递公司签署合作协议，争取运费上的优惠政策。

（3）大宗商品。如果是大宗商品，那么优选海外仓，性价比较高且可以解决时效性问题，以避免烦琐的进出口过境手续。

（4）时效性要求高的中小型商品。对时效性要求较高的中小型商品可以选择专线物流。需要注意的是，专线物流按实际重量收费，30kg以下的商品可以选择此方式。

4.2.4　跨境支付

在跨境电商运作流程中，达成交易后，商品通过跨境物流送达，消费者或企业确认商品合格后，还需要支付款项，即跨境支付。因此，除了跨境物流，跨境支付也是跨境电商必不可少的环节。

截至目前，商业银行信用卡支付、第三方支付（如支付宝、微信支付等）及银行转账等为跨境电商的主要支付方式。近年来，第三方支付快速发展，国际上常用的第三方支付有eBay的贝宝（PayPal）、西联汇款等。在国内，银联较早开展跨境电商支付业务，其他支付工具紧随其后。跨境支付的方式较多，不同收汇款方式存在差别，它们都有各自的优缺点、适用范围，表4-1所示为热门跨境支付方式的对比。

表4-1　热门跨境支付方式的对比

支付方式	优点	缺点	适用范围
银行电汇	收款迅速；先付款后发货，保证商家利益不受损失	由于先付款后发货，消费者或企业容易产生不信任；若数额较高，相应的手续费也较高	传统的B2B支付方式，适合大额的交易付款
PayPal	国际知名度较高，受买卖双方信赖；无开户费及使用费，且满足大多数地区消费者的付款习惯	每笔交易除手续费外，还需要支付交易处理费，增加成本；账户易被冻结，商家利益受损失	跨境电商零售行业，小额交易更加划算
西联汇款	手续费由消费者或企业承担，利于商家；可先提钱再发货，安全性好	手续费由消费者或企业承担，消费者或企业不易接受；买卖双方需要去西联线下柜台操作，手续费较高	1万美元以下的交易
信用卡收款	使用人数较多	收费较高；付款额度较低；有拒付的风险	B2C、C2C平台

🖐 素养提升

在"一带一路"倡议的背景下，我国跨境电商获得了更为广阔的空间，尤其是"一带一路"倡议的主要辐射地区，跨境电商的发展较为明显。"一带一路"倡议的深度挖掘对外区域合作，引起了"一带一路"沿线国家和地区对我国跨境电商的高度关注。

4.3　直播电商

直播电商即直播电子商务，来源于网络直播，是指在电子商务环境下使用直播作为媒介，以促进商品或服务的购买与以销售为目的的电子商务商业模式。相关数据显示，在"直播+"

全面发展的背景下，2020年我国直播电商市场规模达到了9 610亿元，作为新兴的电子商务模式，直播电商的发展势头非常强劲。

4.3.1 直播电商的特点

直播电商借助直播作为媒介开展电子商务活动，因此具有直播所有的实时性、真实性、直观性、互动性和精准性五大特点。

（1）实时性。直播电商实时性的特点是直播赋予的。借助直播平台，商家能够实时分享日常和商品，消费者可以实时、直观地看到直播环境、现场情况等。

（2）真实性。一方面，商家的举动被实时传输到观看直播的消费者面前，大大降低了网络的虚拟感，可以让消费者获得更加真实的体验感；另一方面，在观看直播的过程中，消费者可以就商品的相关问题与商家实时互动，咨询和获取商品的有效信息。

（3）直观性。直播区别于传统电子商务平台上的文字和图片，在直播过程中，商家能够全方位地展示商品，不仅可以将商品的设计细节直观地呈现出来，还可以示范商品的使用方法和技巧。例如，就服饰而言，在直播过程中，商家会在直播间标注试穿人的真实身高、体重等数据，以便消费者根据试穿人的身材数据及试穿结果判断服饰是否适合自己。

（4）互动性。与传统的商品展示相比，直播电商具有很强的互动性。例如，消费者在观看直播时可以发送弹幕评论，与商家实时互动，或者与其他观看直播的消费者互动。

（5）精准性。一般来说，进入直播间的消费者大多对商品感兴趣，直播电商聚集了有共同购买意愿的人群，因此具有高度的精准性。

4.3.2 直播电商的热门平台

直播电商是电子商务领域出现的新场景、新业态，随着直播电商的迅猛发展，许多直播电商平台也如雨后春笋般涌现，比较热门的直播电商平台有点淘、抖音直播、快手直播等。

> **课堂讨论**
>
> 你有经常使用的直播平台吗？这些直播平台有什么不同？你会在直播平台中购买商品吗？

1. 点淘

点淘由淘宝直播升级而来，2021年1月，淘宝直播App全面升级为点淘App。点淘的定位为消费类直播平台，是我国目前较大的直播电商平台。点淘以商品为中心，在点淘观看直播的消费者会有类似逛街的感觉，且购物目的相对明确。

2. 抖音直播

抖音是由今日头条孵化的短视频平台。在抖音直播中，达人（即在某方面很精通的人）带货是主流，多数消费者购买直播间商品是以带货主播的信誉为依据的。抖音直播间的流量主要来源于直播平台的推送机制，或将直播中的优质片段整理成短视频以吸引消费者到直播间，从而产生购买行为。抖音直播的购物流程如图4-4所示。

图4-4　抖音直播的购物流程

3. 快手直播

快手是北京快手科技有限公司旗下的短视频平台。随着直播的发展，快手也加入了直播电商的团队，开通了直播的功能。快手和抖音的用户重合度较高，但快手直播的转化率更高。

快手上的很多主播与工厂、原产地密切合作，这些主播的直播内容紧紧围绕工厂、原产地展开。例如，主播会直播果园、店面等场景，强调商品源自自家工厂。这种直接展现商品源头和商品产地的卖货方式可以让消费者更直观地了解商品，从而提升消费者对商品的好感度和对主播的忠诚度。

除了上述热门的直播电商平台，许多大型的电子商务平台也内嵌有直播的功能，如京东、苏宁易购、拼多多等。这些大型的电子商务平台利用平台自身的流量带动直播流量，等直播拥有充足的固定流量之后，再利用直播流量反哺电子商务平台。

4.3.3 直播电商的运营

直播电商的火爆使直播带货成为商品销售的新模式，各行各业都开始直播带货。销售商品时，"人、货、场"是3个关键的组成要素，在直播电商中也是如此，因此，直播电商的运营也需要从"人、货、场"3个方面出发。

微课视频

1. "人"——主播的选择

直播电商的运营中，主播的选择主要包括选择适合自建直播团队的主播、选择可以合作的第三方主播，前者隶属于商家，后者与商家为合作关系，且商家需要支付一定的佣金。主播在很大程度上决定了商品能否在直播间畅销，主播对销售起到关键作用的要素有：一是主播的业务能力和知名度，二是主播是否与商家的商品匹配契合。商家在选择第三方主播时，应着重考虑这两点。

就主播而言，只有经营有特点的人设、掌握消费者心理、钻研销售技能才能在直播电商中站稳脚跟。就商家而言，选择主播时可以综合考虑主播的标签、专业知识及其以往带货的经历和达到的效果。

2. "货"——商品和供应链的竞争力

好的主播能够为直播间带来流量，但最终决定直播带货效果的是商品和供应链的竞争力。消费者在直播间购买的商品主要有3种：一是高性价比商品，二是消费者喜爱度高的品牌商品，三是低价快消品，如牙膏、洁面巾等。直播带货时，商家上架的商品可以按"引流款→利润款"的方式循环，当直播间实时人气变低时持续上架引流款商品，人气高涨后上架利润款商品。

直播带货的核心是商品，有了好的商品还需配备具有竞争力的供应链。货源丰富、货源对接效率高等因素能够提升消费者的购物体验、增加消费者的信任度。

总体而言，带货能力强的主播、竞争力强的商品和供应链是直播带货的标配。

3．"场"——直播场景的选择

直播场景充分体现了直播的优势，解决了线上导购无参与感、不具象化的问题。

就头部主播（带货能力较强的主播）而言，直播场景的选择比较灵活，可以选择街边门店、办公室、工厂等。就非头部主播而言，直播场景的选择就十分重要了，直播场景能通过直播形式向消费者展示商品，所以场景的设计、装饰和商品的展示空间都要布局合理。

素养提升

在当前的直播电商中，存在一些乱象，如流量造假、商品造假等行为。这些行为是不正确的，直播电商的核心是"货"，只有注重提升商品的"品、效"，直播电商才能够历久而弥新、增效且长远。作为消费者，应当坚决抵制直播中的不良现象，为维护干净的网络环境贡献力量。

4.4 农村电商

农村电商即农村电子商务，简单来说，是指发生在农村地区的电子商务活动。农村电商作为我国农村地区的新兴产业，是推动实现精准脱贫、乡村振兴的重要手段，不仅能够推动我国农业的发展，还能提高各地农产品的知名度和竞争力，助力新农村建设。

微课视频

4.4.1 农村电商的分类

农村电商发展至今，已经形成了丰富多样的形式，按照不同的分类标准可以把农村电商划分为不同的类型。

1．根据商品流通方向分类

根据商品流通的方向，农村电商可分为输出模式和输入模式。

（1）输出模式。输出模式是指将农产品、手工产品、加工产品、特色旅游资源等从农村向外部市场输出的模式。该模式是当前主要的农村电商模式，依托当地特有的资源，走标准化、品牌化的发展路径，以增加商品的附加值和市场竞争力为重点，致力于解决农产品滞销问题，实现农户收入的增加。

（2）输入模式。输入模式是指将商品、服务等向农村输入的电商模式。这种模式一般会在县域设立县级服务中心，在乡镇建立服务站点，通过完善的服务中心和服务站点，向农村输入生活用品、服务项目等，让互联网的发展成果惠及广大农户。

2. 根据服务对象分类

根据服务对象，农村电商可分为农资电商、农产品电商、农村金融电商和农村旅游电商。

（1）农资电商。农资即农用物资，属于农业生产资料，一般是指在农业生产过程中用以改变和影响劳动对象的物质资料和物质条件，如农药、化肥、种子、农膜、农用器械（包括农业运输机械、生产及加工机械）等。农资电商就是涉及农资的电子商务。目前，我国主要的农资电商平台包括大丰收农资商城、淘农网、惠农网等。

（2）农产品电商。农产品电商是指在农产品生产、销售、管理等环节全面导入电子商务系统，利用信息技术发布与收集供求、价格等信息，并以网络为媒介，依托农产品生产基地与物流配送系统，实现快速、安全的农产品交易与货币支付的新型商业模式。

（3）农村金融电商。农村金融电商是货币、信用等金融行业与"三农"（农村、农业、农民）、互联网相结合的产物，涉及与"三农"相关的互联网信贷、供应链金融、账户预存款、支付工具、移动支付等一系列金融业务。例如，阿里巴巴和京东依托积累了大量信用数据的电子商务平台，从自有的或合作的金融机构处获取资金，为涉农企业提供网上借贷业务。

扫码阅读

农村电商的其他类型

（4）农村旅游电商。农村旅游电商是电子商务与农村旅游相结合的产物。简单来说，农村旅游电商是在旅游电商的基础上加入乡村元素，是旅游电商在农村地区的应用。

4.4.2　农村电商的常见平台

农村电商作为一种新颖的电子商务模式，主要依靠农村电商平台实现商品的出售和购买。农户先在农村电商平台上展示相关农产品，然后消费者在平台上下单，再经物流连接线上和线下，将农产品送达目的地。目前，我国农村电商的常见平台主要包括拼多多、乐村淘等。

课堂讨论

你知道哪些农村电商平台，你会在哪些农村电商平台上购买农产品？

1. 拼多多

拼多多不仅是一个热门的移动电商平台，还是一个相对成熟的农产品电商平台。近年来，拼多多大力扶持农产品电商，将传统农产品流通环节精简为2～3个环节，这样，农产品可以直接从生产基地送到消费者手中，大幅度地降低了相关成本，让消费者、农户都充分受益。

就农村电商而言，拼多多主要专注于农产品上行模式，即"农产品进城"，主要通过拼购的模式销售农产品。拼多多中有很多各地水果和特产的拼团活动，多采取了预售的形式，一般供货周期为两天。

2020年金秋消费季，拼多多上线"多多丰收馆"，正式启动"消费惠农直播""农产品产销对接大会""新农人电商培训"等电商助农活动，助力农户发展。此外，拼多多还与中国邮政达成合作，凭借中国邮政资金流、物流、商流"三流合一"的优势，找到了全新的农产品产销对接综合解决方案。

2. 乐村淘

乐村淘是成立于2014年的农村电商平台，也是一个专注于解决农村地区"买难卖难"问题的平台。一方面，乐村淘通过在村、镇等建立线下体验店，将城市工业品送往农村，让农户享受到便捷、实惠、安全的互联网购物，提升农户的生活质量、降低生产成本、缩小城乡差距；另一方面，乐村淘也是农村地区销售商品的平台，农户通过该平台可以输出当地农产品、手工艺品、民间艺术品等，实现增收。

乐6集和特色馆是乐村淘非常富有特色的业务。乐6集是乐村淘推出的农村互联网消费新模式，农户在每月的6日、16日、26日可以集中到网上赶集。为了让农户买到物美价廉的商品，乐村淘会在每个赶集日设置秒杀、限时、限价、限量等优惠活动，图4-5所示为乐6集的时间安排。

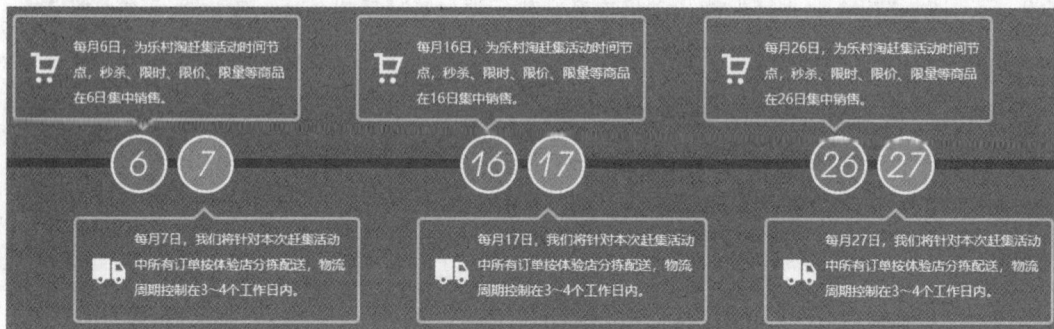

图4-5 乐6集的时间安排

特色馆是乐村淘推出的又一个特色业务，即针对每一个县成立一个主题特色馆，将各个县域的农副产品、文化产品、旅游产品等有效组织起来，从而实现助力农户增收、提升县域经济的目的。图4-6所示为乐村淘"特色馆"的部分内容。

图4-6 乐村淘"特色馆"的部分内容

除了拼多多和乐村淘，常见的农村电商平台还有农村淘宝、京东农村、苏宁易购等，另外，也有很多商家利用微信销售农产品。

4.4.3 农产品电商

农产品电商是农村电商的重要组成部分，近年来持续受到各方关注。当前，农产品电商对打开农产品市场、促进农户增收、带动农村经济发展起着积极的作用，消费者对农产品电商的接受程度也越来越高。

随着大数据、互联网、云计算、区块链、人工智能等多种新技术的发展，农产品的交易更便利、成本更低、效益更高，农产品电商朝着数字化的方向发展，不仅提高了农产品电商的运营效率，还进一步提升了消费者的购物体验。

（1）数字化生产。物联网、5G、人工智能等技术的应用，使得农业生产资料、生产过程实现数字化，有效促进了农产品的标准化生产，还使得农产品种植过程、生产流通的全过程被准确记录下来，并纳入开放信息平台。再加上种植主体及经营主体认证机制的完善，农产品电商全面实现了农产品溯源管理，使产销两端可以通过线上对接，为消费者提供优质的数字化农产品。例如，位于崇明区的翠冠梨数字农业基地就运用了多项高科技技术，农户只要通过手机便能操作无人机、田园机器人完成植保和撒药等工作，十分便利。

（2）数字化物流。近年来，阿里巴巴等电子商务企业大力推动农产品电商数字化物流的发展。例如，阿里巴巴为实现农业"最后一公里"，持续投入大量资金，建成了超过1 000个菜鸟乡村物流县域共配中心。2019年，菜鸟乡村启动了农村快递物流智慧共配项目，该项目以"快递共配+农货上行"为核心，向县域快递企业提供技术、管理、商业方面的解决方案，有效提高了农村快递共配体系的工作效率，并降低了物流成本。

（3）数字化销售。在农产品电商中，商家可以通过分析消费者的购买数据和评价数据来获取真实、全面的反馈，并将反馈传递给供应链各方，从而为有针对性地提升农产品的品质和服务质量提供决策依据。同时，凭借高科技手段，农产品数字化已成为可能，商家可以为消费者提供更直观、可靠的农产品信息，助力农产品销售。此外，直播的兴起还给农产品电商的销售场景带来了巨大的变化，消费者通过手机便可观看到农产品采摘、加工等场景，从而买得更放心。

4.5 社交电商

微信、微博等社交媒体让趣味相同的人聚集在一起，通过文字、图片、视频等方式交流互动，随后这些信息又以不同的方式被分享、传播，巨大的社交流量由此产生。在巨大的社交流量红利下，社交电商应运而生，并且很快进入飞速发展阶段，不少企业和商家纷纷涉足社交电商。

4.5.1 社交电商的概念

顾名思义，社交电商即社交媒体与电子商务的结合。具体来说，社交电商是借助微信、微博等社交媒体或电商平台中的社交功能来辅助商品的购买和销售行为，并将关注、分享、沟通、讨论等社交元素应用于电子商务活动的模式。简单来说，社交电商就是利用和消费者进行社交互动，实现销售商品或服务的目的，从而拉动销售商品或服务的一种电子商务模式。

相较于传统的电子商务，社交电商具有显著的特点及优势，表4-2所示为社交电商和传统电商的对比。

表4-2 社交电商和传统电商的对比

社交电商	传统电商
以人为中心，首先需要建立人与人之间的联系，然后再进行商品销售	以商品为中心，且商家与消费者之间的纽带是商品，只有当商品卖出后，商家才知道消费者是谁
流量更依赖于人与人之间的分享、传播，获取流量的成本较低	流量更依赖于自然搜索和站内坑位展示转化，获取流量的成本较高
消费者最初往往并无硬性消费需求，商家借助社交网络和人际传播刺激消费者产生购买兴趣，进而升级为消费行为	一般是消费者先产生消费需求，然后再进行购买，在这个过程中，消费者往往需要花费较长的时间对商品进行对比甄别
消费者资源属于发散型，如10个消费者参与分享、传播，每人帮忙卖5单即可实现50单的交易量	消费者资源属于漏斗型，如找到1 000个访客，然后通过营销推广，最后转化50单交易
更多通过熟人社群之间的口碑进行传播，消费者对于来自熟人社群的意见传达更容易产生信任，消费黏性较高	面向的消费群体更广，消费者面对单向且陌生的信息很难产生信任，消费黏性较低
入驻门槛较低，商家依赖社群口碑传播，在收获较好营销效果的同时无须缴纳过高的广告宣传费	传统电子商务平台入驻门槛较高，平台内的竞价排名及主页展示位等营销推广方式需要商家缴纳高额费用
重视人与人之间的信任关系，对新品牌来说机会更大	平台和品牌的资质和信誉是关键
通过互动与消费者建立信任关系，消费者的忠诚度高	消费群体不稳定，消费者随时可能选择其他的商家

近年来，我国社交电商领域呈现爆发式发展，图4-7所示为2015—2021年中国社交电商行业交易规模及增速，由该图可以看出，社交电商始终持续向前发展。

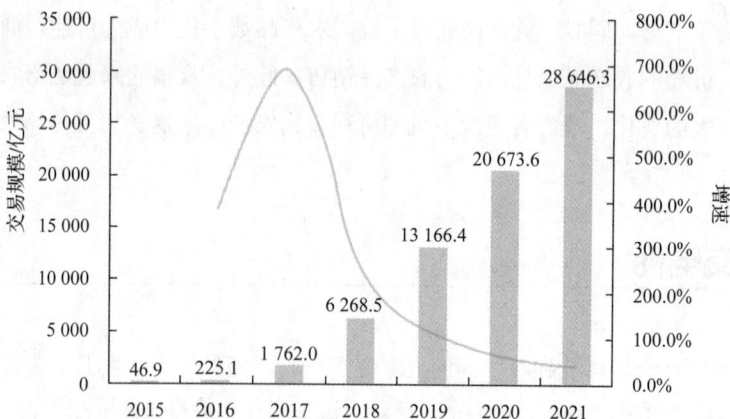

图4-7 2015—2021年中国社交电商行业交易规模及增速

4.5.2 社交电商的常见平台

目前，我国比较常见的社交电商平台有拼多多、小红书、云集、贝店等，这些平台按照运营模式的不同，可以分为社交内容电商平台、社交分享电商平台和社交零售电商平台。

1. 社交内容电商平台

社交内容电商平台由内容驱动交易，需要持续不断地输出高质量的内容以引起互动传播，提高转发率和复购率。

例如，小红书就是典型的社交内容电商平台，主要是借助优质的内容将有共同爱好的消费者聚集在一起，有了足够的流量后，就可以通过销售商品或服务实现变现。小红书中的内容分享，主要是以图文为主，文案整体篇幅较长，通常包含了商品成分、商品的使用体验、使用场景等信息。这些优质用户原创内容（User Generated Content，UGC）可以让消费者更详细、更直观地了解商品，具有较强的说服力。

小红书就好比一本购物指南，通过名人推荐、达人引导，以及各种软文（广告性文章）和高质量文章的推荐，提升消费者对商品的信任感，促进购买行为的产生。除了小红书，蘑菇街、小红唇、宝宝树、年糕妈妈、抖音等也属于社交内容电商平台。

2. 社交分享电商平台

社交分享电商平台主要利用低门槛促销活动鼓励消费者分享，进行商品推广，吸引消费者购买，以达到销售裂变的目标。

拼多多就是非常典型的社交分享电商平台，主要立足于微信海量的流量，借助"社交+拼团+低价"的组合，让消费者可以通过微信群、朋友圈等发起亲朋好友之间的拼团，以吸引更多的消费者。在拼多多中，消费者发起拼团后，可以用更低的价格购买商品，并且可以享受参与秒杀、砍价、签到领红包等多种优惠活动。另外，除了拼多多，京喜等也是常见的社交分享电商平台。

3. 社交零售电商平台

与传统线下实体店零售一样，社交零售的基本营利点是商品的渠道分销利润。区别在于线下实体店零售主要以实体店作为渠道载体，而社交零售是以个体的自然人作为渠道载体，并且利用互联网及社交网络提高渠道运营效率。

目前，比较典型的社交零售电商平台有云集、贝店等。云集是个人零售服务平台，覆盖美妆、母婴、健康食品等品类，为商家提供物流、仓储、客服、培训、IT技术支持等服务。大量商家通过社交关系扩散商品信息，增加商品曝光度，终端消费者看到商品信息后在云集下单，由云集官方完成配送和售后服务。订单完成后，商家即可获得提成收益。贝店是贝贝网旗下通过手机开店的社交零售电商平台，采用"自营+品牌直供"的模式，与数万个品牌直接合作，商家自己开店，无须囤货、发货，由贝店统一采购、发货和服务，商家赚取推广费，即商家每卖出一件商品就获得一定比例的佣金。

4.5.3 社交电商的运营重点

就社交电商而言，社交是核心，是建立在人与人的交流之上的。因此，无论是哪种类型的社交电商，想要运营下去都要依靠这两大重点：一是熟人关系；二是信任关系。缺少任何一种关系，社交电商都无法继续运营下去。

1. 熟人关系

社交电商通过人与人之间的社交活动促成交易。因此，买卖双方关系越紧密，越容易促成交易行为。一般基于熟人关系的关系链可以分为图4-8所示的3个层级。

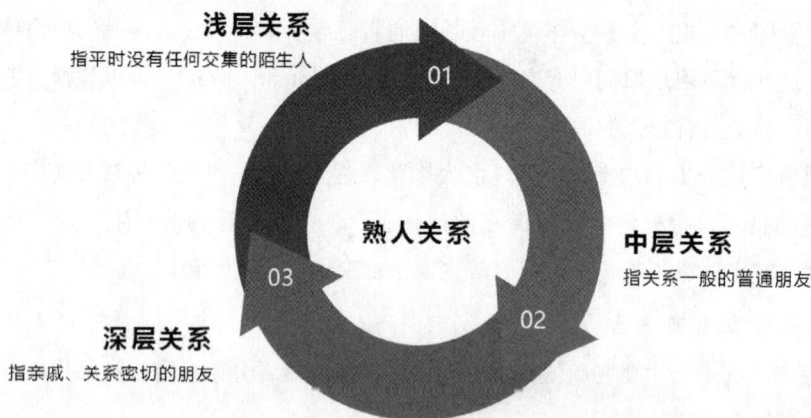

图4-8　基于熟人关系的关系链

消费者通过社交媒体发起购物活动，通常是先将商品购买链接分享给亲朋好友，一起享受低价优惠，形成良性互动。因此，深层关系更容易促成交易行为。当然，浅层关系也能实现交易行为，如将购物链接发送到一些微信群中，邀请不熟悉的群成员一起参与购买。

事实上，每个人的熟人关系是有限的，社交零售电商或微商需要通过微信、微博等社交平台开发更多人脉关系。同时，一些浅层的关系通过互动交流也能转化为中层或深层的关系，因此关系维护很重要。

2. 信任关系

信任关系的核心在于如何实现社交关系的裂变，这是因为信任关系所催生的经济效应由人脉关系和影响力驱动。例如，小红书这类社交内容电商主要依靠名人、达人生成高质量的内容，要想不断激发消费者的消费欲望，就需要借助这些名人、达人的影响力。

熟人关系和信任关系相辅相成，熟人之间本身就拥有信任关系，在此基础上，只要对商品感兴趣就能促成交易。反之，建立了信任关系后，就能让关系从陌生转变为熟悉，从而有利于销售行为的开展。社交电商的价值在于消费者之间的互动和分享，在拥有高品质商品的前提下，熟人、朋友的推荐在购买决策过程中起到非常重要的推动作用。

实际上，微商也可归于社交电商的范畴，因为微商是通过微信生态所形成的电商模式，以人与人之间的社交为核心。但微商更多的是以众多个体之间的商品买卖为中心，其实质还是传统的商品代理批发，其收入大多来自商品的差价和品牌公司给予的销售返利。

4.6 案例分析——从点淘看直

随着5G技术的发展和直播的普及，直播品类与⋯⋯为大势所趋，"万物皆可
播"时代到来。点淘作为从淘宝中独立出来的直播电商⋯⋯巴集团在直播电商领域
的重要布局。

4.6.1 点淘简介

点淘不仅有"美食""穿搭""美妆护肤""珠宝"等多种品类⋯⋯还设置有全新的
短视频频道，可以给予消费者更好的直播购物体验。

目前，就抖音直播、快手直播等而言，消费者进入这些平台往往是为了⋯⋯乐消遣的需
要而非购物，而点淘是直接通过引入带货主播及各大店铺主播，采用直播方式⋯⋯并推销商
品。也就是说，抖音直播、快手直播等直播电商平台的目标消费者是因内容而产生⋯⋯需求的
人，而点淘的目标消费者是有直接购物需求的人。

4.6.2 点淘的核心竞争力

点淘主要是为有一定购物需求的消费者提供直播购物平台。消费者进入App后通过分类、
搜索等功能确定想买的商品，然后进入相应的直播间观看、购买商品。点淘的核心竞争力主要
包括以下3点。

（1）直播电商交易体系成熟且完整。点淘是阿里巴巴集团在直播电商领域的布局，其直
播电商交易依托于原有的淘宝网、天猫等，"供应商→平台→消费者"的产业链在多年的发展
中得到了不断的完善和优化，直播电商交易体系已经较为成熟且完整。

（2）直播质量高。抖音直播、快手直播等大多是依托内容驱动直播电商的发展，主播大
多由短视频达人、商家组成。而点淘的主播主要由直播达人和商家组成，这些专业化的主播能
够打造更高质量的直播电商。

（3）商品交易率高。点淘的直播包括直播品类、直播列表、搜索、发现等内容，不仅能
帮助消费者快速确定直播间或商品的范围，还能根据算法向消费者推荐其可能感兴趣的直播
间，引导消费者购买商品。另外，点淘的商品详情页直接引用了淘宝网的商品详情页，能够帮
助消费者详细了解直播间的商品。点淘中的直播完全为商品销售服务，因此商品的交易率也比
较高。

4.6.3 点淘为直播电商带来的新玩法

直播带货已经发展成为各平台的标配。点淘的推出又为直播电商注入了新的活力。2021年
6月，点淘发布了一份非常亮眼的成绩。

（1）超100位主播在点淘通过短视频为直播间涨粉、引流。

日并实现爆发式增长。

（2）66个商家直... 带动成交额53亿元。

（3）点淘红包雨... 出，点淘的直播电商布局比较成功。点淘的直播电商采取的

从点淘发布出来...流的双核模式，将短视频和直播更加密切地联动起来。

是直播带货和"种...看短视频时，若看到感兴趣的商品，如衣服、水杯、桌子等，点

例如，消费...出现"看同款"标签，点击商品对应的白色圆点，就会弹出对应的

击短视频播放界内容到购买的路径，短视频"看同款"标签如图4-9所示。同时，点

商品，大大缩多搞笑剧情、食品测评等不同类型的短视频，很好地实现了涨粉和为直

淘中的主播示为热门主播在点淘发布的短视频。

播间引流，

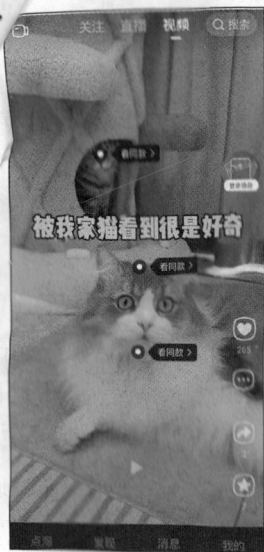

图4-9　短视频"看同款"标签　　　图4-10　热门主播在点淘发布的短视频

根据上述材料，分析以下问题。

（1）点淘有什么特色？

（2）点淘的核心竞争力有哪些？

（3）点淘为直播电商带来了哪些新玩法？

任务实训

近年来，我国电子商务在摸索中产生了很多新模式，如直播电商、移动电商、农村电商等，这些新兴的电子商务模式使得电子商务行业形成了优势互补、竞争发展的新局面。这不仅为电子商务行业的发展带来了机遇，同时也为电子商务行业的发展带来了挑战。所以，为了取得更好的发展成果，我们更应该注重电子商务模式的创新与应用，从而促进电子商务行业与市场经济的不断发展，为我国电子商务的可持续发展做出贡献。为了更好地理解新兴电子商务模式的相关知识，下面将通过实训来巩固所学知识。

【实训目标】

（1）掌握移动电商的基本概念和应用。

（2）掌握跨境电商的基本概念并了解不同的跨境电商平台。

（3）掌握直播电商的基本概念和具体运营。

（4）掌握农村电商的基本概念和分类。

（5）掌握社交电商的基本概念和运营重点。

【实训内容】

（1）通过研究移动电商，列举出两个以上的主流移动电商平台，并总结和比较这些平台各自的特点、优势及商业模式。

（2）eBay、Wish是非常知名的跨境电商平台，查阅这两个平台的相关资料，说说各自的优势。

（3）了解抖音直播和点淘的盈利模式，分析两者有什么区别。

（4）了解当前我国农村电商的发展情况，说说农村电商的作用，以及我国农村电商的发展趋势。

（5）通过研究社交电商，列举出两个以上的主流社交电商平台，并总结和比较这些平台各自的特点、优势及商业模式。

课后习题

1. 名词解释

（1）B2B跨境电商　（2）移动金融　（3）社交分享电商平台　（4）直播电商

2. 单项选择题

（1）完成跨境电子商务，下列选项中属于不可缺少的部分的是（　　　）。

　　　A．跨境物流　　　B．跨境电商平台　　C．跨境支付　　　D．以上都是

（2）属于社交内容电商平台的是（　　　）。

　　　A．敦煌网　　　　B．蘑菇街　　　　　C．速卖通　　　　D．天猫国际

（3）农村电商不包括（　　　）。

　　　A．农资电商　　　B．农产品电商　　　C．农村旅游电商　D．农村移动金融电商

（4）下列选项中不属于直播电商特点的是（　　　）。

　　　A．实时性　　　　B．真实性　　　　　C．娱乐性　　　　D．直观性

3. 多项选择题

（1）跨境物流的方式主要包括（　　　）。

　　　A．国际小包　　　B．国际快递　　　　C．专线物流　　　D．海外仓

（2）农产品电商的数字化发展包括（　　　）。

　　　A．数字化生产　　B．数字化物流　　　C．数字化销售　　D．数字化支付

（3）社交电商的运营重点有（　　）。

    A．熟人关系　　 B．互动关系　　 C．交易关系　　 D．信任关系

（4）直播电商的关键组成要素有（　　）。

    A．人　　 B．货　　 C．场　　 D．转

4．思考题

（1）跨境电商与传统外贸电子商务的区别是什么？

（2）选择跨境电商平台应该从哪些方面进行考量？

（3）移动电商的应用领域有哪些？结合本章内容谈谈你对移动电商的看法。

（4）在移动互联网时代，为什么电子商务社交化是大势所趋？

（5）直播电商兴起的原因是什么？

（6）农村电商想要进一步发展，需要注意哪些问题？

5．案例分析题

中国邮政助力农村电商

近年来，中国邮政担负起重任，开始在农村电商领域布局，建设县域物流网，搭建电子商务平台，为我国的扶贫事业贡献了力量。

帮助销售安徽砀山酥梨是中国邮政助力农村电商的一个典型案例。砀山县位于安徽省北部，处于淮海平原的南部，具有优越的地理自然条件，砀山酥梨是砀山县的特色水果。自2015年起，中国邮政就与砀山县人民政府达成了合作，以"农村电商＋特色农产品＋精准扶贫"的模式助力砀山县农产品的电商之路，帮助砀山县销售包括砀山酥梨在内的农产品。砀山园艺场场长郭民繁曾说，中国邮政为我们售出农产品提供了便利，建立合作之后，我们只负责生产，销售和物流都是中国邮政解决。中国邮政采用"合作社＋产业链"模式，全面参与农产品的生产运输过程，为农产品种植、包装、营销推广、运输、售后等环节提供服务，将砀山酥梨打造成品牌农产品。此外，从2017年开始，中国邮政还与砀山县的荣浩农场开展了合作，成立了果蔬种植专业合作社。在中国邮政的帮助下，荣浩农场将种植的酥梨、黄桃、甜瓜、樱桃上线到中国邮政旗下的电子商务平台，拓宽了农产品的销售渠道。同时借助邮掌柜系统，荣浩农场的农产品发运更加顺畅。此后，中国邮政还为荣浩农场搭建果蔬大棚提供了资金支持，为果蔬种植提供了复合肥测土配方，真正做到了惠农助农。

2021年7月，中国邮政发布了《中国邮政服务乡村振兴战略2021—2022年行动方案》，提出以"农业高质高效、乡村宜居宜业、农民富裕富足"为目标，到2022年年底，要发挥商流、物流、资金流"三流合一"的资源禀赋优势，构建农户获利、消费者获益、邮政获客、政府获赞的邮政惠农服务模式，推动巩固和拓展脱贫攻坚成果，提升城乡基本公共服务均等化，加快县乡村三级物流体系建设，建立健全乡村普惠金融体系，推动农村电商持续发展。

根据上述材料，分析以下问题。

（1）中国邮政在农村电商方面有什么优势？

（2）农村电商对荣浩农场的农户意味着什么？

第5章

网络营销

【课前预习】

预习课程	网络营销		时间：50分钟
预习方式	1. 在网络中查阅有关网络营销的视频公开课，并熟悉网络营销的基础知识。 2. 浏览本章内容，熟悉本章的知识结构。 3. 阅读下面的案例，回答问题。 **火热的微信营销** 微信营销是伴随着微信的火热而兴起的一种网络营销模式。微信营销从出现开始，就受到很多用户的关注，并迅速在营销领域得到广泛应用。 来自四川酿造糯米酒的戴小强，在酿造初始就申请了名称为"糯米酒香戴小强"的微信公众号，他的糯米酒定价是50元/斤，无论是其品质还是价值，与市场上20～30元/斤的米酒都有很大差异。因此，戴小强明确了自己的目标消费者是谁及在哪里。 为了锁定目标消费群体，并让他们成为粉丝，戴小强首先花了半个月的时间调查当地的高端厨房、橱柜企业及其店铺信息，最终锁定了10个大品牌和20个中端品牌。之后，他精挑细选了部分店铺，并和同事用了近半年的时间深入每家门店现场与消费者进行互动并建立感情，最后这些消费者大多成为戴小强微信公众号的粉丝。 在半年多的时间里，"糯米酒香戴小强"公众号已有近30 000名粉丝，每月有近6万元的销售额，因糯米酒定价50元/斤，而多数粉丝一次性会购买5～10斤，因此每单价格在250～500元。为了回馈这些粉丝，戴小强还会定期在朋友圈发红包，进行优惠促销活动。 思考：（1）什么是网络营销？什么是微信营销？ （2）开展网络营销对个人或企业有何意义？		
预习目标	1. 能够通过视频公开课，了解网络营销的相关基础知识。 2. 能够通过阅读本章内容，熟悉本章所讲述的知识。 3. 能够通过课前预习，回答案例中提出的问题。		
疑难点总结			

5.1 网络营销概述

随着市场经济和互联网的发展，网络营销已逐渐成为经济交易的主战场之一，在买方市场下，各大电子商务企业的营销战略大都转向网络营销，使得网络营销成为重要的营销手段。

5.1.1 网络营销的概念与特点

在电子商务环境下，网络营销是以互联网为基础实现的信息创建、发布、传递与沟通等一系列营销活动，凡是以互联网或移动互联网为主要平台开展的营销活动，都可以称为网络营销。总的来说，网络营销可以定义为：以现代营销理论为基础，建立在互联网之上，借助互联网来满足消费者需求，并为消费者创造价值的一种营销活动。

扫码阅读

网络营销与
传统营销

网络营销不是网上销售，也不是网站推广，从本质上讲，网络营销是一种手段和方式。目前，网络营销随着互联网的发展呈现出全球性、交互性、个性化、经济性、高效性、技术性的特点。

✎ **课堂讨论**

网络营销会替代传统营销吗？为什么？

（1）全球性。互联网具有超越时间和空间限制的特点，任何企业的营销活动都能够借助互联网扩展市场范围，并且随时随地向用户提供全球性的营销服务，尽可能多地占有市场份额。

（2）交互性。网络营销具有良好的交互性，能够为企业提供更多展示自身的机会。同时，用户也能自主通过网络平台查看与搜索信息，能够更加直接地与企业或其他用户交流和沟通，不仅提高了企业的应变能力，还增加了企业与消费者之间、消费者与消费者之间的互动。

（3）个性化。网络营销是由消费者主导的、非强迫性的、循序渐进的低成本与人性化的营销活动。消费者可以根据自己的需求自由选择是否接受该营销，或主动寻找相关活动信息并提供需求和反馈，以方便企业提供更加个性化的商品或服务。

（4）经济性。网络营销通过互联网交换信息，改变了传统的交易方式，减少了交易成本，如店面费、印刷费、水电费和人工费等；同时，还提高了交易的效率，减少了多次交易带来的成本损耗。

（5）高效性。网络营销通过网络设备来储存大量的信息，并查询与筛选信息，其信息传送的数量多、精确度高，并能根据市场需求，及时更新商品或调整价格，及时了解并满足消费者的需求。

（6）技术性。企业进行网络营销必须先有一定的技术投入与支持，并且还要根据需要改变传统的组织形态，提升企业的内部管理职能，招聘能熟练操作计算机、运用网络技术和营销策略的复合型人才，以提升企业在市场竞争中的优势。

5.1.2 网络营销的职能

开展网络营销的意义在于充分发挥各种职能，提升网上经营的整体效益。总的来说，网络营销的基本职能主要表现在品牌推广、信息搜索、信息发布、促进销售、客户服务和网上调研等方面。

1. 品牌推广

网络营销的重要任务之一就是在互联网上建立并推广品牌。网络营销有助于品牌的建立和推广，无论是大型企业还是中小型企业，都可以通过互联网展现品牌形象。网络品牌价值是网络营销效果的表现形式之一，不仅可以提升消费者的忠诚度，还可以使企业获得直接收益。一般来说，企业推广品牌不仅依靠自建网站，还可以在各种社交平台中注册账号并发布内容、开发企业App等。

2. 信息搜索

网络营销竞争能力的强弱可以通过信息的搜索功能来反映。企业在营销活动中，需要获取各种商机、进行价格比较、了解竞争者的竞争态势及研究商业情报等相关信息，这些信息的获取均可以通过多种信息搜索方法来完成。

目前，随着大数据和人工智能技术等的应用，信息搜索已由单一化向集群化、智能化发展，网络搜索的商业价值得到了进一步扩展。例如，在网络中搜索商品时，企业不仅能够得到商品详细的价格、折扣、评价等信息，在相关页面中还可能会显示类似"购买该款商品的消费者还买过"等栏目，这更能帮助企业获取到与营销相关的信息。

3. 信息发布

网络营销的基本思想是通过各种网络营销模式，将企业营销信息以高效的手段向目标消费者、合作伙伴和公众等群体传递。互联网作为一个开放的信息平台，赋予了网络营销强大的信息发布功能。发布网络营销信息后，企业可以主动进行跟踪，及时获得回复，也可以与消费者进行交互式的再交流和再沟通。

4. 促进销售

市场营销的最终目的是增加销售，网络营销也不例外。事实上，网络营销对于促进线下销售同样很有价值，这也是为什么没有开展网络销售业务的企业一样有必要开展网络营销的原因。

5. 客户服务

互联网提供了更加方便的在线客户服务手段，从形式简单的常见问题解答到邮件列表，再到聊天室和微信群等各种即时信息服务，方便了企业维护与客户的关系。客户服务质量对网络营销效果有重要的影响，良好的客户关系是网络营销取得成效的必要条件，通过增强网站的交互性和客户参与度等方式可以在开展客户服务的同时，增进客户与企业之间的关系。

6. 网上调研

通过在线问卷和调查等方式，企业可以完成网上调研。相对于传统市场调查，网上调研具有高效率、低成本的特点。网上调研不仅为制定网络营销策略提供支持，也是整个市场研究活动的辅助手段之一。

🎓 专家提示

网络营销的职能由各种网络营销方法实现，同一个职能可能需要多种网络营销方法，而同一种网络营销方法也可能适用于多个网络营销职能。

5.1.3　电子商务与网络营销

结合电子商务和网络营销的概念可知，电子商务和网络营销的关系非常密切但又存在明显的区别，二者非常容易被混淆。实际上，网络营销是电子商务的重要组成部分，其广泛应用推动着电子商务的发展。

1. 网络营销是电子商务的重要组成部分

实际上，网络营销和电子商务都是随着互联网的发展而兴起的，网络营销可以为促成电子化交易提供支持，是电子商务中的重要组成部分，起到重要的信息传递作用。开展网络营销并不等于一定实现了电子商务，而实现电子商务一般都需要以开展网络营销为前提。

例如，某用户被企业在微博中发布的广告所吸引，从而进入淘宝网完成了加购物车、提交订单、支付货款、收货等步骤，对于企业来说，从网络营销到网上销售的整个过程就是电子商务，而网络营销是整个过程中的一个组成部分。

2. 网络营销推动着电子商务的发展

我国早在《电子商务"十三五"发展规划》中就提出"鼓励电子商务企业依托新兴的视频、流媒体、直播等多样化营销方式，开展粉丝互动，如实传递商品信息，建立健康和谐的社交网络营销方式"，这充分说明了网络营销的重要性。网络营销作为推动我国电子商务发展的重要力量，可以解决电子商务中的信息流问题，能够刺激网络消费持续增长。

5.2　网络营销环境分析

网络营销环境是指影响营销策略制定和实施的不可控的虚拟市场因素，如政治法律环境、人口环境等。网络营销环境分析作为网络营销策略的制定前提，直接影响着最终的网络营销效果。企业若想制定正确而全面的营销策略，就必须了解网络营销的环境，并对其进行分析和预测。

5.2.1　网络营销环境的构成

网络营销环境是指对企业的生存和发展产生影响的各种外部条件，是与企业网络营销活动有关联因素的部分集合，由多方面的因素组成。总的来说，网络营销环境主要由网络营销宏观环境和网络营销微观环境两部分构成。

1. 网络营销宏观环境

网络营销宏观环境是能对企业网络营销活动产生间接影响的各种因素的总称，主要包括政治法律环境、经济环境、社会文化环境、科学技术环境、人口环境等。

（1）政治法律环境。政治法律环境包括国家政治体制、政治的稳定性、国际关系、法制体系等。网络营销的各个环节都需要依靠相关的法律法规。企业在从事网络营销活动之前，必须把握相关的法律法规。

（2）经济环境。经济环境不仅包括经济体制、经济增长、经济周期与发展阶段、经济政策体系等内容，同时也包括收入水平、市场价格、利率、汇率、税收等经济参数和政府调节取向等内容。经济环境对网络营销市场具有广泛而直接的影响，宏观经济直接制约着社会购买力，影响消费者的收入水平和市场价格。例如，目标市场为泰国的跨境电商企业在开展网络营销时，就应该分析泰国的国内生产总值、居民收入水平等。

（3）社会文化环境。社会文化环境是指在一种社会形态下已形成的信念、价值观念、道德规范、审美观念以及世代相传的风俗习惯等被社会公认的各种行为规范。企业在进行网络营销时应着重分析当地的社会文化环境。例如，我国品牌在进入外国市场时就应该分析该国消费者对商品的消费态度、接受程度等。

（4）科学技术环境。科学技术环境包括科学、工程技术、国家科技体制、科技政策、科技水平和科技发展趋势等。科学技术的发展影响着网络营销，如数字技术的提高丰富了企业开展网络营销的方式，数据挖掘技术的进步，为网络营销提供了更精准的预测和判断。

（5）人口环境。人口环境包括人口数量、人口结构、人口分布、家庭组成、教育和职业等。从网络营销的角度来看，网民数量、网民结构特征、网民对网络的态度、网民增长趋势等直接影响着企业网络营销策略的制定。例如，某企业通过调查发现，某目标城市的男性占比较大，且月收入多在8 000元以下，偏好视频娱乐，那么该企业应当重点针对这些因素制定营销策略。

2. 网络营销微观环境

网络营销微观环境又称行业环境因素，是与企业网络营销活动联系比较密切的各种因素的总称，包括企业、供应商、营销中介、消费者、竞争对手等企业开展网络营销过程中的上下游组织机构。

（1）企业。企业制定网络营销策略时，还应当分析企业内部因素，如企业发展战略对网络营销的重视程度、网络营销所需资源的保障能力及企业其他部门的配合能力等。

（2）供应商。供应商是指向企业提供生产经营所需的原料、设备、能源、资金、劳务等生产资源的企业或个人。企业应选择那些能保证质量、交货及时、供货条件好和价格低廉等的供应商。同时，企业还应尽可能多地选择几家供应商，以免过分依赖某一家供应商。

（3）营销中介。营销中介是指协助企业促销和分销其商品给最终购买者的企业或个人，经销商、经纪人、代理商以及仓储、运输、银行、保险、网络服务机构等服务商均属于营销中介。企业应分析各营销中介的收费情况、服务效率等。

（4）消费者。消费者是企业商品销售的对象，企业的营销活动应当以满足消费者需求为核心。不同类型的消费者通常会表现出不同的购买目的、购买需求和购买特点，企业应当尽可能地分析消费者的网络消费行为。

（5）竞争对手。竞争可以促进企业改善自身的不足，在开展网上营销活动的过程中，学会识别和确认竞争对手，分析竞争对手的目标和策略，分析竞争对手的资源、团队、能力和反应模式，都是企业在网络营销中克敌制胜的好方法。竞争对手的官方网站、网店、营销平台、财务报表以及第三方报告等都是企业分析竞争对手的渠道。

5.2.2　网络营销环境分析的方法

目前，比较典型的网络营销环境分析方法是SWOT分析法。SWOT分析法是基于内外部竞争环境和竞争条件下的态势分析方法，通过列举并依照矩阵式排列的方式，对所评估对象进行全面、系统的分析，得到准确率较高的结果，进而根据结果制定及调整营销战略。

微课视频

1．SWOT分析法概述

SWOT分别代表优势（Strengths）、劣势（Weaknesses）、机会（Opportunities）、威胁（Threats），这种分析方法是通过对各项内容、资源的有机结合与概括来分析企业的优、劣势及面临的机会和威胁。

（1）S——优势。主要分析本企业或商品在成本、营销手段、品牌力及商品本身等方面的长处和竞争点。

（2）W——劣势。主要分析本企业、商品或服务等存在的劣势，以及劣于竞争对手的方面。

（3）O——机会。主要分析企业内部所规划目标的机会在哪里，短期目标如何实现，中期目标如何实现，长期目标要依靠什么来实现；分析企业外部的发展机会，包括消费者观点的变革、商品的更新换代、新营销手段的出现、销售渠道的拓宽等。

（4）T——威胁。主要分析有哪些因素不利于企业的发展或商品的营销，这些因素包括行业发展、国家政策、经济形势以及来自竞争对手的威胁。然后，企业需要根据找到的不利因素寻求规避方法。

2．SWOT分析法具体分析

在实际应用中，企业多使用象限图来进行SWOT分析，SWOT分析象限图如图5-1所示。象限图将营销环境划分为4个部分，每一部分的内容都可以在分析时对应到具体的企业业务中，然后对该部分内容进行分析并制定相应的营销战略。象限图中的4个区域的含义分别如下。

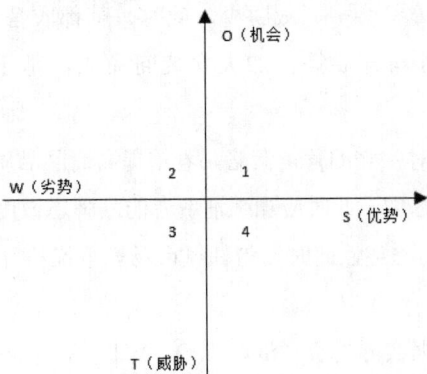

图5-1 SWOT分析象限图

（1）第1象限——SO策略。该区域表明企业所处的外部环境机会多、威胁少，同时企业在市场竞争中也具有较强的竞争优势。此时，企业应该采取积极主动的营销策略，如集中资金与人员重点拓展某项业务或扩大商品线，加大营销活动的投入与开展等。

（2）第2象限——WO策略。表明企业所处的外部环境中的机会多于威胁，但企业在市场竞争中不具备竞争优势。此时，企业应该采取相对保守的营销策略，如与其他企业合作进行营销推广，规避自身弱点等。

（3）第3象限——WT策略。表明企业所处的外部环境和内部环境都较为恶劣，此时，企业应该暂时退出市场，保持观望状态。

（4）第4象限——ST策略。表明企业所处的外部环境较恶劣，但在市场竞争中处于优势地位。此时，企业应该采取分散战略，如与其他企业合作来增强自身抗风险的能力。

韩都衣舍是当前比较知名的电商品牌，专注于年轻时尚女装的销售。2020年，韩都衣舍在天猫女装类目中粉丝数量第一，赢得了超5 000万年轻女性的青睐。下面以SWOT分析法分析韩都衣舍。

（1）S——优势。在业内的知名度及影响力高；网店的访问量大，收藏人气高；款式多，更新快；优越的买手制度，会跟踪诸多韩国品牌的商品动态，再从中挑选合适的款式，然后进行样衣采购、试销、量产。

（2）W——劣势。线下销售缺乏；买手水平良莠不齐，商品品质不稳定；品牌推广力度不强。

（3）O——机会。虽然处于成长中，但已占领一部分固定的市场份额，树立了较好的品牌形象；品牌主打韩风，受到许多年轻女性的喜爱；女装市场潜力较大。

（4）T——威胁。以网络销售为销售渠道，没有线下实体店作为支撑；竞争对手有森马Semir、热风hotwind、乐町LEDIN等品牌，与这些品牌的风格差异化不够明显，女装品牌众多，风格各异，消费者容易对其他品牌的商品产生兴趣。

罗列了韩都衣舍的优、劣势及机会和威胁后，通过SWOT分析象限图就形成了以下的SO、WO、WT、ST策略。

（1）SO策略。外部环境机会多、威胁少，此时，韩都衣舍应该采取积极主动的营销策略，如扩大营销活动的投入与开展等；加大女装商品线，基于自身品牌开展其他商品的建设。

（2）WO策略。采取相对保守的营销策略，着重提高商品品质，加大品牌的宣传。

（3）WT策略。环境很恶劣，此时应加强消费者的品牌忠诚度，避免消费者流失。

（4）ST策略。环境较为恶劣，此时凭借韩风市场竞争优势开设线下实体店，吸引线下消费者购买商品。

最后，韩都衣舍应当根据实际情况对SO、WO、WT、ST策略进行甄别，确定可以采取的合适策略。

5.3 网络市场调查

网络市场调查是基于互联网收集、整理、分析和研究营销信息的过程，竞争对手信息、用户满意度、用户需求和购买行为变化等都可以通过市场调查取得基础数据资料。开展网络市场调查是网络营销的基本内容，企业通过分析详细的网络市场调查数据，可以解决网络营销的难题，为企业制定营销目标和策略等提供科学依据。

5.3.1 网络市场调查的步骤

网络市场调查与传统市场调查存在不同，如某企业想要了解目标用户对某一商品的看法，只需要在企业网站、社交平台上传调查表，再邀请目标用户填写即可，不需要走访、观察。一般来说，网络市场调查的步骤主要包括以下5个方面，图5-2所示为网络市场调查的步骤。

明确问题与确定调查目标　制订调查计划　收集信息　分析信息　提交报告

图5-2　网络市场调查的步骤

1. 明确问题与确定调查目标

网络市场调查的首要条件是明确调查的问题与确定调查目标，即调查什么、为什么调查。一般来说，可以从以下5个角度入手。

（1）谁有可能在网上使用你的商品或服务？

（2）谁有可能购买你提供的商品或服务？

（3）在同类型的行业中，谁已经开展了网络业务，他们具体在做什么？

（4）你的目标用户对竞争者的印象如何？竞争者对你的目标用户的影响如何？

（5）企业的日常运作可能要受哪些法律、法规的约束？如何依法运营？

2. 制订调查计划

调查计划是对调查本身的具体设计。一般情况下，网络市场调查主要包括确定资料来源、调查方法及手段、抽样方案和联系方法等。

（1）资料来源。市场调查的资料来源可能是一手资料也可能是二手资料。一手资料是调查人员通过现场实地调查，直接向有关调查对象收集的资料；二手资料则是经过他人收集、记录和整理所积累的各种数据资料。

（2）调查方法及手段。网络市场调查的方法及手段有很多，如网上搜索法、在线调查法和电子邮件调查法等，具体采用哪种调查方法及手段需要企业根据实际情况进行分析。

（3）抽样方案。抽样方案应当确定抽样单位、抽样时间、样本规模等。

（4）联系方法。网络市场调查主要在网站上交流，企业可以采用微信、QQ等联系方法。

3. 收集信息

互联网不受时间和空间的限制，企业可以在全国甚至全球范围内收集信息。网络中的信息丰富且繁杂，企业需要采用合适的方法才能找到需要的信息，从而行之有效地用于网络市场调查。网上搜索、在线问卷调查等方法均可用于收集所需信息。

4. 分析信息

收集信息后，调查人员就需要分析信息，从庞大的数据中提炼出与调查目标相关的信息，作为后续工作的依据。目前，常用的分析软件主要有SPSS、SAS等。另外，Excel和WPS表格也可用于数据的分析与处理，但它们处理的数据比较简单，且部分内容需要手动处理。

5. 提交报告

网络市场调查的最后阶段是撰写调查报告。一般来说，网络市场调查报告的内容主要包括标题、目录、引言、正文、结论、启示及建议和附录等。其中，正文的内容就是对本次网络市场调查的主要说明，如调查目的、调查方法和调查数据的统计分析等。

5.3.2　网络市场调查的方法

网络市场调查的方法多种多样，常用的网络市场调查方法主要包括在线问卷法、网上实验法、利用搜索引擎、访问专业网站、利用大数据平台等。

1. 在线问卷法

在线问卷法是指请求浏览网站的每个人通过填写在线问卷来参与企业的各种调查。除了自己设计问卷，企业还可以依托专业的问卷调查平台设计和发布问卷，收集和分析用户数据，如问卷星、91问问调查网等。在问卷调查平台中，企业可通过模板轻松创建在线调查问卷，然后通过邮件、QQ、微信群、朋友圈、二维码等多渠道将问卷链接发给目标用户填写。

2. 网上实验法

网上实验法是指通过网络平台设计并发布几种具有不同内容和形式的广告，对比几种广告带来的效果，以收集市场行情资料。

3. 利用搜索引擎

利用搜索引擎进行网络市场调查是比较方便的一种方法，具体操作流程为：提供一个从互联网中搜索信息的入口，根据搜索者提供的关键词检索互联网信息，筛选出与关键词相关的信息。

4. 访问专业网站

各种专题性或综合性市场调查网站中都提供了一些特定的市场调查资料，企业可以访问这些专业网站进行网络市场调查。例如，艾媒网就是全球领先的新经济行业数据分析报告发布平台，网站中有许多有关房地产、IT互联网、金融、人工智能、新零售、游戏、音乐、教育等领域的市场调研报告。

5. 利用大数据平台

当前，很多大数据平台能够快速收集和抓取目标用户的社会属性、生活习惯和消费行为信息，如年龄、性别、品牌和商品偏好及购买水平等信息。例如，百度指数就是以百度海量用户行为数据为基础的数据分享平台，进入平台后，企业可以研究关键词搜索趋势、洞察用户兴趣和需求、监测舆情动向、定位受众特征。图5-3所示为在百度指数中查看"牛奶"和"伊利"的用户需求图谱。

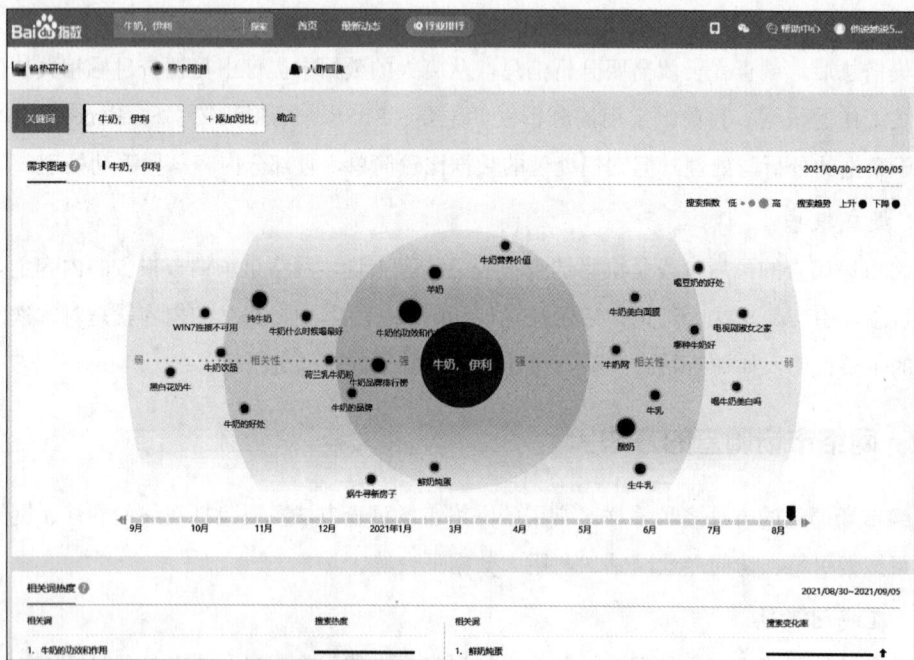

图5-3　在百度指数中查看"牛奶"和"伊利"的用户需求图谱

5.4　网络广告投放

网络广告随着互联网的发展逐渐兴起，是指互联网信息服务提供者通过互联网在网站或网页中投放的广告。网络广告既具有传统媒体广告的优点，又具有覆盖面广、受众群体大、传播范围广、不受时间限制、方式灵活和互动性强等新的特点。

5.4.1 网络广告的表现形式

目前，我国网络广告已经占据了广告市场的主导地位。有关数据显示，2020年我国广告市场规模超过9 000亿元，其中网络广告规模近5 500亿元。网络广告的表现形式多种多样，根据不同的分类标准（如内容和投放渠道）可以分为不同的类型。

1. 根据内容分类

根据内容分类，网络广告可以分为文本链接广告、图片式广告、视频广告等。

（1）文本链接广告。文本链接广告是以一排文字作为一个广告，点击可以进入相应的广告页面，文本链接广告如图5-4所示。文本链接广告以文本的形式链接到具体的网站、网页，对浏览者干扰较少。

（2）图片式广告。图片式广告即以GIF、JPG等格式建立的广告。横幅广告（Banner）就是典型的图片式广告，横幅

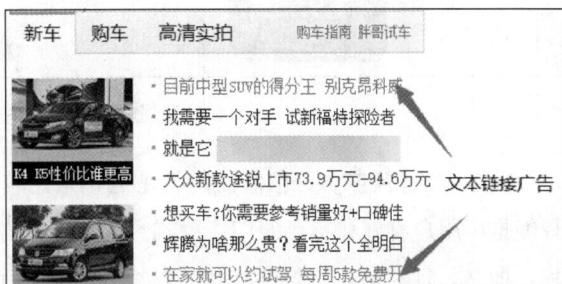

图5-4 文本链接广告

广告又称旗帜广告，是横跨于网页上的矩形公告牌，点击横幅广告可直接链接到具体的网页。横幅广告的类型有很多，有静态横幅广告、动态横幅广告、交互式横幅广告等，常用的横幅广告的尺寸为468像素×60像素。图5-5所示为横幅广告。

图5-5 横幅广告

（3）视频广告。视频广告是指广告中含有视频文件的网络广告形式，可以在网络中实现在线播放，表现形式有标准的视频形式、画中画形式和焦点视频形式。视频广告具有很强的冲击力和交互性，并且在播放视频广告时，可以进行重播、音量控制、快进和暂停等操作。

2. 根据投放渠道分类

根据投放渠道分类，网络广告可以分为搜索引擎广告、信息流广告、社交媒体广告、移动互联网广告等。

（1）搜索引擎广告。搜索引擎广告是指广告主根据商品或服务的内容、特点等，确定相关的关键词，撰写广告内容并付费以换取搜索结果页面上的有限排名或显示位置的广告。用户搜索到广告主投放的关键词时，相应的广告就会出现，且会标有"广告"二字。一般来说，搜

索引擎广告在用户点击后按照广告主对该关键词的出价收费，无点击则不收费。图5-6所示为搜索引擎广告。

图5-6　搜索引擎广告

（2）信息流广告。信息流广告是近年来比较热门的广告形式，是指利用社交群体属性，智能推广用户喜好和特点的广告形式。信息流广告被穿插在用户日常浏览的内容中，形式有图片、图文、视频等，更容易被用户接受，多用于移动端，图5-7所示为微信朋友圈中的信息流广告。

（3）社交媒体广告。社交媒体是用来分享意见、见解、经验和观点的工具和平台，如微信、微博、QQ、贴吧等。社交媒体广告即在社交媒体中投放的广告，可以让广告主的内容承载到互动话题、互动活动中去，形成口碑传播效果。例如，微博中的粉丝头条、超级粉丝通等都属于社交媒体广告，图5-8所示为微博中的社交媒体广告。

（4）移动互联网广告。移动互联网广告是指通过移动设备（手机和平板电脑等）访问移动应用或移动网页时显示的广告。2020年，移动互联网广告占比达到了89.2%，成为当前网络广告市场的主流。在PC端适用的横幅广告、搜索引擎广告、视频广告等均可用于移动端，除此之外，也有一些适用于移动端的广告形式，如App开屏广告等（见图5-9）。

图5-7　微信朋友圈中的信息流广告　　图5-8　微博中的社交媒体广告　　图5-9　App开屏广告

除了以上介绍的网络广告形式，还有其他类型的网络广告，如游动式广告。游动式广告又称为移动广告，会随着网页的上下滚动而移动，当网页被关闭时才会消失。

素养提升

网络广告是网络营销的一部分，在互联网经济体系中扮演着重要角色。网络广告以其营销范围广、效率高、综合成本低等优势，成为广告业发展的主流。近年来，网络弹窗广告这种网络广告形式产生了很大的不良影响，"封杀不良弹窗广告"的呼声越来越高，社会整治、监管力度越来越大，网络不良弹窗广告将会逐渐消失。广告主在开展网络营销时一定要审慎选择网络广告，做到不虚假宣传，保证正确、健康的价值观导向，共同维护绿色、健康的网络环境。

5.4.2　网络广告的投放方式

要想网络广告达到预期的效果，企业需要根据自身需求选择一种或多种方式进行投放。目前，常见的网络广告投放方式包括建立企业网站、借助搜索引擎、借助社交媒体平台、借助电子商务平台等。

（1）建立企业网站。建立企业网站是网络广告投放的基本方式，通常会在企业网站主页宣传企业的商品或服务。建立企业网站后，企业就可以在网站的主页中投放横幅广告，以展示企业形象、商品或服务，也可以在企业资讯页面中投放文本链接广告，介绍企业信息。

（2）借助搜索引擎。搜索引擎是目前重要的广告投放平台。广告主根据企业自身的特点、商品的特色等，确定相应的关键词，同时撰写相应的广告内容，在搜索引擎投放广告。用户搜索到广告主投放的关键词时，相应的广告内容就会被展示出来。系统在用户点击后按照广告主对该关键词的出价收费，无点击不收费。

（3）借助社交媒体平台。社交媒体广告带来的效应较好。随着移动社交媒体的普遍使用以及移动电子商务销售的增长，社交媒体广告已经成为销售转换的强大动力。用于网络广告投放的社交媒体平台有微博、微信、小红书等内容分享平台，网易新闻客户端、腾讯新闻客户端等新闻资讯类平台，抖音、快手等短视频类平台。社交媒体平台广告多采用Feed信息流广告（在发布的消息之间插入广告），与平常能够看到的内容原创形式相似，由文字、图片、视频信息共同构成，用户可以查看、点赞或评论。信息流广告直接植入用户视觉焦点内容之中，因此，被忽略的可能性较低。

（4）借助电子商务平台。一般来说，很多电子商务平台都有广告投放功能。例如，淘宝网的直通车、超级钻展等，前者按点击付费，可以为企业实现商品的精准推广；后者可以精准定向目标人群，精准展现广告。一般来说，电子商务平台中的广告投放更加追求导流效果，企业可以借助电子商务平台提供的广告投放工具为商品和品牌带来流量。

其他的网络广告投放方式还有借助大型门户网站、借助专业网站等。大型门户网站，如国内的新浪、搜狐等网站具有访问量大、用户多等优点，企业在这些网站中发布网络广告能获得更多的访问量。专业网站用于提供某类专门的服务，这些专业网站的用户大多是相关领域的专业人士或爱好者，其用户群体比较固定，针对性强。例如，蜂鸟网作为专业的中国影像互联网平台领军企业，在为广大摄影用户提供专业、丰富的摄影资讯的同时，也为器材厂商和经销商提供卓越有效的互联网营销解决方案。摄影类企业在这类网站中发布专业商品的广告效果就比较好。

5.5 网络营销的常用方法

要想取得好的推广营销效果，企业应选择合适的网络营销方法。网络营销的方法多种多样，根据营销工具或平台的不同，目前常见的网络营销方法有搜索引擎营销、微博和微信营销、社群营销、软文营销和大数据营销等。

5.5.1 搜索引擎营销

搜索引擎营销（Search Engine Marketing）是以搜索引擎平台为基础的网络营销，能将营销信息有效地传递给目标用户，是目前主要的网络营销手段之一。常见的搜索引擎有百度、搜狗和360等，常用方法包括关键词竞价排名和搜索引擎优化。

1. 关键词竞价排名

关键词竞价排名是营销者为网站购买关键词排名，并按点击付费的营销方法。网站付费后就能被搜索引擎收录，并按付费多少，从高到低依次排列，付费越高排名可能越靠前，如在百度中搜索"家装"关键词，排在前的且末尾有"广告"字样的搜索结果就参与了关键词竞价排名。在搜索引擎中，营销者可以通过调整点击付费，控制网站在特定关键词搜索结果中的排名，并设置不同的关键词来捕捉不同类型的目标消费者。

就关键词竞价排名而言，关键词的选择非常重要，营销者在选择关键词时应当坚持以下5项原则。

（1）关键词不能太宽泛。关键词不宜选择过于宽泛的词，如一家位于成都的宠物医院网站，不宜选择"宠物"或"宠物医院"作为关键词，可以在关键词中加上地域标签，如"成都宠物医院"。

（2）关键词不能太特殊。太特殊的关键词，虽然竞争不会很激烈，但是搜索关键词的用户也很少，达不到营销效果。一般来说，企业名称、品牌名称、商品名称都属于特殊关键词。例如，上面提到的宠物医院，如果选择"成都×××宠物医院"作为关键词就过于特殊，因为一般很少有人搜索全称。

（3）站在用户的角度思考。在选择关键词时，营销者如果仅仅根据自身的主观想法，那么选择的关键词可能过于专业，不太符合用户的搜索习惯。因此，营销者选择关键词时还应该站在用户的角度去思考，借助网站数据调查或分析工具，熟悉用户的搜索习惯，确定关键词。

（4）选择竞争度小的关键词。有些关键词的含义相同或相似，但搜索量和竞争度却不同，选择关键词时应当选择搜索量较大、竞争度较小的关键词。营销者可以通过关键词挖掘、扩展工具列出关键词的搜索次数及竞争度数据，从中找出搜索次数相对较多、竞争度较小的关键词。

（5）选择商业价值高的关键词。不同的关键词有不同的商业价值，如搜索"数码相机成像原理"的用户购买意图低，所以该关键词的商业价值也就很低；搜索"数码相机价格"关键词的用户购买意图要强得多，所以该关键词的商业价值也就高得多；搜索"数码相机购买"或"数码相机促销"的用户购买意图相当明确，这类关键词的商业价值就非常高。

2. 搜索引擎优化

搜索引擎优化（Search Engine Optimization，SEO）是指通过提高网站的质量，使网站各项基本要素适合搜索引擎的检索原则，更容易被搜索引擎收录及优先排序。搜索引擎优化主要包括站内搜索引擎优化和站外搜索引擎优化。

（1）站内搜索引擎优化。站内搜索引擎优化主要可以通过META标签优化、内部链接优化和网站内容优化进行。

① META标签优化。META标签是网页HTML源代码中用来描述网页文档属性的标签，可包括网页标题、关键字、描述、营销者等内容。图5-10所示为"汽车之家"网站的部分META标签信息，在浏览器中选择"查看"菜单，在弹出的菜单中选择"查看网页源代码"或"源文件"等即可查看。

```
<title>汽车之家_我的汽车网站,我的汽车之家</title>
<meta name="keywords" content="汽车,汽车之家,汽车网,汽车报价,汽车图片,新闻,评测,社区,俱乐部"/>
<meta name="description" content="汽车之家为您提供最新汽车报价,汽车图片,汽车价格大全,最精彩的汽车新闻、行情、评测、导购内容,是提供信息最快最全的中国汽车网站。"/>
```

图5-10　"汽车之家"网站的部分META标签信息

② 内部链接优化。内部链接主要是网站中的相关性链接（tag标签）、导航链接和图片链接，要保证这些链接的指向正确且有效。

③ 网站内容优化。优化网站内容主要是保持内容的更新。

（2）站外搜索引擎优化。站外搜索引擎优化是指优化外部链接，使链接真实自然并合理递增。优化外部链接可以采取以下方法。

① 链接一些外部链接，如贴吧、百科和新闻等，使链接更加丰富多样。

② 每天增加一定数量的外部链接，保证关键词排名的稳定上升。

5.5.2　微博和微信营销

在互联网尤其是移动互联网快速发展的今天，社交媒体已经成为日常生活中不可或缺的一部分。其中，微博和微信是我国互联网社交媒体中的两款非常受欢迎的App，已经积累了数以亿计的庞大用户群，具有极高的营销价值，无论是个人还是企业都热衷于开展微博营销和微信营销。

1. 微博营销

微博营销是指通过微博为个人或企业等创造价值而执行的营销方式，是基于粉丝基础进行的营销，微博上的每一个活跃粉丝都是潜在的营销对象。营销者要想取得良好的微博营销效果，一方面要拥有更多的粉丝，另一方面要有有效的粉丝流量。因此，在微博营销的实际操作过程中，需要使用一些营销方法和技巧，以获得更多的有效流量。

扫码阅读

微博营销的主要类型和形象的建立

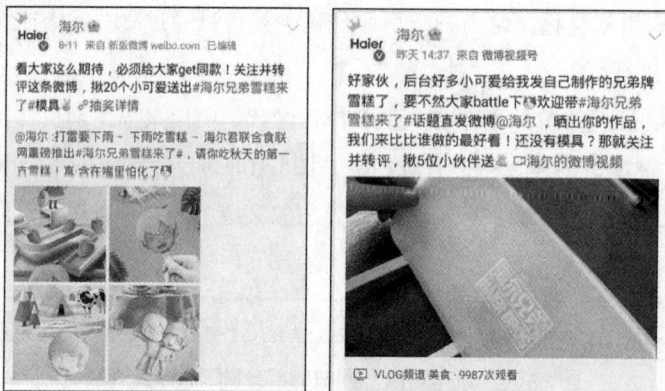

（1）利用活动营销

在微博中，活动是一个万能载体，一个成功的营销活动往往可以为营销者带来很多的流量，可以增加新的粉丝、提高粉丝活跃度甚至促进销售转化。转发抽奖活动是比较常见的微博营销活动，是指转发指定微博即有机会抽取奖品的一种活动形式，大多是"转发+关注+@好友/评论/点赞"的形式，微博用户关注并转发微博后，提醒1~3名好友或评论/点赞微博，就可参与活动，有机会获得丰厚礼品。图5-11所示为海尔在微博中开展的转发抽奖活动。

图5-11　海尔在微博中开展的转发抽奖活动

除了转发抽奖活动，有奖征集活动（即提供一些奖品来激励粉丝发布相应的内容，并在活动结束后，根据内容的质量决定中奖者）、有奖竞猜活动（即设置相关问题，然后提供奖品让粉丝参与竞猜）等也是有利于营销的微博活动。例如，通过举办有奖竞猜活动，营销者可以将新推出的商品发布在微博中，并设置相关问题让粉丝参与竞猜。

🎓 **专家提示**

除了线上的微博营销活动，营销者还可以开展一些线下的微博营销活动，如针对某一地域的微博粉丝开展线下分享会、线下见面活动等。与微博线上活动相比，微博线下活动针对的地域与人群会更加精准，获取的粉丝会更加真实可靠，也可以做到同粉丝面对面交流、互动。

（2）利用微博热搜营销

微博热搜即微博的实时热搜排行榜，只要某事件或词语的搜索量或关注度比较高，相关关键词就会登上微博热搜。微博热搜本身具有非常庞大的阅读量与讨论量，不少人更是时刻关注着某一热搜的发展方向。

在借助微博热搜开展营销时，营销者可以在微博的热搜榜中查看实时的热门事件或词语，点击某一热搜查看其具体内容，结合商品或服务，写一段与该热搜相关性较高的内容并带上该热搜话题，可以使该热搜本身的群体加入讨论与互动，加速营销信息的传播。例如，某款手机品牌借助微博热搜"今天七夕""中国男女4×100米接力队先后亮相决赛"，创作了一段与热搜相关性较高的内容并带上该热搜话题，以营销商品，如图5-12所示。

借助微博热搜营销的关键是热搜的选择，一个充满爆点的热搜可以使商品或品牌的营销效果事半功倍。一般来说，正能量、积极、有趣的热搜比较适合作为营销的切入点，如果没有比较合适的热搜，营销者还可以围绕商品或品牌主推关键词、营销活动或品牌来创建热搜主题，然后号召粉丝评论、点赞和转发，让自己创建的热搜主题进入微博热搜排行榜，从而引发更多用户的关注，扩大商品或品牌的曝光。

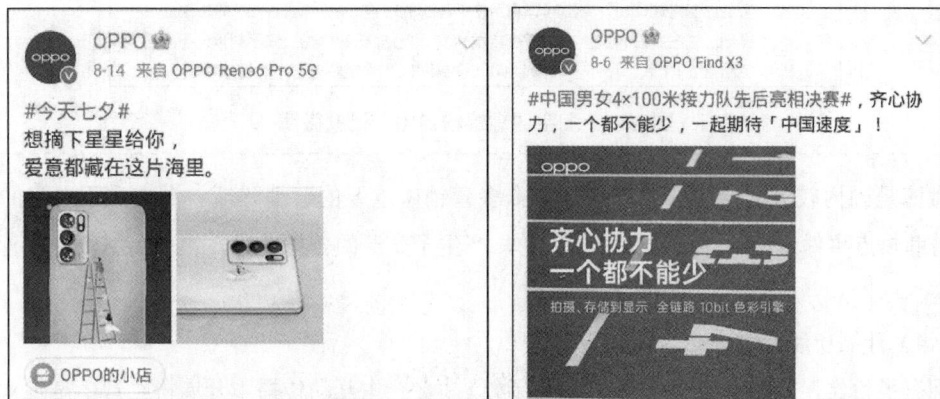

图5-12　利用微博热搜营销

（3）利用微博话题营销

话题指微博中围绕一个主题展开的讨论，以"＃××＃"的形式出现。话题作为微博营销的一大利器，优势在于其开放的话题讨论度。营销者创作内容时可以加上微博话题来引发更大范围内的讨论和转发，如果讨论人数很多，该话题还可能升级为超级话题，产生更广泛的传播效果，实现品牌曝光和营销。

要利用微博话题进行营销，选择微博话题非常关键，一般来说，当下实时热点、热门微博、热门话题榜中的内容都比较适合作为内容的话题。如果没有比较合适的热门话题，还可以围绕商品、营销活动或品牌来创建话题，如OPPO为了宣传其新推出的手机就创建了话题＃OPPO Reno6＃，每发布一条微博都会加上话题＃OPPO Reno6＃。

利用微博话题创作内容后，营销者还需要调动话题粉丝的活跃度，引导粉丝积极参与话题讨论，提高微博话题的热度。另外，营销者也可以联合一些行业大"V"或网络达人转发发布的话题内容，利用人脉关系迅速引爆话题热度。例如，OPPO发布带有话题＃OPPO Reno6＃的内容后，不仅利用转发抽奖活动发动用户进行转发，还联合一些知名艺人发布或转发带话题＃OPPO Reno6＃的微博，以提高话题的热度。

案例阅读

淘宝利用"螺蛳粉自由"话题进行营销

2020 年大量网友居家期间，将螺蛳粉频频"推上"微博热搜，淘宝看准了这一营销机会，在 2020 年 2 月 21 日上午，借势发起#螺蛳粉自由#话题，且关注并转发有奖，图 5-13 所示为淘宝"螺狮粉自由"话题微博。在#螺蛳粉自由#话题发布后，淘宝利用自身的影响力，带动阿里商业体系下的盒马、支付宝、饿了么，以及螺蛳粉产业链企业跟进，不断为话题造势，顺利将螺蛳粉打造为爆款美食。截至开奖前该微博转发量高达近 4.7 万次，评论量超过 7 万次。

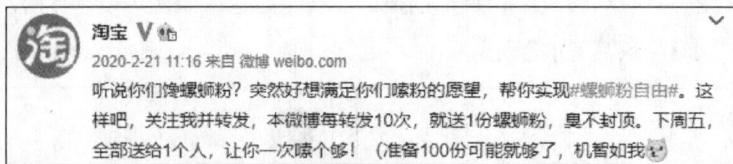

图 5-13　淘宝"螺蛳粉自由"话题微博

微博是国内较大的网络舆论阵地，是众多营销者重要的营销阵地。淘宝利用自身的影响力，借助热点事件或话题开展微博抽奖活动，产生了广泛的传播效果，实现品牌曝光和营销的效果。

（4）开展粉丝营销

拥有了粉丝，微博营销的内容才能被阅读，才会产生互动传播。开展粉丝营销是指营销者利用商品或企业知名度拉拢庞大的消费群体让其成为粉丝，利用粉丝相互传导的方式，达到营销目的。

一般来说，开展粉丝营销在很大程度上取决于粉丝的质量，如果粉丝对微博的认同度很高，积极参与互动转发，就有利于营销信息的传播。营销者应通过评论、转发、私信或@提醒等方式与粉丝保持良好的互动，加强与粉丝的联系，培养粉丝的忠诚度，以扩大微博的影响力。同时，营销者也可以将部分活跃粉丝的故事、反馈、意见等作为微博内容发布，争取引起其他粉丝的共鸣，使粉丝感受到归属感和参与感。

2. 微信营销

微信是基于移动设备而产生的主流即时通信软件，是一个能及时与用户建立互动的交流平台，可以实现一对一的互动交流。微信作为当今较流行的移动互联网的经营平台之一，无疑是营销的理想选择。一般来说，微信营销主要是利用微信朋友圈、微信公众号进行营销。

（1）微信朋友圈营销

朋友圈是微信的一个社交功能。一般来说，微信朋友圈营销首先需要营销者积累微信好友，有了一定数量的微信好友后，就可以在朋友圈中植入营销信息，通过朋友圈的频繁互动来拉近与微信好友的距离。营销者要利用微信朋友圈进行营销，发布的内容既要有可看性，又要商品的推广或销售。就电子商务而言，有关注就有了软文传播的基础，在第一时间敏锐地抓住热门新闻、热点话题的传播点，就能够在软文营销中拔得头筹。

3．自然植入广告

纵观网络中传播较广的软文，其商业气息都不是很重，且展示的内容对用户而言很有价值。一般来说，软文之后的广告内容篇幅不应太长，且广告内容应放在文章中间靠后的位置。因为，广告内容的位置靠前，用户一般会产生排斥心理，不愿意继续阅读下去；广告内容的位置靠后，如果内容不够吸引人，用户可能不等读完就关闭了网页。

5.5.5 大数据营销

大数据营销也叫数据驱动式营销，伴随着大数据技术而产生，以驱动用户高效参与为目的，从而促进营销者更好地进行营销决策。例如，百度的推荐服务，淘宝、天猫等购物网站的个性化推荐就是大数据营销的典型应用。

1．大数据营销的优势

得益于大数据技术对用户的精准识别和预测，营销者在营销中引入大数据技术后，能够获得独特的优势。

（1）精准性。相较于人脑对信息的分析和判断，大数据技术能够处理大量的数据，且依赖于计算机算法，避免了人脑的偏见、懈怠与失误，因此体现出更高的精准性，分析结果的可信度更高。因此，依靠大数据，营销者能够更科学、有效地分析数据，从而确定科学的营销策略。

（2）预测性。预测是大数据的核心价值。传统的数据分析只能进行事后分析，而利用大数据技术，营销者能从用户的真实交易数据中预测其下一次的购买行为。大数据能把一个非常困难的预测问题转化为一个相对简单的描述问题，这是传统数据分析方法无法做到的。

（3）低成本性。大数据技术能够帮助营销者降低营销成本，借助大数据技术精准定位潜在用户群体，仅对小部分人群开展营销，其成本自然低于对全部人群开展的营销。

2．大数据营销的重点

大数据营销的重点是数据，一般来说，大数据营销的数据来源包括内部数据和外部数据。

（1）内部数据。内部数据是指营销者自主收集的数据，包括财务数据、营销数据、销售数据、用户数据等，往往准确性高、针对性强，价值很高，但数据量较少。

（2）外部数据。内部数据往往仅限于交易层面，不足以支撑大数据技术分析。因此，营销者还需要以合作、购买等方式获取数据，包括外部采购数据、社交媒体数据和公开数据等。外部数据数据量极大，但是往往格式不一、真假混杂。

3．大数据营销的应用

大数据营销依托多平台的大数据采集，以及大数据技术的分析与预测能力，能够使营销更加精准有效。总的来说，大数据营销主要应用于以下4个方面。

（1）商品关联。商品关联即在一个商品页放上其他同类、同品牌、可搭配等有关联的商品，从而让用户多看多点击以便扩大成交概率。商品关联基于大数据，综合了众多用户的行为、习惯、偏好，有效建立了不同数据之间的关联。

（2）基于地理位置信息进行营销。基于地理位置信息进行的精准推荐也是大数据营销的典型应用。一般来说，用户一旦打开软件并登录，软件就会自动定位，并将地理位置信息上传到数据库中，检索出附近的服务。同时，软件会读取用户手机的机器识别码，与信息仓库中的数据进行匹配，寻找出有关的数据，运用大数据技术分析这些数据，就能够得到该用户的行为偏好，将该用户的行为偏好与附近的服务信息进行比对，就能筛选出适合该用户的服务，然后进行精准推荐。

（3）个性化推荐。比较常见的个性化推荐有网易云音乐的每日推荐、淘宝网的"猜你喜欢"、今日头条的个性化资讯推送等。在大数据营销下，营销者通过分析大数据，根据用户的历史记录了解用户的喜好，从而主动为用户推荐其感兴趣的信息，满足用户的个性化需求。

（4）精准广告投放。广告是营销者向目标用户传达信息的重要载体，在大数据营销下，营销者可以采取更为科学、精准的广告投放策略，即利用大数据的采集与分析功能，通过精确定位目标用户，将广告定向投放给目标用户。这在网络广告上体现得尤为明显。借助大数据工具，营销者可以有针对性地投放广告内容。同时，谁看了广告，看了多少次广告，通过什么渠道看的广告，又或者对广告内容的反应、反馈等信息都能被营销者了解、监测和追踪，从而更好地评测广告效果，调整广告投放策略。

5.6 案例分析——国货品牌完美日记的"完美"营销

"国潮"是当下热门的营销趋势，越来越多的国货品牌借助"国潮"势头席卷年轻人的消费市场，完美日记就是一个非常引人瞩目的国货品牌。完美日记成立于2017年，属于广州逸仙电子商务有限公司（以下简称逸仙电商）。在三年时间内，完美日记经历了从零起步到市值40亿美元的发展历程。从无名之辈到"国货之光"，完美日记通过网络营销积累了众多忠实用户，创造了销量增长的奇迹。

5.6.1 利用热门App开展软文营销

天猫美妆消费人群趋势分析报告显示，"85后""90后"及"95后"的用户是美妆的核心消费群体，尤其是"95后"的销售额和人数增速表现突出。于是，完美日记就将这类人群定位为目标消费群体。伴随着移动社交的深入推进，用户群体主要为"90后""95后"女性的小红书App出现，迅速成为国内美妆爱好者的聚集区。这对于完美日记而言是一个极佳的营销渠道，于是，在小红书App营销就成了完美日记网络营销的重点。

完美日记在小红书App中的营销主要以软文为主。完美日记通过大量投放美妆达人、艺人、素人有关完美日记商品的使用笔记，引发了全平台的热度和讨论，从而帮助完美日记商品快速获得认可。这些使用笔记主要是商品的试色、对比、展示和选购方法，以精美的图片+文字的形式推荐商品。图5-15所示为完美日记在小红书App中的商品使用笔记，可以看出这些商品使用笔记的商业气息都不是很重，能够给目标用户带来一种真实推荐商品的感觉，能够很好地激发目标用户的购买欲望。

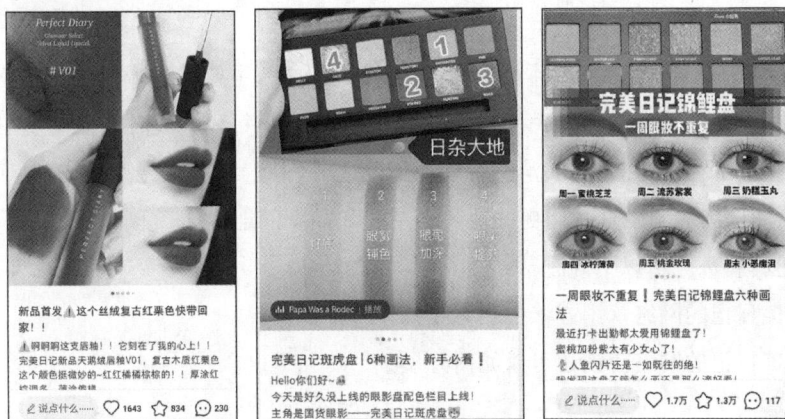

图5-15　完美日记在小红书App中的商品使用笔记

在小红书App中，有关完美日记的笔记超过了7万篇，完美日记先通过与知名的美妆达人、名人合作，让美妆达人、名人以使用笔记的形式推荐商品，带动目标用户完成消费，进而引发目标用户自发晒单，然后促进完美日记的二次传播。截至目前，完美日记在小红书App中的品牌账号已经拥有超190万的粉丝量、超350万的点赞数与收藏量，粉丝数远超一些知名国货、外资彩妆品牌。

5.6.2　开展微博营销

完美日记的微博内容很少使用纯文字的形式，多配有创意、新颖的图片，且微博内容大多采用提问的形式引出，不仅能够吸引用户评论微博，还能达到让用户主动转发传播的目的。

除了创作有趣的微博内容，完美日记还会从微博近期的热点、娱乐新闻、热门事件或节日等方面切入，对品牌进行营销，如在端午节期间，完美日记在微博上发布了"因为爱美，所以出'粽'。愿我们有一如对美不息的努力与追求。端午情浓，祝节日安康"的内容，一方面对用户表达了节日祝贺，另一方面又将完美日记的品牌理念融入到内容中，十分巧妙。

另外，每隔一段时间，完美日记还会在微博发布一些走心话题开展抽奖活动。用户关注完美日记的微博并参与活动，既能让用户抒发情感，拉近品牌与用户之间的距离，又能让完美日记的微博广泛传播，引起更多用户的关注，从而促进销量增长、增强品牌的影响力。

5.6.3　开展微信公众号营销

完美日记的微信公众号名称为"PerfectDiary完美日记"，头像直接沿用品牌Logo，利用名称和头像，完美日记塑造了一个统一的、便于识别的完美日记微信公众号品牌形象。用户在关注完美日记的微信公众号后，微信公众号便会自动发送一篇推送文章、小程序商城和一张图片。其中，推送文章包含了微信公众号的特色，如品牌故事、美妆教程、热门文章、购物商城等，显得非常贴心和个性化；小程序商城显示了完美日记给予新用户的首单福利，以吸引用户下单购买商品；图片包含了品牌简介和微信群二维码，从而让用户了解品牌，吸引用户加入微信群成为忠实粉丝。

与其他微信公众号推送文章不同，完美日记推送的文章主要是为了促进商品销售，因此多是有关商品的介绍、品牌资讯和独特的营销活动。完美日记每隔一段时间就会发布新商品或优惠信息，以便用户及时知晓并采取消费行动。除此之外，完美日记也会在推送文章下方积极回应用户的评论及提出的问题，从而更好地实现用户和品牌的连接。

根据上述材料，分析以下问题。

（1）完美日记的网络营销方法主要有哪些？

（2）完美日记的网络营销还可以如何开展？

任务实训

随着互联网技术的不断提升，当前的营销推广方式已经发生了翻天覆地的变化，尤其是各类电子商务平台的兴起，让网络营销的方式也变得越来越多。国内很多企业或品牌都利用网络营销提升了影响力，促进了商品的销售。例如，海尔利用网络营销频频登上热搜、江小白借助网络营销成为火遍全国的白酒类"黑马"、安踏利用网络营销提高了品牌和商品的曝光率。为了更好地理解网络营销的概念，并掌握相关的基础知识，下面通过实训来巩固所学知识。

【实训目标】

（1）了解网络营销的概念和特点，掌握电子商务与网络营销的关系。

（2）熟悉网络营销环境的分析方法。

（3）熟悉网络市场调查的流程，掌握网络市场调查的常用方法。

（4）学会撰写营销软文，掌握网络营销的方法。

【实训内容】

（1）在网络中收集至少3个网络营销案例，与同学讨论网络营销的概念，说说这些网络营销案例体现了网络营销的哪些特点。

（2）在网络中收集百草味的相关资料，用SWOT分析法尝试分析其网络营销环境。

（3）收集至少3个网络市场调查公司的资料，并分析其调查方法。

（4）收集3个网络营销的成功案例，分析它们各自成功的原因；收集3个网络营销的失败案例，分析它们各自失败的原因。

（5）现有一款大容量真空保温杯（1 000mL、800mL可选），采用304真空不锈钢材质内胆，内胆有防粘涂层；食品级PP材质杯盖，杯盖可拿下来分体拆洗，0.03mm超薄杯壁；24小时超长保温保冷，装热水不会出现漏水的问题。请为该商品撰写营销软文。

课后习题

1. 名词解释

（1）网络营销　（2）网络营销环境分析　（3）网络广告　（4）大数据营销

2. 单项选择题

（1）网络营销的基本职能不包括（　　）。

　　A. 品牌推广　　B. 提高转化　　C. 促进销售　　D. 客户服务

（2）下列不属于网络市场调查方法的是（　　）。

　　A. 访问专业网站　B. 在线问卷法　C. 网上实验法　D. 网上观察法

（3）下面（　　）不是常见的网络广告。

　　A. 信息流广告　　B. 文本链接广告　C. 音频广告　　D. 视频广告

（4）网络营销的常用方法不包括（　　）。

　　A. 电子邮件营销　B. 微信营销　　C. 微博营销　　D. 社群营销

3. 多项选择题

（1）下面各项中，属于网络营销特点的有（　　）。

　　A. 全球性　　　B. 交互性　　　C. 真实性　　　D. 经济性

（2）网络市场调查的步骤主要包括（　　）。

　　A. 提交计划　　　　　　　　B. 提交报告

　　C. 收集信息　　　　　　　　D. 明确问题与确定调查目标

（3）做好微博营销，需要掌握的营销方法和技巧有（　　）。

　　A. 利用活动营销　　　　　　B. 利用微博热搜营销

　　C. 开展粉丝营销　　　　　　D. 利用微博话题营销

（4）大数据营销的数据来源包括（　　）。

　　A. 内部数据　　B. 外部数据　　C. 线上数据　　D. 线下数据

4. 思考题

（1）网络营销的特点是什么？它与电子商务的关系是什么？

（2）网络营销的方法有哪些？列举1～3个实例说明。

（3）一个美食类微信公众号可以从哪些方面开展营销？

（4）有一款茶叶，采摘自海拔600米以上的高山，每日较长的日照时间和适宜的温度与湿度，有利于茶叶成长为更具营养成分的高山茶叶。如果该款茶叶需要开展微博营销，你可以从哪些方面入手进行营销？

5. 案例分析题

爱奇艺"就地不将就"微博营销活动

2021年春节，很多在外地工作的人纷纷响应"就地过年"的号召，选择留在工作地过年。在此期间，爱奇艺发布"娱乐不将就""压岁钱不将就""年夜饭不将就""爱美不将就"

系列海报，通过微博发起"就地不将就"新年活动，提倡大家表达"就地过年不将就"的态度。美团、自如网、海马体照相馆等品牌也参与到了这场"就地不将就"的态度表达活动中，号召更多网友积极表达自己"就地不将就"的方式，给这个特殊的春节带来别样的年味。

　　随后，短短时间内，活动话题＃就地不将就＃阅读量破亿，超过 25 万人参与话题讨论并发表自己的不将就方式。经过网友投票，"就地年夜饭不将就"成为呼声最高的不将就方式。为了给网友"就地年夜饭不将就"的不将就方式一个情感表达的渠道，爱奇艺紧接着发起"就地年夜饭大赏"征集活动，该活动两天内参赛人数超过 3 000 人，大家纷纷晒出自己的"就地不将就年夜饭"图片或视频。此外，爱奇艺也顺势将平台内影视剧、综艺、动漫等版块的优质内容精心筛选编制成春节观影指南，为网友呈现视觉上的饕餮盛宴。

　　根据上述材料，分析以下问题。

　　（1）爱奇艺开展的微博营销活动有什么作用？

　　（2）除了微博营销，微博营销活动这种形式还可以用于哪些网络营销方法？

第6章

电子商务安全

【课前预习】

预习课程	电子商务安全		时间：20分钟
预习方式	1. 在网络中搜集电子商务面临安全威胁的案例，分析电子商务安全的重要性。 2. 浏览本章内容，熟悉本章的知识结构。 3. 阅读下面的案例并回答问题。 **积分兑奖诈骗** 刘女士接到一条来自"10086"的手机短信，短信称："尊敬的用户：您已满足兑换249元现金大礼包的条件，请登录移动商城10086.****.pw，根据提示下载并安装软件，点击允许，即可领取"。刘女士当时没有理会，隔天刘女士的手机上再次收到相同的短信。刘女士想到可以兑换现金，便下载并安装了应用软件，然后进入了"兑奖"网站，刘女士按照要求输入了银行卡账号、密码及身份证号码等信息。没过多久，她发现卡上的1.6万余元被人通过网银分5次全部消费。 思考：（1）电子商务面临的安全威胁有哪些？ 　　　（2）在电子商务交易中，如何避免被骗？		
预习目标	1. 能够通过电子商务安全相关案例，了解电子商务安全的重要性。 2. 能够通过阅读本章内容，熟悉本章所讲述的知识。 3. 能够通过课前预习，回答案例中提出的问题。		
疑难点总结			

6.1 电子商务安全概述

伴随着电子商务在我国的蓬勃发展，电子商务逐渐成为人们工作、生活中不可缺少的一部分，但其内在的安全问题也慢慢浮出水面，并受到人们的重视。如何让电子商务活动在安全、可靠的环境中进行、保障用户自身权益不受损害，是当前电子商务需要解决的重点问题。

6.1.1 电子商务安全的概念

电子商务安全是指采用一定的方法和措施，有效管理和控制电子商务系统，确保电子商务信息数据和交易环境受到有效保护。

电子商务安全是电子商务的生存保障，要保证电子商务交易活动安全、可靠地进行，需要满足的安全性要求有以下5个方面。

（1）机密性。机密性也叫保密性，是指信息在传输或存储时不被他人所窃取。一般可通过密码技术对传输的信息进行加密处理。

（2）完整性。一是保证信息在传输、使用和存储等过程中不被篡改、丢失和缺损；二是保证信息处理方法正确，不因不正当操作导致内容丢失。

（3）认证性。认证性是指在独立、公正和客观的原则上，采用科学合理的方法，经过权威机构的认证，保证电子商务经营者的真实性和有效性。

（4）不可否认性。不可否认性也叫抗抵赖性，是指电子商务活动的双方不能否认自己发送信息的行为和信息的内容。在传统方式下，用户可以在交易合同、契约或贸易单据等书面文件上手写签名或盖章来鉴别贸易伙伴，确定合同、契约、单据的可靠性并预防抵赖行为的发生。在电子商务环境下，电子商务活动的双方一般通过数字证书机制的时间签名和时间戳来验证。

（5）可靠性。电子商务的可靠性关系到活动双方的权益，因此要保证计算机、网络硬件和软件工作的可靠性，尽量排除网络故障、操作错误、应用程序错误和病毒等威胁因素对电子商务的影响，营造一个安全可靠的交易环境，以保证交易活动的有效性。

6.1.2 电子商务面临的安全威胁

网络技术的不断发展使电子商务所面临的安全威胁变得多样化，主要包括计算机病毒、流氓软件、木马程序、网络钓鱼和系统漏洞等。

1. 计算机病毒

计算机病毒是编制者在计算机程序中插入的破坏计算机功能或者数据的代码，是一种能够影响计算机使用，并能进行自我复制的一组计算机指令或者程序代码。一旦感染了病毒，计算机中的程序将受到损坏，病毒还能非法盗取用户的信息，使用户自身权益受到损害。一般来说，计算机病毒可以通过杀毒软件清除与查杀，用户应养成定期检查计算机病毒的习惯，以维护自己的切身利益。

除了计算机，手机也容易感染病毒。手机病毒可以通过浏览短信、电子邮件、浏览网站、下载铃声和应用蓝牙等方式传播，可导致关机、死机、泄露个人信息、对外发送垃圾短信等情况。用户平时可为手机安装一些防护软件，如腾讯手机管家、360手机卫士等，并定期检查使用环境。

2. 流氓软件

流氓软件是介于正规软件与病毒之间的软件，其目的一般是散布广告。流氓软件一般不会影响用户的正常活动，但可能会出现以下3种情况：一是上网时会不断有窗口弹出；二是浏览器被莫名修改并增加了许多工作条；三是在浏览器中打开网页时，网页会变成不相干的其他页面。

当出现上述情况时，用户需要警惕，尽快清除网页中保存的账户信息资料，并通过安全管理软件清除流氓软件。流氓软件一般是在用户根本没有授权的情况下强制安装的，会恶意收集用户信息，并且不经用户许可卸载系统中的非恶意软件，甚至捆绑一些恶意插件，造成用户资料泄露、文件受损等。

3. 木马程序

木马程序通常被称为木马、恶意代码等，是指潜伏在计算机中，可受外部用户控制以窃取本机信息或者控制权的程序。木马程序是比较流行的病毒文件，但不具有自我繁殖能力，也不会刻意感染其他文件，一般通过伪装来吸引用户下载运行。木马程序的发起人可以任意毁坏、窃取被感染者的文件，甚至远程操控用户的计算机。

4. 网络钓鱼

网络钓鱼是一种通过欺骗性的电子邮件和伪造的Web站点来进行网络诈骗的方式。它一般是通过伪造或发送声称来自于银行或其他知名机构的欺骗性信息，以引诱用户泄露自己的信息，如银行卡账号、身份证号码和动态口令等。

网络钓鱼十分常见，其实施途径多种多样，可通过假冒网站、手机银行和运营商向用户发送诈骗信息，也可以通过手机短信、电子邮件、微信消息和QQ消息等形式实施不法活动，如常见的中奖诈骗、促销诈骗等。用户在进行电子商务活动时要细心留意，不要轻信他人发送的消息，不要打开来路不明的邮件，不要轻易泄露自己的私人资料，尽量减少交易的风险。

5. 系统漏洞

系统漏洞是指应用软件或操作系统软件在逻辑设计上的缺陷或错误。不同的软、硬件设备和不同版本的系统都存在不同的安全漏洞，容易被不法分子通过木马、病毒等方式进行控制，窃取用户的重要资料。不管是计算机操作系统、手机运行系统，还是应用软件，都容易因为漏洞问题而遭受攻击，因此，建议用户使用新版的应用程序，并及时更新应用商提供的漏洞补丁。

📖 **案例阅读**

QQ诈骗

某日，银川市公安局接到某公司财务人员的报警电话，称骗子通过QQ骗走了公司的96万元工程款。事件经过是这样的：财务人员小刘上班时，突然QQ弹出公司老板发来的消息，询问工作进度并要求他将公司的工程款转到一个账号上。小刘见QQ头像、昵称等与公司老板一样便未在意，直接去银行完成了汇款。小刘回到公司后，正好碰到老板，便告诉老板工程款已经汇到他发送的银行卡上了，但老板却说没有让他汇款。此时，两人意识到这是个骗局。

公安部门调查发现，小刘的QQ邮箱中有一封携带病毒的陌生邮件，小刘打开邮件后被盗取了QQ信息。不法分子利用盗取的QQ信息顺利登录了小刘的账号，观察后找到并删除了公司老板的QQ账号，同时申请了一个和老板的QQ头像、昵称等完全一样的QQ账号，再通过这个新的QQ账号与小刘交谈，就这样小刘轻易被骗取了96万元的工程款。

公安部门表示，类似网络安全案件时有发生。骗子先在网上购买盗号木马软件，然后搜索各类财务人员的QQ群，以财务人员的名义加入群内，再在群内发送各种携带病毒的财务考试、会计师考试等邮件，用户只要打开邮件，病毒便会进入计算机盗取QQ密码。由于小刘报警及时，警方及时冻结了骗子账户上的30万元。随后经过详细调查，抓获了犯罪嫌疑人，同时追回10万余元被骗款项。然而剩余的50余万元，早已不知去向。

网络诈骗的案例屡见不鲜，用户在进行电子商务活动的过程中，可能因为系统漏洞、计算机病毒、网络钓鱼等造成资金或信誉损失。用户在电子商务交易中不可避免地涉及转账时，一定要仔细核实。

6.2 电子商务安全技术

电子商务安全技术对电子商务而言非常重要，维护着用户的信息、资金等安全，为电子商务交易提供了极大的便利。总的来说，常用的电子商务安全技术主要包括电子商务防火墙技术、电子商务加密技术、电子商务认证技术、电子商务安全协议等。

微课视频

6.2.1 电子商务防火墙技术

电子商务防火墙技术是一种针对互联网不安全因素所采取的一种保护措施，用于在内部网与外部网、专用网与公共网等多个网络系统之间构造一道安全的保护屏障，阻挡外部不安全的因素。电子商务防火墙技术的作用主要包括以下几个方面。

（1）过滤不安全的服务，降低风险，强化网络安全。

（2）对网络的存取和访问进行监控。

（3）防止内部信息的泄露和外部用户非法访问或占用内部资源。

目前，随着现代通信技术与信息安全技术的不断发展，防火墙越来越成熟，功能更加丰富。例如，防火墙的信息记录功能被扩展后，虚拟专用网、认证、授权、记账、公钥基础设施、互联网协议安全性等功能也被集成到防火墙中，有些甚至还添加了防病毒和入侵检测等功能。未来，防火墙的功能将更加多元化，且朝着入侵防御系统的方向发展。

6.2.2　电子商务加密技术

电子商务加密技术是实现电子商务信息保密性、真实性和完整性的前提。电子商务加密技术是一种主动的安全防御策略，通过基于数学方法的程序和保密的密钥对信息进行编码，将计算机数据变成杂乱无章、难以理解的字符，即将明文变为密文，以阻止非法用户窃取信息。目前，加密技术主要分为两类，即对称加密技术和非对称加密技术，两者的主要区别在于所使用的加密和解密的密钥不同。

1. 对称加密技术

对称加密技术也叫私钥加密技术或单密钥加密技术。对称加密技术采用对称密码编辑技术，要求发送方和接收方使用相同的密钥，即文件的加密与解密要使用相同的密钥。采用这种方法加密信息，需要收发双方都知道这个密钥，并在安全通信前将密钥发送给对方。对称加密的工作流程如图6-1所示。

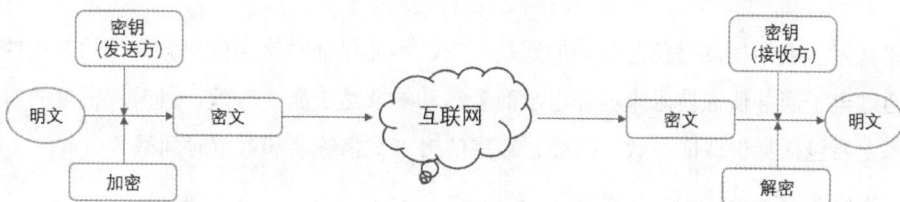

图6-1　对称加密的工作流程

2. 非对称加密技术

非对称加密技术也叫公钥密码技术，与对称加密技术使用相同的密钥进行加密和解密不同的是，非对称加密技术使用公开密钥（简称公钥）和私有密钥（简称私钥）来进行加密和解密，公钥是公开的，私钥则由用户自己保存，非对称加密的工作流程如图6-2所示，具体介绍如下。

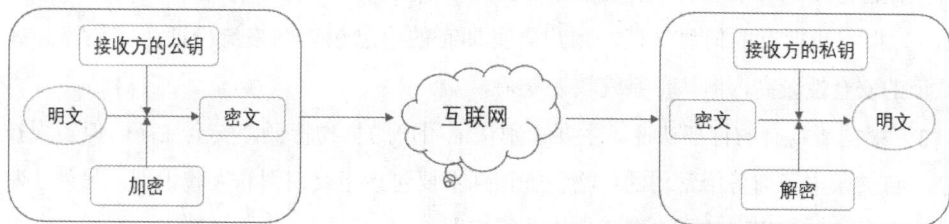

图6-2　非对称加密的工作流程

（1）接收方生成一对密钥（公钥和私钥），并向其他方公开公钥。

（2）得到公钥的发送方使用该公钥对机密信息进行加密，然后再发送给接收方。

（3）接收方用自己保存的私钥对加密后的信息进行解密。

若接收方要回复加密信息给发送方，需要发送方先公布自己的公钥给接收方进行加密，发送方再用自己的私钥进行解密。

非对称加密技术比对称加密技术的安全性更好，就算攻击者截获了传输的密文并得到接收方的公钥也无法解密。但非对称加密技术需要的时间更长、速度更慢。因此，非对称加密技术只适合对少量数据进行加密。

素养提升

现代密码在计算机网络中有 3 类算法：加密算法、签名算法和哈希算法，其中，哈希算法中的 MD5 和 SHA-1 一直是国际公认的较先进且广泛应用的两大算法。从 1995 年起，我国知名的中国科学院院士、清华大学教授王小云就开始分析 MD5 和 SHA-1 的安全性，十年磨一剑，2004 年到 2005 年，王小云带领她的团队先后宣布破解了 MD5 和 SHA-1，创造了密码学历史的神话。此后，王小云还放弃了参与设计美国向全球征集的新国际标准密码算法，怀着对国家深沉的热爱，转而设计国内的密码算法标准，与国内其他专家设计了我国首个哈希函数算法标准 SM3，为国家的发展保驾护航。

6.2.3 电子商务认证技术

加密技术主要用于网络信息传输的通信保密，不能保证网络通信双方身份的真实性，因此还需要通过电子商务认证技术来验证电子商务活动对象是否属实有效。目前，常见的电子商务认证技术主要包括身份认证、数字摘要、数字信封、数字签名和数字时间戳等。

1．身份认证

身份认证是一种用于鉴别、确认用户身份的技术。通过认证用户的身份，可以判断用户是否具有对某种资源的访问和使用权限，以保证网络系统的正常运行，防止非法用户冒充登录或攻击系统。

身份认证是网络安全的第一道关口，认证方法主要包括以下3种。

（1）根据所知道的信息认证。一般以静态密码（登录密码、短信密码）和动态口令等方式验证，但静态密码和动态口令容易泄露，安全性不高。

（2）根据所拥有的信息认证。用户自身拥有的信息包括网络身份证、密钥盘、智能卡等，认证的安全性较高，但认证系统较为复杂。

（3）根据所具有的特征认证。主要识别认证用户的生物特征，安全性高，但实现技术更加复杂。目前，电子商务中常用的生物特征识别主要包括指纹识别和人脸识别。另外，掌纹、虹膜、声音、签名等识别技术也属于生物特征识别。

需要注意的是，为了保证身份认证的有效性，认证系统往往不会采用单一的身份认证，而会采用2～3种认证方法结合的方式认证。

2．数字摘要

数字摘要可以用于证实消息来源的有效性，以防止数据被伪造和篡改。数字摘要采用单向哈希函数（单向散列函数）将需要加密的明文"摘要"生成一串固定长度（128位）的密文，这个密文就是数字指纹，然后在传输信息时将密文加入文件一并传送给接收方，接收方收到文件后，使用相同的方法变换运算，若得到相同的摘要码，则判定文件未被篡改。

3．数字信封

数字信封又称数字封套，结合了对称加密技术与非对称加密技术的优点。使用数字信封，只有规定的收信人才能阅读通信内容，信息发送方采用对称密钥来加密信息内容，然后用接收方的公钥加密，形成数字信封，并将它和加密后的信息一起发送给接收方。接收方先用相应的私钥打开数字信封，得到对称密钥，然后使用对称密钥解开加密信息。数字信封具有算法速度快、安全性高等优点，可以很好地保证数据的机密性。

4．数字签名

数字签名是基于公开密钥加密技术实现的，因此又叫公钥数字签名。数字签名可以简单地理解为附加在数据单元上的一些数据，或是对数据单元所做的密码变换。数字签名可以帮助数据单元的接收方判断数据的来源，以保证数据的完整性并防止数据被篡改。

数字签名采用双重加密方法，即消息摘要和RSA加密（应用较广泛的一种公钥算法）来保证信息安全，其工作过程如下。

（1）发送方采用哈希函数加密产生一个128位的数字摘要。

（2）发送方用自己的私钥对报文摘要进行加密，形成发送方的数字签名。

（3）将数字签名作为报文的附件和报文同时传输给接收方。

（4）接收方使用发送方的公钥对摘要进行解密，同时在接收到的原始报文中使用同样的哈希函数加密得到数字摘要。

（5）将解密后的摘要和接收方重新加密产生的摘要进行对比，若两者相同，则判断消息在传送过程中没有被破坏、篡改。

5．数字时间戳

为了保证电子商务活动的参与方与交易方无法否认其行为，避免随意修改交易时间，需要一个权威的第三方来提供可信赖的且不可抵赖的时间戳服务——数字时间戳（Digital Time Stamp，DTS）。数字时间戳是一种对交易日期和时间采取的安全措施，由专门的机构提供。

数字时间戳是一个加密后形成的凭证文档，包括3部分的内容：一是需加时间戳的文件的摘要；二是发送和接收文件的日期和时间；三是数字时间戳的数字签名。

6.2.4　电子商务安全协议

电子商务安全协议是以密码学为基础的消息交换协议，用于保障计算机网络系统信息的安全传递与处理。常见的电子商务安全协议有安全套接层（Secure Sockets Layer，SSL）协议、安全电子交易（Secure Electronic Transaction，SET）协议。

1. 安全套接层协议

安全套接层协议是基于Web应用的安全协议，主要用于解决Web上信息传输的安全顾虑。它指定了一种在应用程序协议（如HTTP、Telnet、NNTP和FTP等）和TCP/IP之间提供数据安全性分层的机制，为TCP/IP连接提供数据加密、服务器认证、消息完整性及可选的客户机认证。

安全套接层协议是一个层次化的协议，包括SSL记录协议（SSL Record Protocol）和SSL握手协议（SSL Handshake Protocol）。SSL记录协议建立在可靠的传输协议上，用于为上层协议提供数据封装、压缩和加密等支持；SSL握手协议建立在SSL记录协议上，用于完成服务器和客户机之间的相互认证、协商加密算法和加密密钥等发生在应用协议层传输数据之前的事务。

安全套接层协议的具体实现过程包括两个方面：一是将传输的信息分成可以控制的数据段，并对这些数据段进行压缩、加密等操作，然后传送结果；二是对接收的数据进行解密、检验和解压操作，并将数据传送给上层协议。

2. 安全电子交易协议

安全电子交易协议是电子商务中安全电子交易的一个国际标准。安全电子交易协议是以信用卡为基础的安全电子交易协议，用于实现电子商务交易过程中的加密、认证和密钥管理等，以保证在线支付的安全。

安全电子交易协议在保留对用户信用卡认证的前提下，增加了对商家身份的认证，保证了消费者、商家、银行之间通过信用卡交易的数据完整性和不可抵赖性。安全电子交易协议支付系统包括6个组成部分，分别是持卡人、商家、发卡行、收单行、支付网关和认证中心。与之对应，基于安全电子交易协议的网上购物系统至少包括电子钱包软件、商家软件、支付网关软件和签发证书软件4个组成部分。

素养提升

要保证电子商务交易活动的安全，除了应用电子商务安全技术，还需要企业和个人树立安全意识和责任意识，坚持信息保密和遵纪守法的职业操守，不在私人交谈场合中涉及机密，不在不利于保密的地方存放资料。

6.3 电子商务安全管理措施

造成电子商务安全问题的原因是多方面的，如果不能及时解决好电子商务安全问题，电子商务的发展将会受到极大的制约与限制。只有采取有效的电子商务安全管理措施，消除电子商务交易隐患，遏制安全事故发生，才能保证用户在电子商务活动中的利益，确保电子商务交易活动顺利实现。

6.3.1 提高电子商务安全防范意识

完善的技术防范机制并不能完全杜绝网络威胁，网络威胁存在的方式多种多样，可以通过各种伪装来迷惑用户，使用户不知不觉地主动激发安全威胁。因此，提高电子商务的安全防范意识十分有必要。

1. 提高保护账户安全的意识

电子商务交易活动大多需要在平台中建立账户，因此，用户需要提高保护账户安全的意识。设置安全性较强的密码是保护账户安全的基本保障方法，用户在设置账户密码时，需要注意：

（1）不要在多个场合使用同一个密码，为不同的应用场合设置不同的密码，特别是有关财务的支付工具及网购账户，避免一个账户密码被盗，其他账户密码也被轻易破解。

（2）不要将密码和登录账户名称设置得完全一致。

（3）不要将密码设置为连续数字或字母，或者把字母或数字按简单规律排列。

（4）在公共区域进行账户登录时，不要点击保存密码的功能选项。

（5）在设置账户时，可采用多方验证的方式，如手机验证码验证、回答问题验证等。

另外，用户还应当养成良好的上网习惯，不要打开陌生的电子邮件、广告网页，以防被钓鱼网站盗取账户密码。

2. 提高移动支付安全防范意识

随着移动支付的相关技术越来越成熟，移动支付的操作越来越便捷和高效，在电子商务活动中，用户越来越依赖于利用移动支付进行各种商务活动。虽然现有的移动安全技术能够在一定程度上保证用户的信息和资金安全，但是用户自身也应养成良好的支付习惯，提高移动支付的安全防范意识，这样才能更有效和更全面地保障用户的信息安全和资金安全。总体而言，用户在使用移动支付交易时，需要具备以下安全防范意识。

（1）线下支付需要扫描商家提供的付款二维码时，用户应向商家核实，确认后再扫码付款。

（2）远程支付时，用户要仔细核对商家信息和订单信息，明确需要付款的金额，以免出现多付、重复支付的情况，并防止被不法商家的钓鱼链接诈骗。

（3）用户不要在非法网站使用移动支付工具进行支付活动，以防止信息泄露和资金受损。

（4）用户在付款时不要连接附近未知的免费Wi-Fi，应选择使用手机流量或已知的安全的无线网络进行支付交易。

（5）商家在提供收款二维码时，还应当防止二维码被替换。

3. 提高防骗的意识

由于参与电子商务交易活动的用户数量越来越多，针对不同人群使用的网络诈骗方式也花样繁多，常见的网络诈骗方式包括拟制虚假中奖消息实施诈骗、利用"刷单"赚钱实施诈骗、以巨大优惠（低价、打折、有奖等）为诱饵实施诈骗、通过克隆著名网站实施诈骗、以银行卡发生违规行为实施诈骗、假冒快递售后服务人员实施诈骗、模仿知名账号实施诈骗等。

虽然诈骗手段多种多样，但只要用户树立较强的防骗意识，克服内心的一些侥幸心理，面对诈骗行为，保持应有的清醒，做到"三思而行、三查后行"，是可以有效避免上当受骗的。用户在开展电子商务活动的过程中，应该具备以下防骗意识。

（1）不要轻易泄露个人信息，特别是姓名、身份证号码、银行卡信息，用户绝对不能同时公布上述3种信息。

（2）不要急于汇款，要认真查看来电号码，当不能辨别信息真假时，用户要在第一时间拨打相关查询电话。

（3）不要轻易将资金转入陌生人的账户，用户汇款前要多方确认该用户的身份。

（4）任何要求用户先交平台押金、保证金、解冻费以及银行卡流水的网络贷款都是诈骗。

（5）网店"刷单"本身就是欺骗性行为，用户不要轻信网上任何高佣金的兼职工作，凡是需要先垫付本金、后赚取佣金的兼职都属于诈骗。

（6）凡是以用户的身份信息被盗用、涉嫌洗黑钱、制造假的通缉令等名义让用户将钱转到安全账户的都是诈骗，用户不要轻易相信。

🔍 案例阅读

某大学生"刷单"险被骗

2021年6月10日，某派出所接到一大学生小杨的报警电话，该学生称自己遭遇电信诈骗，被骗金额为5 000元。

警方调查后才知道，小杨不久前在某微信群看到一则招聘兼职"刷单"业务人员的消息，声称打打字、在学校就能轻松赚钱，并承诺"刷单"的金额越高，返还的佣金越多。小杨想赚点钱去旅游，便按照招聘信息添加了对方的微信账号。对方自称是某平台的工作人员，并向小杨详细讲解了刷单流程，承诺商家代付和高额返现，小杨听对方说的头头是道，也就慢慢放下了戒备心。抱着试试看的心态，小杨完成了第一单，随后收到退回的本金和几十元佣金。尝到甜头后，小杨彻底放下了对对方的防范意识。随后，对方要求小杨下载某App，小杨按照对方提供的手机号码登录软件，对方指定了一款面额较大的商品，让小杨使用自己的花呗分期付款。操作完成后，对方又要求小杨使用借呗再次操作。此时，小杨猛然意识到自己可能被骗了，于是拒绝了对方的指令，并立即打电话报警。

为尽快帮助小杨追回被骗资金，警方立即拨打网购平台客服电话查询退款退单方法，并将案情进行了通报。随后，警方和网购平台立即对该涉案商品单号进行拦截处理，并将小杨支付的资金退回到了小杨的支付宝账户中。

所谓的"网络刷单"，很大概率都是诈骗，用户一定要树立较强的防骗意识，做到不轻信、不透露、不转账，避免上当受骗。即使被骗后，用户也一定要保持冷静，及时确认自己的损失情况，列出损失清单，通过正规渠道报警。

6.3.2　电子商务安全的日常防范措施

除了树立安全防范意识，做好电子商务安全的日常防范也十分重要。电子商务安全的日常防范措施可以帮助用户在一定程度上降低安全风险，保证用户免受非法用户的侵害。常用的电子商务安全的防范措施如下。

（1）安装防火墙与杀毒软件，阻挡来自外界的威胁。

（2）禁止磁盘或文件自动运行，在网络中下载的文件、程序或手机应用软件，经过杀毒软件查杀后再打开。

（3）对重要的文件加密并备份。

（4）密码设置尽量复杂，不使用生日、身份证号码等容易被破解的密码，且养成定期修改密码的习惯。

（5）对于收到的陌生文件，不随意接收和打开，要先进行病毒查杀或拒收。

（6）使用手机上网时，不随意连接公众场所的免费Wi-Fi，避免信息泄露。

（7）及时更新运行系统，防止因系统漏洞而造成损失。

（8）不随便打开短信或邮箱中的链接，不随便扫描二维码。

6.3.3　建立电子商务安全管理制度

建立科学合理的电子商务安全管理制度，如人员管理制度、保密制度、跟踪审计制度和病毒防范制度等，可以更好地进行电子商务安全管理。

（1）人员管理制度。人员管理制度主要包括人员的选拔、工作责任的落实和安全运作所必须遵循的基本原则等相应的工作制度。

（2）保密制度。保密制度主要用于确保电子商务系统涉及企业的市场、生产、财务和供应链等多方面的机密不被泄露。建议电子商务系统对这些信息按安全级别划分，并加大对重点防范对象的监督，制订不同的保密措施。

（3）跟踪审计制度。跟踪审计制度即网络交易日志机制，用来记录网络交易过程。检查、审查系统日志，以发现隐藏的安全隐患，并监控各种安全事故，从而维护和管理系统安全。

（4）网络系统的日常维护制度。网络系统的日常维护制度即硬件和软件的日常维护。硬件维护主要是指定期巡查、检修相关的网络设备服务器、客户机和通信线路；软件维护主要是定期清理和整理、监测软件，并卸载过期软件，升级软件性能等。

（5）病毒防范制度。建立完善的防病毒系统的整体安全规划和安全策略，做好防病毒系统的安装、调试、检测、监控、维护、版本升级和病毒代码库更新等工作。

（6）数据备份与恢复制度。为了避免电子商务系统受到意外自然灾害或黑客攻击而遭受重大破坏，需要建立相应的数据备份与恢复制度。数据备份一般包括对信息系统数据的存储，定期为重要信息备份、系统设备备份、定期更新备份。数据恢复是在数据遭受破坏时尽可能地保证数据资源的完整性，以降低活动的风险。

6.4 案例分析——新媒体与电子商务融合下的支付安全

自新媒体时代到来后，我国计算机技术得到了进一步发展，愈加普及并被应用到社会的方方面面，为新媒体与电子商务的融合发展提供了便利条件，切实改变了人们的生活和经营方式。

6.4.1 新媒体与电子商务的融合

20世纪60年代，"新媒体"这一概念首次出现，主要是指电子媒体中的创新性应用。发展至今，新媒体已经成为一个宽泛的概念，是指利用数字技术、网络技术，通过互联网、宽带局域网、无线通信网等渠道，以及计算机、手机、数字电视机等终端，向用户提供信息和娱乐服务的传播形态。例如，移动电视、微博、微信、网络直播平台、短视频平台等都属于新媒体。

在新媒体蓬勃发展的背景下，电子商务企业为了获得可持续、高质量的发展，抓住、抓牢市场机遇，走品牌化路线，充分利用了新媒体的优势，与自身的商品营销传播进行了整合，拓宽了自身的营销渠道，扩大了营销信息传播的范围。

新媒体与电子商务的融合，促进了电子商务发展模式的改革创新，改变了电子商务传统的销售理念和方式方法。基于新媒体融合下的电子商务企业，在宣传商品时可通过抖音官方账号、微博"大V"推广等多种渠道，达到低成本、高效益的宣传效果，这也是电子商务行业发展的必然趋势。

6.4.2 新媒体环境下电子商务的支付安全问题

新媒体与电子商务融合后，电子商务活动的开展更加便捷，但同时电子商务的支付安全问题也随之出现。新媒体环境下电子商务的支付安全问题主要包括以下3个方面。

1. 系统安全问题

通过网络，计算机系统病毒能够快速、大范围地传播，用户的平板电脑、手机等电子移动设备都存在一定的系统安全风险。用户在使用微信、QQ、微博等新媒体软件时，一旦点击携带病毒代码的网页链接，系统就会被病毒快速感染。另外，在新媒体时代，各大品牌在新媒体中的销售链接也是黑客攻击的主要目标，黑客会通过编写专业程序非法入侵电子商务服务器，盗取电子商务服务器内贮存的重要信息。

2. 信息安全问题

信息安全问题包括假冒合法用户和信息泄露两个方面。前者主要是不法分子会利用交易双方无法见面且难以有效识别身份等漏洞，采取不正当手段窃取合法用户的身份信息，并用窃取来的身份信息进行身份认证，从而冒充合法用户获取不正当利益；后者主要是不法分子会利用非法手段攻击网站，窃取交易双方的数据传输内容，从而获取交易双方的用户名及密码等关键性信息。

3. 安全协议问题

我国电子支付大多采取安全套接层协议和安全电子交易协议，这两种协议既被用户熟知，也是我国网络支付的标准。然而，安全套接层协议有一个突出的问题：商家通过新媒体销售商品，但消费者却无从验证其身份信息，这就使得两者的信息安全保护不在同一个层面上，一旦消费者与不法商家交易，消费者将无从查找相关信息。

6.4.3　新媒体与电子商务融合下支付安全性的提升

为了提升新媒体与电子商务融合下的支付安全水平，可以从以下两个方面入手。

1. 确保支付平台安全

要想解决支付安全问题，就必须对木马、病毒加强防范，提高电子商务支付平台的安全等级。就电子商务支付平台而言，交易率越高、交易量越大，就越容易受到木马、病毒的入侵，所以电子商务支付平台必须全面封锁病毒，并且定期对计算机进行病毒查杀。此外，电子商务支付平台必须加强防火墙设置，以此来阻止黑客攻击和病毒入侵，从而确保计算机正常运行、提高电子商务支付平台的安全性能。

2. 加强信息安全

为解决电子商务的信息安全问题，电子商务交易的双方可以通过信用记录查询的方式，识别对方的身份信息，展开可信度判断，从而使电子商务活动更加规范有序。

另外，要保证支付安全，电子商务从业人员还应当与时俱进，不断提高自己的安全责任意识，增强网络、系统的安全性能。

根据上述材料，分析以下问题。

（1）新媒体环境下电子商务的支付安全问题主要有哪些？

（2）如何提高电子商务的支付安全性？

任务实训

随着电子商务在工作、生活领域的逐渐深入，电子商务已经成为新经济的重要组成部分，并逐渐上升到了国家战略层面，因此，电子商务安全作为电子商务发展的重要保障，也成为了被重点关注的对象。为了更好地理解电子商务安全的基础知识，下面将通过实训来巩固所学知识。

【实训目标】

（1）了解电子商务安全事件的情况与所面临的威胁。

（2）了解数据加密的原理与方法。

（3）了解身份认证技术的原理与方法。

（4）掌握日常维护电子商务安全的方法。

【实训内容】

（1）收集并分析电子商务安全事件案例，最后完成表6-1所示的电子商务安全事件分析表。

表6-1　电子商务安全事件分析表

事件描述	原因分析	维权方法	防范方法

（2）分析不同的加密技术，并对比不同加密技术的优缺点。

（3）了解如今常用的身份认证技术，查阅资料说说这些身份认证技术是如何实现的，都有哪些特点。

（4）在计算机、手机或平板电脑等设备中安装合适的杀毒软件，并检测设备。同时备份重要的文件，清理设备中的垃圾文件和历史记录信息。

课后习题

1. 名词解释

（1）网络钓鱼　（2）对称加密技术　（3）数字信封　（4）SSL　（5）SET

2. 单项选择题

（1）下面选项中，关于电子商务安全的说法正确的是（　　　）。

A. 电子商务安全就是指电子商务信息的安全，即信息的存储和传输安全

B. 木马程序是一种特殊病毒，具有病毒的所有特征，并能远程操控用户的计算机

C. 网络钓鱼是电子商务面临的一种常见安全威胁，一般通过假冒网站、手机银行和运营商向用户发送诈骗信息

D. 应用程序和系统漏洞对用户使用的影响不大，因此可以暂不更新

（2）数字摘要主要采用（　　）方法来进行消息的验证，以证实消息来源的有效性，防止数据被伪造、篡改。

A. 单向哈希函数　B. DES　　　　C. PKI　　　　　D. RSA

（3）通过比较不同掌纹的细节和特征来进行身份鉴别，属于（　　）技术。

A. 掌纹识别　　　B. 虹膜识别　　　C. 声音识别　　　D. 人脸识别

（4）下列选项中，有关电子商务安全防范意识的说法，错误的是（　　　）。

A. 不要轻易泄露姓名、身份证号码、银行卡等个人信息

B. 不要长期使用固定密码，可定期修改密码

C. 使用手机上网时，不要随意连接公众场所的免费Wi-Fi

D. 可以任意安装在手机网站上搜索到的App

3. 多项选择题

（1）电子商务安全要满足的安全性要求有（　　　）。

A. 机密性　　　　B. 完整性　　　　C. 认证性　　　　D. 不可否认性

（2）加密技术主要包含（　　）。

A. 对称加密技术　　　　　　　B. 非对称加密技术

C. 数据保密技术　　　　　　　D. 数字签名技术

（3）电子商务安全协议主要包括（　　）。

A. SSL　　　　B. SET　　　　C. HTML　　　　D. PKI

（4）数字时间戳是一个权威的第三方，用于验证交易日期和时间。它需要经过加密后形成凭证文档，主要包括（　　）。

A. 标志机构　　　　　　　　　B. 需加时间戳的文件的摘要

C. 发送和接收文件的日期和时间　D. 数字签名

（5）下列选项中，属于常见网络诈骗方式的有（　　）。

A. 称中了大奖，并提供链接查看，若需领奖需缴纳手续费

B. 通过相似性的网站地址诱骗用户访问，获取登录信息

C. 注册与某个已拍下商品的消费者的相似账号，然后要求商家修改地址

D. 冒充公检法司法机关工作人员，并以配合工作为借口获取用户手机动态验证码

4. 思考题

（1）电子商务面临的主要安全威胁有哪些？

（2）电子商务防火墙技术的作用主要包括哪几个方面？

（3）SSL、SET分别是什么？有什么作用？

（4）用户进行日常电子商务活动时，应该如何采取措施来进行安全维护？

5. 案例分析题

网购退款诈骗

"双11"当天，陈某在网上购买了几件毛衫。第二天他接到一条短信："您好！我是店铺掌柜，你购买的商品因系统升级导致商品订单被冻结，请尽快联系客服（退款电话400-××××-390）办理人工退款。"陈某收到短信后就通过对方留下的客服电话与其取得联系，对方说出了陈某的名字、手机号码、网购地址，并告知陈某其所购买的毛衫中有一件未交易成功。见对方说的信息无误，有着多年网购史的陈某放松了警惕，对方先后向他索要和支付宝相关联的银行卡卡号和手机收到的验证码，他没有多想便告诉了对方。过了一会儿，他就收到一条银行发来的短信，提示卡内的 3 000 元被转走，这时陈某才意识到自己被骗了。

根据上述材料，分析以下问题。

（1）电子商务面临哪些安全威胁？

（2）上述诈骗案例中，不法分子利用了哪些手段实施了诈骗？

（3）开展电子商务活动应该具备哪些安全防范意识？

第7章

电子支付

【课前预习】

预习课程	电子支付	时间：30分钟
预习方式	1. 在网络中搜索《中国支付清算发展报告（2020）》，了解电子商务支付的有关情况。 2. 浏览本章内容，熟悉本章的知识结构。 3. 阅读下面的案例并回答问题。 **中国领先的第三方支付平台——微信支付** 微信支付是我国领先的第三方支付平台，其一直致力于为个人用户、商家、企业提供安全、便捷、专业的在线支付服务。近年来，微信支付以"微信支付，不止支付"为核心理念，为个人用户创造了多种便民服务和应用场景，为商家、企业提供了专业的收款能力、运营能力、资金结算解决方案，以及安全保障。 2013年8月5日，微信5.0推出，正式开启了微信支付模式；2013年12月，微信支付开始招募商家，拓展商家支付场景等；2014年，微信支付开始在移动支付端发力，一方面完善自身机制，另一方面丰富支付场景，并推出面对面收钱、转账等功能；2017年9月，微信支付接入公交支付；2019年10月，微信支付钱包入口上线银行储蓄服务。截至2021年，微信支付已经实现微信二维码扫码支付、刷脸支付等支付方式，并提供企业红包、代金券、立减优惠等营销新工具，其满足了不同类型用户的多种支付场景，使得小到煎饼摊、包子铺，大到商场超市和餐厅等场景都可以看见微信支付的身影。 为保护个人用户、商家、企业的资金安全，微信支付在转账环节设置了保护机制（如防盗机制、风险提示、微信支付百万保障等），在安全入口独创了微信支付加密功能，为微信支付的安全保驾护航。 思考：（1）什么是第三方支付？ （2）电子商务支付方式还有哪些？	
预习目标	1. 能够通过《中国支付清算发展报告（2020）》，了解电子商务支付的现状。 2. 能够通过课前预习，回答案例中提出的问题。 3. 通过课前预习，熟悉本章所讲述的知识。	
疑难点总结		

7.1 电子支付概述

随着支付技术的日益进步，网上银行转账、在线支付等电子支付方式蓬勃发展，这不仅大大方便了人们的生活，也改变了人们的日常支付习惯。目前，电子支付具有的流动性高、操作简单、快捷方便等特点，让电子商务交易变得更加便捷。

7.1.1 电子支付的概念

电子支付（Electronic Payment）是指电子交易的当事人（包括消费者、企业和金融机构）使用安全电子支付手段，通过网络进行的货币支付或资金流转。在普通的电子商务中，电子支付可以理解为：消费者、商家、企业、中间机构和银行等通过互联网进行的资金流转，其实现方式很多，包括信用卡、电子支票和电子钱包等。

实际上，较早的电子支付是指银行间的业务办理结算，后在该基础上不断发展和演变，并逐渐形成了如今的网上支付、移动支付等。图7-1所示为电子支付的发展阶段。

扫码阅读

电子支付与传统支付的区别

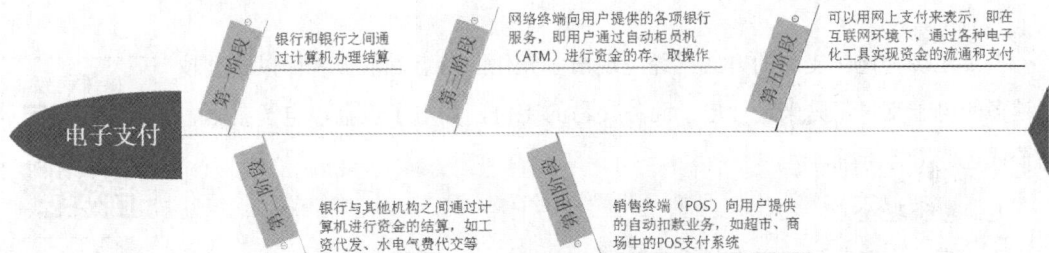

图7-1　电子支付的发展阶段

7.1.2 电子支付的分类

按电子支付指令的发起方式，电子支付可以分为电话支付、网上支付、移动支付、自动柜员机支付、数字电视支付、POS机刷卡支付等多种类型。如今比较常用的有POS机刷卡支付、网上支付、移动支付。

1. POS机刷卡支付

POS机刷卡支付在超市、连锁店、商场、餐厅等较为常见，主要是先由读卡器读取消费者银行卡上的持卡人磁条信息，再由操作人员输入交易金额，持卡人输入个人识别信息（即密码），然后POS机把这些信息通过银联中心上传至发卡银行系统，完成联机交易，给出支付成功与否的信息，支付成功后会打印出相应的票据。

2. 网上支付

网上支付又称为网络在线支付，通过计算机、互联网实现买卖双方的在线货币支付、资金清算等，由此为电子商务服务和其他服务提供金融支持。网上支付主要包括网上银行支付和第三方支付两种类型。

（1）网上银行支付。网上银行支付是银行卡的网上银行功能，进入相应的网上银行个人账户，即在该账户中办理查询、转账、对账等业务。网上银行通过互联网的提交渠道接受消费者办理业务的申请，打破了传统商业银行的运行模式，所以通过网上银行可以在任何时间、任何地点办理业务，突破了时间、空间的限制。

（2）第三方支付。第三方支付现已成为我国电子商务活动中的常用支付方式，是指具有一定实力和信誉保障的独立机构，采用与各大银行签约的方式，提供与银行支付结算系统对接的交易支持平台的网络支付模式。支付宝、微信支付就是典型的第三方支付方式。

3. 移动支付

移动支付是电子支付方式的一种重要表现形式。随着通信网络的不断完善，互联网、移动通信和计算机等技术相结合催生出了移动支付。移动支付是原有的电子支付方式发展到一定阶段的产物，在移动电子商务领域中得到了广泛应用。

7.1.3　电子支付的方式

发展至今，电子支付的方式已经呈现出多元化的特点，消费者可以通过越来越多的电子支付工具来进行电子商务交易的支付，如电子现金、电子票据、电子钱包、银行卡等。

微课视频

1. 电子现金

电子现金实际是纸币现金的电子化或数字模拟，以数字信息的形式在互联网中流通，可以直接用于电子商务交易。电子现金主要是将现金的数值转换为一系列加密序列数，然后用这些加密序列数来表示不同的币值，以实现电子支付。

电子现金具有安全、方便和经济等特点，在使用过程中涉及商家、消费者和银行3个主体，需要经过提取、支付和存款3个过程。

（1）提取。消费者与银行执行提款协议从银行提取电子现金。

（2）支付。消费者与商家执行支付协议支付电子现金。

（3）存款。商家与银行执行存款协议将交易所得的电子现金存入银行。

2. 电子票据

电子票据是电子化的票据，借鉴了纸质票据关于汇兑、支付、结算、信用、融资等功能，利用数字网络将钱款从一个账户转移到另一个账户，通过电子化的方式代替纸张进行资金的传输。票据当事人以网络计算机技术为依托，以电子签名为基础，再通过电子方式依法发出票据流通和支付指令来完成交易。

电子票据的形式多样,比较常用的是电子支票。电子支票是纸质支票的电子化,通过借鉴纸质支票转移支付的优点,利用数字传递将钱款从一个账户转移到另一个账户的一种电子支付方式。电子支票的支付过程包括开具电子支票、电子支票付款和资金清算3个方面。首先消费者要在提供电子支票服务的银行注册,获得电子支票,然后才能使用电子支票向商家支付,最后商家根据自己的需要定期将电子支票存到银行,进行资金清算。

3. 电子钱包

电子钱包是一种支付结算的工具,可以用于网上消费、账户管理等,持卡人需要预先在其中存入一定的金额,交易时将直接从储值账户中扣除交易金额,可以看作一种网上购物的新型"钱包"。电子钱包不仅可以进行支付结算,还能进行电子安全证书的申请、存储和删除等管理操作。

4. 银行卡

银行卡支付的使用频率较高。在B2C及C2C电子商务活动中,银行卡的使用很广泛。按照结算方式,银行卡可以分为信用卡、借记卡和复合卡3种。

(1)信用卡。信用卡也叫贷记卡,是商业银行等金融机构发放给持卡人并为其提供自主借款权的信用证明。信用卡由商业银行或专门的信用卡公司签发,持卡人凭卡可以在银行规定的信用额度内消费或支取现金。信用卡根据持卡人的资信等级,设有不同的信用额度,一般来说,资信等级越高信用额度也越高。另外,信用卡要求持卡人在规定的期限内结清余额,否则将支付多余的利息。

(2)借记卡。借记卡是银行向持卡人签发的没有信用额度的银行卡,它要求持卡人必须先存款、后使用。借记卡主要用于消费和ATM存取,是目前使用较多的一种银行卡。

(3)复合卡。复合卡是一种兼具贷记卡和借记卡功能的银行卡,它要求持卡人必须事先在发卡行缴存一定金额的备用金,当备用金不足时,可以透支复合卡内一定信用额度的资金。

7.2 网上银行

网上银行又称网络银行、虚拟银行或在线银行,是指银行利用网络技术在互联网上开设的银行。网上银行于21世纪初在我国兴起,它的快速发展和推广应用,极大地降低了银行的经营成本,提高了资金的周转速度。

7.2.1 网上银行的分类

网上银行实质上是传统银行业务在网络中的延伸,采用互联网数字通信技术,以互联网作为基础的交易平台和服务渠道,为用户提供开户、销户、查询、对账、转账、信贷、网上证券和投资理财等全方位的服务。根据不同的分类标准,网上银行可以分为不同的类型。

1. 根据服务对象分类

根据服务对象的不同,网上银行可以分为个人网上银行和企业网上银行。

（1）个人网上银行。个人网上银行主要为个人提供网上银行服务（如账户查询、投资理财和在线支付等），这样，个人用户足不出户就能安全、便捷地完成各项金融服务的操作。但是，个人用户需要先持本人身份证、银行卡到开卡银行申请开通个人网上银行，获得电子证书并成功安装后即可使用个人网上银行。

（2）企业网上银行。企业网上银行主要为企业、政府部门等企事业单位服务。企事业单位通过企业网上银行可以了解自己的财务运作情况，进行内部资金调配、账户管理、收付款、贷款和投资理财等操作。

2. 根据经营组织形式分类

根据经营组织形式的不同，网上银行可以分为分支型网上银行和纯网上银行两类。

（1）分支型网上银行。分支型网上银行指现有的传统银行利用互联网作为新的服务手段、建立银行站点、提供在线服务而设立的网上银行。这种类型的网上银行可以看作传统银行的一个特殊分支机构或营业点，又称为网上分行、网上柜台或网上分理处等。分支型网上银行不仅可以独立开展金融业务（如财务查询、转账和在线支付等），还能为其他非网上机构提供辅助服务。

（2）纯网上银行。纯网上银行又称虚拟银行，是指仅以互联网为依托提供服务的网络银行。纯网上银行本身就是一家银行，除了后台处理中心，一般只有一个具体的办公

> **课堂讨论**
>
> 纯网上银行与传统银行有什么区别？你了解我国的纯网上银行有哪些吗？

场所，没有具体的分支机构、营业柜台和营业人员，所有的业务都通过网络来完成。全球第一家网上银行——安全第一网上银行（SFNB）就是完全依赖互联网发展起来的纯网上银行。

> **专家提示**
>
> 网上银行也可以理解为传统银行柜台的网络化，它不用像传统银行柜台那样设置众多的分支机构，只要建立一个统一的网上银行网站，用户就能通过互联网在任何地点、任何时刻获得银行提供的个性化的全方位服务。网上银行通过互联网上的虚拟银行来代替银行大厅和营业网点，因此，其本质还是支付中介。

7.2.2 网上银行的功能

伴随着互联网技术的发展与用户需求的不断变化，网上银行的功能也在不断地延伸，网上银行的功能主要有以下6种。

1. 提供信息

网上银行是传统银行的网络化，为了让用户了解网上银行的相关业务和服务，网上银行一般会在网站上提供基本信息，包括银行的历史背景、企业文化、经营范围、网点分布、业务品质、经营状况，以及金融新闻和企业资讯等。这些信息不仅能够让用户更加了解网上银行的相关业务和操作方法，还能起到宣传推广网上银行的作用。

2. 账户管理

网上银行能够提供完善的账户管理服务，包括用户的账户状态、账户余额、交易明细等查询服务；账户自主管理，如新账户追加、账户密码修改和账户删除等；账户挂失与申请等服务。通过网上银行，用户可以清楚地了解这些业务的办理方法并免除了去柜台办理的麻烦，通过在线填写信息、提交资料的方式简化了办理手续。

3. 转账汇款

转账汇款是用户使用较频繁的功能。通过网上银行，用户可以实现多种账户之间的转账汇款，同时，网上银行可记录用户的转账记录，可保存收款人的信息，通过收款人名册可以直接选择收款人信息，避免了信息重复输入造成的失误。图7-2所示为中国银行网上银行转账汇款功能所包含的服务。

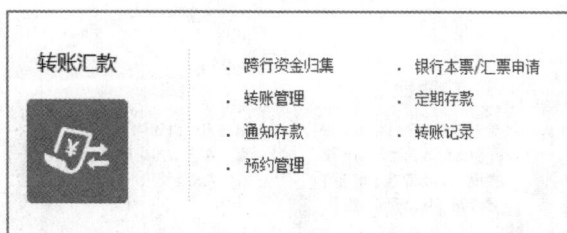

图7-2　中国银行网上银行转账汇款功能所包含的服务

4. 在线支付

在线支付功能随着电子商务的发展应运而生，是一种向用户提供的互联网上的资金实时结算功能。用户在进行电子商务活动时，需要使用在线支付进行资金的转移，保证交易的完整与正常，如在线支付订单。此外，通过网上银行的在线支付功能，用户还能为本人或他人缴纳水费、电费、燃气费、手机话费等各种费用。用户也可以预先设定缴费的时间和频率，系统将定时自动缴费。

5. 投资理财

投资理财也是网上银行的常见功能。用户可以利用网上银行合理安排资金，运用银行理财产品、基金、股票、保险、贵金属等投资理财工具管理和分配资金，达到保值增值的目的。图7-3所示为中国银行网上银行投资理财功能所包含的服务。

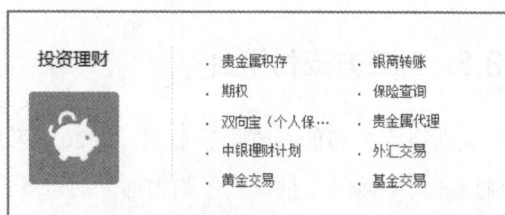

图7-3　中国银行网上银行投资理财功能所包含的服务

6. 融资贷款

融资贷款是随着网上银行的逐步发展而出现的功能，企业可以通过网上银行筹集资金，以保证生产、经营管理等的正常运转。一般来说，企业在网上银行可以查询融资贷款的额度并发起相关的业务申请，网上银行的融资贷款业务可满足高频、小额的资金需求。

7.3 第三方支付

第三方支付又称非金融机构支付，是买卖双方在交易过程中的资金"中间平台"。换句话说，第三方支付并不涉及资金所有权，仅起中转作用，为买卖双方提供资金代收代付服务，以促进交易的完成。

微课视频

7.3.1 第三方支付的特点

与网上银行和传统的支付手段相比，第三方支付能够有效规避交易风险。同时，第三方支付的出现促进了电子商务的发展。第三方支付的特点如图7-4所示。

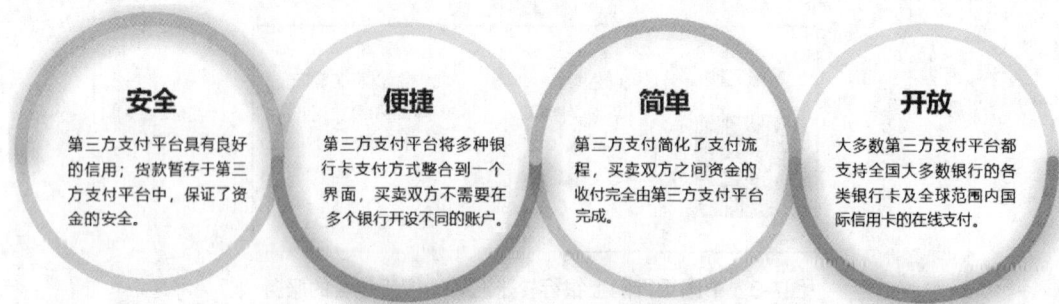

安全
第三方支付平台具有良好的信用；货款暂存于第三方支付平台中，保证了资金的安全。

便捷
第三方支付平台将多种银行卡支付方式整合到一个界面，买卖双方不需要在多个银行开设不同的账户。

简单
第三方支付简化了支付流程，买卖双方之间资金的收付完全由第三方支付平台完成。

开放
大多数第三方支付平台都支持全国大多数银行的各类银行卡及全球范围内国际信用卡的在线支付。

图7-4　第三方支付的特点

素养提升

近年来，随着我国经济的快速发展和"互联网＋"的大力推进，第三方支付在全国范围内得到了大力推广。目前，第三方支付已经成为我国主流的电子支付类型，除了基础的支付功能，其还利用自身数据沉淀等优势，加快了交通、服务业等多领域多产业的转型升级，为经济产业结构改革注入了新动力。

7.3.2 第三方支付平台

艾瑞咨询发布的相关报告显示，2020年第1季度支付宝以55.4%的市场占有率位列第一，财付通（其中微信支付贡献了绝大部分的市场份额）以38.8%的市场占有率位列第二，除此之外，壹钱包、翼支付也是常用的第三方支付平台。

1. 支付宝

支付宝是阿里巴巴集团于2003年推出的第三方支付平台，也是目前国内较大的第三方支付平台，近几年的市场份额均保持在50%左右。根据支付宝官方发布的数据，截至2020年6月，支付宝全球用户数超过10亿，且有超过7亿的活跃用户。

支付宝之所以有如此的成绩，除了推出时间早，还与其"可以办到的事情多"、较多的促销活动分不开。在支付宝中，除了转账收款服务，用户还可以享受生活便民、公益教育、旅行票务、娱乐网购等多种服务，图7-5所示为支付宝生活便民服务的详细内容。

图7-5 支付宝生活便民服务的详细内容

2. 财付通

财付通是腾讯公司于2005年9月推出的在线支付平台，其市场份额仅次于支付宝，近几年的市场份额均保持在35%以上。财付通依靠腾讯公司拥有微信和QQ超过10亿活跃用户的优势，同时借助微信支付、QQ钱包两种新支付方式，进一步扩大市场份额。

微信支付是财付通的重点，实质是基于微信社交关系链延伸的功能，源自用户间彼此转账的社交需求。与支付宝兼具支付、储蓄、理财等功能相比，微信支付更像是一个简易、方便的钱包。支付宝一直是线上购物的重要支付工具，涉及的金额较大。而在线下支付场景中，微信支付率先进行了大规模的线下支付场景推广，一般来说，线下支付场景涉及的支付金额小，用户不用过分担心受到损失，因此用户乐于接受微信支付这种便捷的支付方式。同时，微信培养了用户使用微信支付的习惯，在线下支付场景中，人们习惯性地使用微信支付完成交易。在使用人数和支付数量上，微信支付是远超支付宝的。

3. 壹钱包

壹钱包是中国平安于2006年推出的第三方支付平台，主要聚焦于理财、购物、生活、支付、积分等金融增值及消费场景，能够为用户提供覆盖线上线下的安全、高效、便捷的金融理财与消费支付服务。图7-6所示为壹钱包提供的服务详情。

图7-6 壹钱包提供的服务详情

不同于支付宝、财付通，壹钱包借助中国平安强大的金融资源，通过创新支付功能高效连接金融和用户场景，有力地解决了支付和金融分离的问题。壹钱包中有很多专为用户定制的创新金融产品，用户可以根据个人需要定制，有利于引导用户将闲置资金存入壹钱包的理财账户。

4. 云闪付

云闪付是中国银联携手各家商业银行、支付机构等共同开发建设、运营维护的第三方支付平台，具有卡管理、收付款、看优惠3大核心功能。其中，看优惠是云闪付非常有特色的功能，可以基于地理定位实时查看周边优惠，包括美食购物、娱乐旅行、生活服务等的优惠信息。

作为便民示范工程的载体，近年来，云闪付围绕民生所需遍布了商超便利店、公交地铁、菜市场、餐饮店、校园、医院等多个场景，并不断挖掘适宜的热点场景，开发新功能。

7.3.3 第三方支付交易流程

传统交易模式下，交易流程主要为：一手交钱一手交货，交易结束时资金流通也同时结束。第三方支付的交易流程与传统交易流程存在较大差别，图7-7所示为第三方支付的详细交易流程。

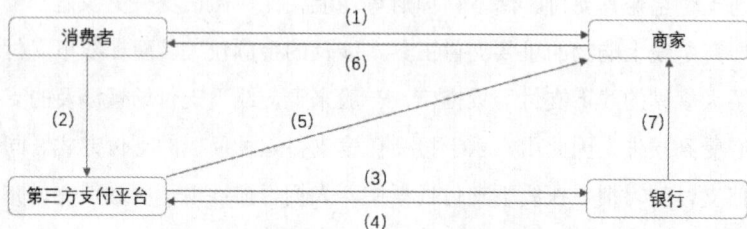

图7-7 第三方支付的详细交易流程

（1）消费者浏览商品并提交订单。

（2）消费者选择第三方支付平台作为交易中介，直接在支付页面中选择所需支付方式后，发起支付操作。

（3）第三方支付平台向银行发起支付请求。

（4）银行检查消费者的支付能力，实行划账操作。

（5）第三方支付平台通知商家，消费者的资金已到账，要求商家在规定时间内发货。

（6）商家收到消费者已付款的通知后按订单发货。

（7）消费者确认收货后，第三方支付平台将资金划入商家的银行账户中。

素养提升

如今，很多第三方支付平台都提供了借贷服务，不少用户没有顾忌地在第三方支付平台上进行借贷。需要注意的是，用户不能按时还款，就会影响信用，会对以后的各种消费行为产生影响。有的用户甚至还会在不同平台借贷，陷入"拆东墙补西墙"的恶性循环，在陷入焦虑情绪的同时也会埋下无法偿债的隐患。因此，用户应该根据自身的还款能力，合理借贷、合理消费，即使借贷的资金少，也要有控制力。

7.4 移动支付

移动支付是电子支付的另一种常用形式，是指用户使用移动终端，通过接入通信网络或使用近距离通信技术完成信息交互，资金从支付方向受付方转移，从而实现支付目的的一种方式。移动支付无须烦琐的手续，操作简单、方便，随着人们对移动支付的接受度和信任度越来越高，移动支付在日常生活各个领域中的使用范围也越来越广。

7.4.1 移动支付的方式

在国家大力投资新型基础设施建设的背景下，移动支付的方式也在不断创新，并呈现出多元化的发展态势。目前，移动支付的主流方式主要包括条码支付、二维码支付、近距离无线通信（Near Field Communication，NFC）支付和刷脸支付4种。

1. 条码支付

条码支付是一种现场支付方式。在该支付方式下，商家直接通过收银系统或手机，输入收款金额，扫描消费者手机上的条形码即可发起收款，消费者在手机上完成付款。条码支付多用于日常生活消费场景，如超市、便利店、餐饮店、自动售货机等。

2. 二维码支付

中国支付清算协会发布的《2020年移动支付用户问卷调查报告》显示，移动支付方式中，二维码支付占比高达95.2%，购物、餐饮、出行、医疗服务、各种缴费等都可以通过二维码支付的方式来结算，其中支付宝扫码支付和微信扫码支付较为典型。

二维码支付是一种基于账户体系搭建的无线支付方式，通过把账号、商品价格等交易信息汇集到一个二维码中，然后用手机扫描二维码来完成交易。二维码支付主要有两种支付方式：一是消费者让商家扫描付款码付款；二是由消费者扫描商家给出的二维码转账付款。不管采用哪种方式付款，二维码支付都需要具备二维码、扫码设备和网络3个要素。

3. NFC支付

《2020年移动支付用户问卷调查报告》显示，消费者搭乘公共交通时既可以使用二维码支付，也可以使用NFC支付。所谓NFC支付，是指消费者在支付时采用近距离无线通信技术在手机等手持设备中完成支付行为。

NFC支付需要在线下面对面支付，但不需要使用无线网络。需要注意的是，使用NFC支付需要支付设备支持NFC技术。

4. 刷脸支付

刷脸支付是一种基于人工智能、机器视觉、大数据等技术实现的新型支付方式，具有便捷、安全、体验好等优势。使用这种支付方式，消费者不需要钱包、信用卡或手机，只需要面对POS机屏幕上的摄像头，系统便会自动地将消费者面部信息与个人账户相关联并完成支付，图7-8所示为刷脸支付的使用场景。

图7-8　刷脸支付的使用场景

🔍 **案例阅读**

刷脸支付的应用

2018年12月，支付宝推出刷脸支付产品——蜻蜓，2019年3月，微信刷脸支付产品——青蛙正式上线，两者都在后期陆续推出了相关的系列产品。为了推广刷脸支付，支付宝和微信先后发布了补贴政策。

在支付宝和微信的全面布局和大力推广下，刷脸支付被大面积普及。相较于二维码支付，刷脸支付的支付场景更为有趣，且更加便捷，如在手提重物的情况下也能轻松支付。同时，刷脸支付能更好地为商家开源节流，据支付宝统计，一台刷脸设备每天的工作量相当于3个收银员，假如10个消费者同时结账，传统模式用时约60秒，而刷脸支付只需10秒左右的时间便可完成。

尽管刷脸支付拥有众多优势，但是目前也有很多消费者对刷脸支付持"观望"态度。这是因为，消费者使用刷脸支付首先要进行面部识别完成身份认证，然后在刷脸支付的应用场景中进行面部扫描确认身份完成支付。这就涉及消费者的隐私问题，如果刷脸支付技术存在较大的漏洞，造成隐私信息泄露，对消费者来说是巨大的安全隐患。

目前，药店、超市、便利店等众多线下零售场景，已经开始向消费者提供刷脸支付服务。刷脸支付在全国覆盖的城市已经超过一百个。随着刷脸收款设备技术的逐步完善，相信在未来，刷脸支付方式将逐渐流行。

刷脸支付属于典型的生物识别支付，随着移动支付与金融领域的加速融合，未来生物识别支付有可能会出现更多的形式。一般来说，任何新技术的推广都需要一个过程，要想缩短这个过程，就需要更多贴合商家需求的功能和应用场景的落地，以及安全性的保障。

7.4.2　移动支付交易流程

目前，移动支付覆盖的领域非常广，包括缴费、购物、娱乐、教育、旅游等多种行业和场景。移动支付与普通支付的不同之处在于，交易资格审查的处理过程需要涉及移动网络运营商及其所使用的浏览协议。移动支付的具体交易流程详细说明如下。

（1）消费者通过互联网在商家提供的消费平台上选择商品，再将购买指令发送到商家管理系统。

（2）商家管理系统将购买指令发送到无线运营商综合管理系统，再通过该系统将信息发送至消费平台或消费者手机上请求确认。

（3）消费者通过手机或消费平台将确认的购买指令发送到商家管理系统。

（4）商家管理系统将消费者确认的购买指令转交给无线运营商综合管理系统，请求缴费操作。

（5）无线运营商综合管理系统在消费者缴费后将信息发送至商家管理系统，告知商家可以交付商品或服务，并保留记录。

（6）商家管理系统交付商品或服务给消费者，并保留交易记录。

7.5 案例分析——支付宝：电子商务大众支付平台

支付宝是阿里巴巴集团旗下的大众支付平台，致力于提供"简单、安全、快速"的支付解决方案。支付宝始终将信任作为产品或服务的核心，截至目前，支付宝与国内外超180家银行及金融机构建立了长期战略合作关系，成为银行及金融机构在电子支付领域拥有较高信任度的合作伙伴。

7.5.1 支付宝的发展历程

不同于同时期诞生的其他支付平台，支付宝一开始只面向淘宝网，即与淘宝网购物的应用场景相结合，服务于淘宝交易。而后支付宝独立发展，转型为独立支付平台，成为电子商务的基础服务平台，担当"电子钱包"的角色。

1. 淘宝网支付工具

2003年，淘宝网正式推出支付宝，主要针对淘宝网购物信用问题构建了担保交易模式。消费者选购商品后，使用支付宝提供的账户支付，由支付宝通知商家资金到位，告知商家可以发货；消费者收到并检验商品后，通知支付宝付款给商家，并由支付宝将资金转至商家账户。在这一阶段，支付宝主要充当的是淘宝网资金流工具的角色，有效降低了网上购物的交易风险。

2. 独立支付平台

2004年12月，支付宝从淘宝网拆分出来后，支付宝网站上线，并通过浙江支付宝网络科技有限公司独立运营，支付宝从淘宝网的第三方担保平台向独立支付平台发展。2008年10月，支付宝宣布正式进入公共事业性缴费市场，并推出WAP手机版，布局移动领域。2010年11月，支付宝启动"聚生活"战略，从缴费服务平台转型为生活资源整合平台，同年12月，支付宝推出快捷支付功能。支付宝首创的担保交易付款模式极大地推动了我国网上购物的发展，且对企业间交易互联网化有很大的促进作用。

3. 线上线下融合的场景支付平台

从2011年发展至今，支付宝已经成了线上线下融合的场景支付平台。2011年7月，支付宝推出手机支付产品——条码支付；2012年4月，支付宝水电气缴费开通信用卡快捷支付；2013年6月，账户余额增值服务——余额宝正式上线；2013年11月，支付宝钱包正式宣布成为独立品牌；2014年10月，蚂蚁金服正式成立；2015年4月，蚂蚁花呗正式上线，同月推出支付宝借呗；2018年4月17日，由公安部第一研究所可信身份认证平台（Cyber Trusted Identity，CTID）认证的"居民身份证网上功能凭证"首次亮相支付宝；2020年，支付宝全球用户数超过了10亿。

由于支付宝不断丰富移动支付场景和服务，全国超过4 000万户小商家靠二维码贴纸实现收银数字化；人们在支付宝中可以办理社保、交通、民政等12大类的100多种业务。在金融理财领域，支付宝还推出了招财宝和股票等理财产品，目前使用支付宝理财产品的用户数已超过2亿。

7.5.2 支付宝的盈利模式

支付宝提供的商品或服务非常丰富，因此其获取收入的方式也多种多样，主要包括个人用户手续费、花呗和借呗盈利、金融投资盈利、企业平台服务费和广告收入等。

（1）个人用户手续费。自2016年10月12日起，支付宝对个人用户超出免费额度部分的提现收取0.1%的手续费，虽然仅有0.1%的提现手续费，但是支付宝上亿的用户体量，也将为支付宝增加不菲的额外收入。

（2）花呗和借呗盈利。花呗可在开通了花呗收款的商家中使用。商家开通花呗收款之后，消费者在商家店铺每消费一笔钱，支付宝就会按固定的比例收取商家的费用。并且消费者在使用花呗逾期或者使用借呗时，支付宝会按一定比例收取利息。

（3）金融投资盈利。当用户将钱存在余额宝等支付宝理财平台后，支付宝将利用用户投放的资金进行二次投资，以获取盈利。另外，支付宝的运行模式会导致用户资金停留在支付宝账户上，即产生沉淀资金，沉淀资金以交易保证金的形式存入合作的商业银行，以此获得利息收入。

（4）企业平台服务费。目前，支付宝除了为自己旗下的电子商务活动提供支付服务，还为很多网上零售、物流、网游、保险、生活缴费等行业的企业提供服务，这些企业都需要缴纳一定的费用给支付宝。针对不同的行业、不同的业务合作模式，支付宝采用不同的收费模式和标准，扣除相应的成本及和商家共同进行的营销推广活动中应承担的成本，形成最终的利润。

（5）广告收入。支付宝将从个人登录页面的显示链接广告和商家在支付宝的营销推广活动中获取一定的收益。

7.5.3 支付宝的安全体系

为解决网上支付的隐患和安全问题，支付宝一直在不断加强产品自身安全性保障，优化提升安全系数，如启用安全控件、短信校验服务、数字证书、第三方证书、支付盾、宝令、安全保护问题、安全策略、手机安全设置、面部识别支付技术等，在很大程度上保障了消费者、商家等的账户、交易、隐私等方面的安全。另外，支付宝的风险控制系统也可以在很大程度上保证账户安全，该系统会根据策略对交易风险进行打分，当交易风险过大时，系统会直接拒绝交易。

根据上述材料，分析以下问题。

（1）作为支付平台，支付宝是如何获取收入的？

（2）支付宝为什么这么受欢迎？

任务实训

电子商务规模的扩大，促进了电子商务支付行业的蓬勃发展，并对其产生了巨大的影响。电子商务支付行业的发展催生了大量非现金支付工具，并使其得到广泛运用，从而推动了产业升级与国民经济的繁荣增长，提高了人们的生活满意度。为了更好地理解电子商务支付的基础知识，下面将通过实训来巩固所学知识。

【实训目标】

（1）了解网上银行并掌握网上银行的相关业务功能。

（2）能够熟练申请和使用各种第三方支付平台，掌握第三方支付平台的交易流程。

（3）熟悉移动支付的相关知识，并选择移动支付平台进行实际操作。

【实训内容】

（1）访问中国工商银行、中国银行、招商银行、中国农业银行，分析不同网上银行的特点，完成表7-1所示的不同网上银行对比。

表7-1　不同网上银行对比

对比项	中国工商银行	中国银行	招商银行	中国农业银行
网页布局				
申请流程				
转账范围				
客户服务				

（2）登录支付宝和微信支付平台，了解这两个支付平台的功能，并使用这两个支付平台购买商品，感受其交易流程。

（3）下载并安装支付宝App，完成以下操作并总结移动支付的含义与使用方法。

① 在支付宝中绑定开通网上银行功能的银行卡，并在账户中充值。

② 使用支付宝为手机充值，用支付宝的余额付款。

③ 通过支付宝在线购物或缴纳水、电、燃气费，用支付宝绑定的银行卡付款。

④ 查看交易记录。

课后习题

1. 名词解释

（1）电子支付　（2）分支型网上银行　（3）第三方支付　（4）NFC支付

2. 单项选择题

（1）电子支付是指电子交易的当事人使用安全电子支付手段，通过网络进行的货币支付或（　　　）。

A. 现金流转　　　B. 资金流转　　　C. 数据传输　　　D. 票据传输

（2）基于移动终端，通过接入通信网络或使用近距离通信技术完成电子支付的方式是（　　　）。

A. 网上支付　　　B. 手机支付　　　C. 移动支付　　　D. 电子支付

（3）世界上第一家网上银行是（　　　）。

A. SFNB　　　B. 微众银行　　　C. 花旗银行　　　D. 中国银行

（4）下列选项中，不属于移动支付主流方式的是（　　　）。

A. 条码支付　　　B. 二维码支付　　　C. 刷脸支付　　　D. 第三方支付

3. 多项选择题

（1）电子支付的方式包括（　　　）。

A. 电子现金　　　B. 电子支票　　　C. 电子钱包　　　D. 借记卡

（2）按照经营组织的形式，可以将网上银行分为（　　　）。

A. 分支型网上银行　　　　　　　B. 个人网上银行

C. 企业网上银行　　　　　　　　D. 纯网上银行

（3）按照银行卡的结算方式，可以将银行卡分为（　　　）。

A. 信用卡　　　B. 借记卡　　　C. 复合卡　　　D. 储值卡

（4）下面关于第三方支付和移动支付的说法中，错误的有（　　　）。

A. 第三方支付就是移动支付

B. 第三方支付和移动支付的交易流程相同

C. 第三方支付是一种结算方式，移动支付是一种支付方式

D. 第三方支付与移动支付毫不相干

4. 思考题

（1）电子支付的功能有哪些？

（2）什么是网上银行？网上银行与移动支付有什么不同？

（3）利用微信支付和支付宝进行手机充值、生活缴费，并分析各自的支付服务有什么异同？

（4）NFC支付和刷脸支付有什么不同？

5. 案例分析题

无感支付

无感支付是指借助物品独一无二的特征，绑定相关的支付工具，然后通过生物识别或图像扫描等完成支付的支付方式。无感支付目前主要在交通领域应用广泛。

2018年，支付宝和微信支付同时宣布启动高速收费无感支付，这意味着移动支付技

术在高速收费站真正实现落地应用。无感支付采用的是"车牌付"形式，只需事先将支付宝或微信账户与车牌号码进行绑定，当车辆经过收费站时摄像头便会自动识别车牌号码，并从对应的用户账户中扣除费用，全程不需要现金，也不需要用户掏出手机。

在无感支付出现前，高速公路电子收费（Electronic Toll Collection，ETC）已经发展了很多年，但市场渗透率并不高，主要是由于 ETC 的用户体验还有待提高，并且 ETC 还存在功能单一、申请流程烦琐、有被盗刷的风险等问题。这给了无感支付很大的发展空间，当然无感支付的发展还与无感支付开放、与社会应用结合紧密、操作简单的优点有关。目前无感支付刚起步，短时间内还无法撼动 ETC 的市场地位，蚂蚁金服相关负责人坦言，现阶段无感支付是 ETC 的有益补充，主要是为不常走高速又担心忘带零钱的车主提供便利。不管无感支付未来是否能够被大规模应用，它都给用户提供了更加丰富的选择，是移动支付改变人们生活的一个例证。

根据上述材料，分析以下问题。

（1）无感支付应用的是哪项电子商务安全技术？

（2）高速收费无感支付是如何快速完成的？

第8章

电子商务物流与供应链管理

【课前预习】

预习课程	电子商务物流与供应链管理	时间：30分钟
预习方式	1. 在网络中搜索艾媒咨询的《2020—2021年中国快递物流行业发展现状及典型案例研究报告》，了解我国电子商务物流的现状。 2. 浏览本章内容，熟悉本章的知识结构。 3. 阅读下面的案例并回答问题。 **苏宁物流** 苏宁物流是苏宁易购旗下的供应链服务企业，也是国内首批从事仓储、运输、配送等供应链全流程服务的企业。从1990年发展至今，服务于苏宁"零售服务商"战略，苏宁物流以技术与数据为核心驱动力，持续为合作伙伴提供仓、配、装一体的供应链与物流集成化方案，通过卓越服务为合作伙伴增值赋能。 苏宁物流主要聚焦"到仓、到店、到家"等服务场景，建立起了引领行业的地产、供应链、大件物流、快递、售后5大业务板块，面向家电、家居、快消品、3C、美妆等多领域。截至目前，苏宁物流在全国范围内的仓储及相关配套面积达1 200万平方米，已在48个城市投入运营67个物流基地，在15个城市有17个物流基地在建、扩建，能够实现全国95%以上的区域24小时达。特别是苏宁快递秉持着"在身边 有温度"的服务理念，已经形成了苏宁秒达、苏宁快递、苏宁生活帮3大矩阵，涵盖了社区即时配、综合快递、社区驿站等多个方面，致力于为消费者提供多样化的便捷体验。近年来，苏宁物流更是协同零售云门店、苏宁帮客县镇服务中心，为消费者带去了优质的商品或服务。 另外，苏宁物流在技术和数据驱动下还建立起了赋能全产业链的供应链系统及技术平台——乐高、天眼、天机，建立了融合无人仓、无人机的智慧园区，智能仓储，智能分拨场、智能快递站等软硬件系统，能够做到大规模订单的智能化处理，帮助合作伙伴降本增效。 思考：（1）苏宁物流属于什么模式的物流? （2）苏宁物流有哪些特点和优势?
预习目标	1. 能够自主在网络中搜索相关报告，了解我国电子商务物流的现状。 2. 能够通过课前预习，画出本章的知识结构图。 3. 通过课前预习，回答案例中提出的问题。
疑难点总结	

8.1　电子商务物流概述

电子商务物流可以理解为电子商务环境下的现代物流，其伴随着电子商务技术的成熟和社会需求的改变而发展起来。如果没有高效、合理、畅通的电子商务物流作为支持，商品就难以到达消费者手中，交易就难以顺利进行，那么电子商务的优势就难以发挥。由此可见，电子商务物流是电子商务不可缺少的重要一环。

8.1.1　电子商务与物流

物流的概念起源于美国，原意为实物分配或货物配送，后被日本引入并加以研究和不断创新。如今，物流作为电子商务的重要组成部分，主要指物质实体（商品或服务）的流动过程，如商品的储存、保管、运输、配送和信息管理等活动。在电子商务中，任何一笔完整交易都包含信息流、商流、资金流和物流，电子商务与物流的关系可谓是相辅相成的。

第一，电子商务推动了中国物流的快速发展。根据国家发展改革委、中国物流与采购联合会统计，2021年上半年，全国社会物流总额达150.9万亿元，按可比价格计算，同比增长15.7%；物流业总收入达到5.7万亿元，同比增长22.8%。社会物流总需求保持平稳增长。从增长动能来看，新业态、新动能市场发展向好，电子商务快递物流收入增速仍高于运输、仓储、商贸等传统领域，带动着物流业总收入的增长。

第二，物流也为电子商务的成功进行提供了基本保障。物流使得实体商品能够通过运输、配送等物流环节到达消费者手中。同时，物流服务的好坏直接影响着消费者的消费体验，这在很大程度上决定了消费者的忠诚度。

8.1.2　电子商务环境下物流的实现模式

电子商务物流发展至今，主要的模式包括自营物流、第三方物流、物流联盟、第四方物流和众包物流等。不同的电子商务企业，可根据自身的条件选择不同的物流模式。

微课视频

1. 自营物流

自营物流是指进行电子商务的企业，拥有全资或控股的物流公司，负责完成本企业的物流配送业务。目前，我国采用自营物流模式的电子商务企业主要有两类。

（1）资金实力雄厚且业务规模较大的电子商务企业（如京东），这些企业有足够的资金自营物流体系，以提供比国内第三方物流更优质的物流服务。

（2）传统的大型制造企业或批发企业经营的电子商务网站（如海尔）。企业自身在长期的传统商务中已经建立起初具规模的营销网络和物流配送体系，在开展电子商务时只需将其加以改进、完善，即可满足新兴电子商务商业模式下对物流配送的要求。

自营物流有利于企业监控物流运营过程，可以利用企业原有的资源，降低交易成本，提高企业品牌价值，推进消费者关系管理，给消费者带来个性化的、优质的物流配送体验。但是在自营物流模式下，企业为了实现对物流的直接组织和管理，需要投入较大的资金，配备相应的物流人员，这就增加了企业的投资负担，同时削弱了企业抵御市场风险的能力。因此，小型的电子商务企业并不适合采用自营物流。

2. 第三方物流

第三方物流又称为委外物流或合约物流，是独立于供需双方的第三方对其他公司提供物流服务或与相关物流服务的行业者合作，提供更完整服务的专业物流公司。它的公司主要包括以下两类。

✏ 课堂讨论

你知道我国实力较强的第三方物流公司有哪些吗？

（1）由以邮政、铁路和航空为主体的国有企业发展而来的公司。

（2）由民营小型速递公司、仓储公司发展而来的公司。

第三方物流是相对于自营物流而言的，其前身一般是运输业、仓储业等提供物流及相关服务的企业。在第三方物流模式下，企业将自己不擅长的物流业务交给能提供专业物流服务的第三方物流公司，不仅可以减少固定资产投资，还能整合各项物流资源、降低物流成本、提高物流效率。但相应地，企业对物流的控制能力也会大大降低，一旦第三方物流公司在运送环节出现问题，就可能造成较大的损失。

3. 物流联盟

物流联盟是以物流为合作基础的公司战略联盟，是指两个或多个公司之间，为了实现自己的物流战略目标，通过各种协议、契约而结成的优势互补、风险共担、利益共享的网络组织。参加联盟的公司汇集、交换或统一物流资源以谋求共同利益，同时，合作公司仍保持各自的独立性。中、小企业为了提高物流服务水平，可以通过物流联盟的方式解决自身物流能力的不足。大型企业为了保持其核心竞争力，可以通过物流联盟的方式把物流外包给一个或几个第三方物流公司。

例如，菜鸟联盟就是典型的物流联盟模式。2016年3月28日，阿里巴巴联合旗下菜鸟网络以及顺丰速运及部分其他物流公司，共同组建了菜鸟联盟，并希望借此吸引更多的第三方物流机构加盟。对于电子商务企业而言，建立物流联盟较明显的效果就是在物流合作伙伴之间减少了相关交易费用，有效地维持了物流联盟的稳定性，有助于企业建立自身完善的物流服务体系。与自营物流相比，物流联盟的专业化程度更高，但物流的可控性稍弱；与第三方物流相比，物流联盟的消费者关系的管理质量更好，但专业化程度相对降低。

🔍 案例阅读

全物流生态链——菜鸟网络

菜鸟网络成立于2013年5月28日，由阿里巴巴集团、银泰集团联合复星集团、富春控股、三通一达（申通、圆通、中通、韵达）以及相关金融机构共同组建。

菜鸟是一家互联网科技公司，专注于物流服务。通过大数据、智能技术和高效协同，菜鸟与合作伙伴一起搭建全球性物流网络，提高物流效率，加快商家库存周转，降低社会物流成本，提升消费者的物流体验。

菜鸟的商业逻辑是搭建平台，让物流供应链上的不同服务商、商家和消费者可以实现高效连接，从而提高物流效率和服务品质，降低物流成本。通过菜鸟与合作伙伴的努力，2020 年，使用菜鸟旗下业务品牌菜鸟裹裹年寄件的消费者数破亿，天猫"双11"当天物流订单量超过了 12 亿个，菜鸟协同物流伙伴仅用一周时间就处理了超 18 亿个包裹。2020 年 12 月，菜鸟裹裹与中国邮政速递物流达成战略合作，在城乡共建了 5 万个寄件点。

菜鸟采用的是一种竞争合作思维，将所有的物流企业放到自己的平台上统一运营。这种方式优势明显：大规模、集约化的配送方式将显著降低物流成本；分工更专业，有效提高配送效率；大大提高现有仓储设施的使用效率，减少空仓率，杜绝仓储分配不均；提高运输货物的集中度，有利于调度现有运输资源，降低车辆空置率。

菜鸟和阿里巴巴集团之前的战略布局一样，定位于服务平台，其通过合作伙伴分层营运的规划，实质是根据物流企业的服务质量由菜鸟来分配与其合作的电子商务企业，意图制定"高服务、高质量的物流企业可以获得更多高质量、大业务的电商客户"的规则，激励物流公司主动提升自身品质，进而使阿里电商的整体物流服务升级。

从资源整合的角度看，菜鸟将成为庞大的快递联合体，进入菜鸟网络体系的物流企业将成为其子公司。阿里巴巴通过掌握智能仓储和快递资源，实现了上、下游产业的整合。

4. 第四方物流

第四方物流是我国电子商务物流发展的新模式。不同于前面 3 种模式，第四方物流实质是在物流中间环节建设一个中转平台，为整个物流行业提供战略层次决策、规划和管理。

第四方物流的主体是咨询企业，主要提供物流咨询服务，其服务对象是物流公司。第四方物流拥有一定的信息、知识和相关物流经验，可以对物流公司的流程体系进行分析评估，并提出意见和建议及解决方案。第四方物流具有非常独特的优势：一方面，它具有强大的信息获取能力，可以获取服务网络布设及相关信息，这种强大的信息获取能力是其他模式的企业所不具备的；另一方面，作为一个咨询企业，它能对市场上的物流公司进行资源整合，并通过资源整合来影响整个供应链，同时为物流公司定制优化方案。

5. 众包物流

众包物流就是基于互联网平台，将原本由企业专职工作人员负责的配送工作转包给企业之外的非专业群体来做。

众包物流作为一种新兴的第三方配送模式，源于移动互联网时代下各类 O2O 行业的兴起与上门服务的流行。同时，电子商务的高速发展印证了当前的物流难以满足配送需求，特别是遇到促销日，物流更难以满足突增性的物流需求，众包物流的出现有效地解决了突增性的物流需求。目前，采用众包物流的代表性企业有达达、人人快递、闪送等，一些类似于美团外卖的电商平台也采用了众包物流的配送模式。

众包物流的主要流程是由各类O2O商家发单，经配送员抢单后，将商品送到消费者手中。众包物流模式有利于整合社会上的闲置资源（如快递员多是根据自身情况自愿兼职的人）、降低人力资源成本、缩短配送时间。并且，众包物流能实现上门取货和送货到家，减少了取件、派件的时间。

8.1.3　电子商务物流配送中心

电子商务物流配送中心即从事配送业务的物流场所或组织，主要是根据订单需求组织货源，进行存储、保管、拣选、流通加工、包装、分拣、配货和送达。图8-1所示为电子商务物流配送中心的部分效果图。

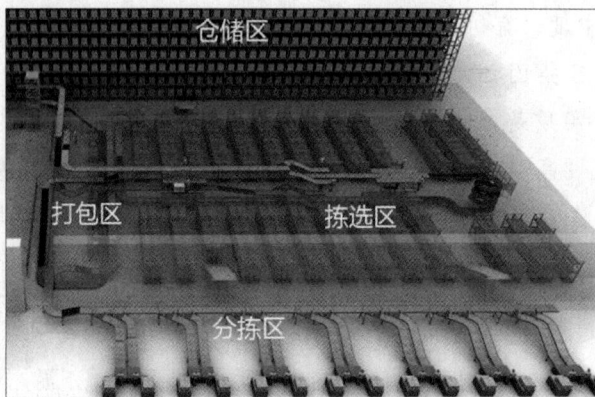

图8-1　电子商务物流配送中心的部分效果图

电子商务物流配送中心的类型多种多样，按照配送货物的不同，可以分为生鲜类配送中心、书籍类配送中心、服饰类配送中心、医药类配送中心、化妆品类配送中心、家电类配送中心、日用品类配送中心等；按照内部特性的不同，又可以分为储存型配送中心（有较强储存功能，多为大范围配送的配送中心）、流通型配送中心（暂存或随进随出，多是大量货物整批进入，并按批次送出）、加工型配送中心（具有分装、包装、组装等加工功能，如肯德基的配送中心）等。

无论是哪种类型的电子商务物流配送中心，其建设规划都是一个非常复杂的系统工程，一般来说，电子商务物流配送中心应当符合以下要求。

（1）环境安全、舒适、方便作业，并配备现代化装备和应用管理系统，具备必要的物质条件，尤其是要重视计算机网络的运用。

（2）配送功能健全，以保证配送作业高效运作。

（3）交通便利，方便运输和配送，要尽可能避开市中心，减少对城市环境的影响。

8.1.4　电子商务物流配送流程

电子商务物流配送即以信息化、现代化和社会化的方式来进行物流配送。电子商务物流配送是整个物流产业发展的关键，不仅有助于有效地降低电子商务企业成本，还能使消费者的需求尽可能被满足。一般来说，整个电子商务物流配送流程主要涉及4个角色，即供应商、物流配送中心、快递公司和消费者，且物流配送从供应商将商品送达物流配送中心开始。图8-2所示为电子商务物流配送流程，其中，实线表示商品实体流动，虚线表示物流信息流动。

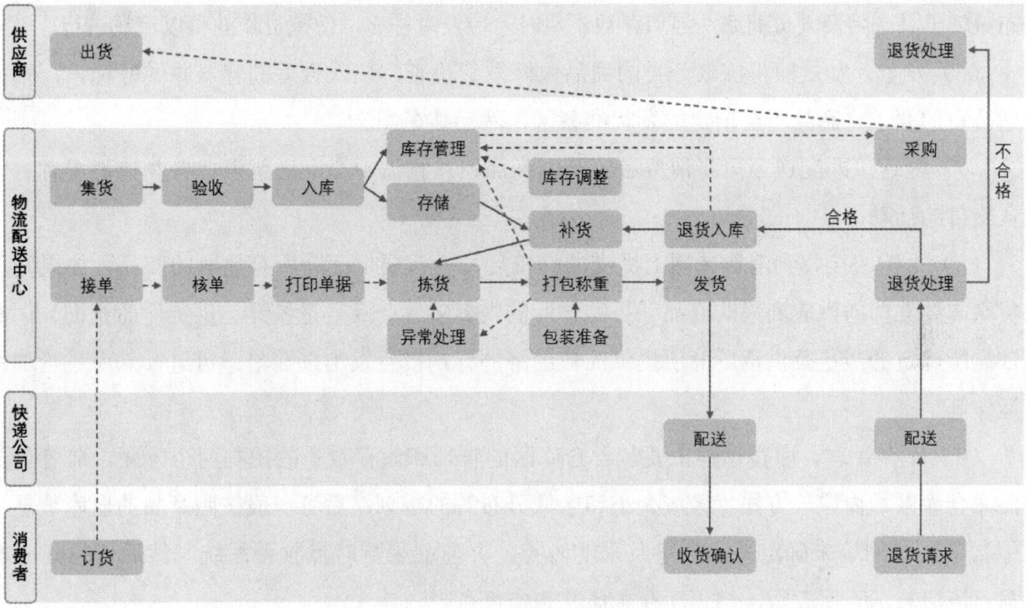

图8-2　电子商务物流配送流程

总的来看，电子商务物流配送的主要步骤包括集货及验收、入库搬运、储存、接单及核单、拣货及补货、发货、配送、采购、库存管理等。

（1）集货及验收。集货及验收简单来说就是收集货物，然后验收入库。首先，需要在供应商处接收商品，卸货、核对该商品的数量及状态（数量检查、品质检查和开箱等），并同步记录到计算机中；其次，开出采购单后，在采购人员进货入库跟踪催促的同时，仓库管理员依据采购单上的预定入库日期，做好入库作业、入库站台排程；再次，在商品入库时，做入库查核和品检，查核入库商品是否与采购单内容一致，不符时即修正或处理，并将入库资料登录建档；最后，入库管理员需要依据指定的方式指定卸货及堆叠。对于由消费者处退回的商品，需经过检验、分类处理而后登录入库。

（2）入库搬运。入库搬运即将商品适时、适量移至适当的位置或场所存放。在物流配送中心的每个作业环节中都包含着搬运作业。

（3）储存。储存工作即保管要使用或出货、拣货的物料，且经常要进行核查控制，同时，需要注意商品的盘点、保管等。

（4）接单及核单。接单处理包括确认消费者订单信息、查询存货、处理单据及配发出货等，主要是指从接到消费者订单开始至拣货之间的环节。另外，为了更好地满足消费者的个性化需求或应对消费者提交订单后发现错误需要修改订单的情形，电子商务企业一般允许消费者通过备注进行订单内容的补充或修订，因此，有时还需要根据订单备注核对、修改订单。

（5）拣货及补货。拣货及补货即根据消费者订货单所规定的商品品名、数量和储存仓位，将商品从货架上取出，分放在指定货位，完成配货要求并在计算机中进行相应的信息操作。当库存数足以供应出货需求量时，即可依据商品出库拣货单及各项拣货的指示，做拣货区域的规划布置、工具选用及人员调派；当库存数不足时，应及时补充，使拣货作业得以流畅进行。

（6）发货。发货即将拣取分类的商品做好发货检查，装入合适的容器并做好标识，根据快递公司的要求将商品运至指定的发货准备区，然后装车配送。

（7）配送。即配送公司将消费者定购的商品，从物流中心配送至消费者并让消费者签字确认交付的活动。

（8）采购。接收到消费者网上提交的订单后，企业要保证仓库有足够的商品，如果发现缺货则需要立即向供应商采购商品（采购作业的内容包含商品数量统计、供货厂商查询），然后依据所确定的数量及供货厂商所提供的较经济的订购批量发出采购单，再进行入库进货的跟踪运作等。

（9）库存管理。库存管理主要包含仓库区的管理和库存数量的控制两个方面，前者包括商品在仓库区域内摆放方式、区域大小和区域分布等的规划；后者一般按照商品的出库数量、入库数量、时间等来确定采购数量及采购时点，并建立采购时点预警系统，然后依据建立的《盘点清册》清查库存数，修正库存账册并制作盘点表。

8.2 智慧物流

电子商务的蓬勃发展，也对物流业服务效率和服务质量提出了更高的标准、更严的要求。为了降低物流成本、提高企业利润，加速物流产业的发展，依赖人力的物流行业正努力从劳动密集型向技术密集型转变，从传统物流模式向智慧物流升级。

微课视频

8.2.1 智慧物流概念

智慧物流是我国在"工业4.0"、大数据时代背景下的新发展方向。中国物流与采购联合会会长将智慧物流定义为：以互联网为依托，在物流领域广泛应用物联网、大数据、云计算、人工智能等新一代信息技术与设备，通过互联网与物流业的深度融合，实现物流产业智能化，提高物流运作效率和服务水平的新兴业态。

智慧物流强调智慧，非常注重运用现代信息技术手段与装备，以实现对物流过程的管理和控制。换句话说，智慧物流就是在现有物流运营基础上提升物流系统的自动化、网络化、智能化水平，强调信息流与物流快速、高效、通畅地运转，从而保证物流上游的生产、下游的销售业务能够高效开展。

8.2.2 智慧物流技术

智慧物流技术是智慧物流结合物联网、大数据、人工智能等技术实现物流的自动化、可视化、可控化、智能化、网络化的一种现代化技术，它主要的应用方向包括仓内技术、干线技术、"最后一公里"技术、末端技术及智慧数据底盘技术。

1. 仓内技术

智慧物流的仓内技术主要包括机器人与自动化分拣、可穿戴设备、无人驾驶叉车和货物识别4类技术。

（1）机器人与自动化分拣。机器人与自动化分拣技术主要用在搬运、上架、分拣等环节，可实现包裹称重或读码后的快速分拣及信息记录交互，能够很好地减少分拣环节中的人工成本，提高分拣工作的效率、准确性以及自动化程度。例如，分拣机器人就是机器人与自动化分拣的典型应用，图8-3所示为京东智能分拣机器人的工作场景。

（2）可穿戴设备。可穿戴设备技术属于科技前沿领域，在物流行业的应用主要包括免持扫描设备、AR眼镜等。例如，菜鸟为推动AR智慧物流系统，利用微软的Hololens头戴式设备，就可以方便操作者快速找到对应商品在仓库中所处的位置，并且会自动规划最优路线，提示操作者拿到相应订单的商品。

（3）无人驾驶叉车。无人驾驶叉车技术通过中央控制系统进行数据分析和远程控制，可以完善物流管理，使商品存放更有序、规范、整齐。无人驾驶叉车可以节省大量人力，减少员工机械搬运的时间，在遇到障碍物时还会自动停止，安全性更有保障，图8-4所示为无人驾驶叉车的工作场景。

（4）货物识别。货物识别技术用机器代替人工识别人或物，可以全面监测商品下线、运输、入库、出库管理等流程。目前，在物流应用中常用的货物识别技术主要有条码技术和射频识别技术。

图8-3 京东智能分拣机器人的工作场景

图8-4 无人驾驶叉车的工作场景

2. 干线技术

智慧物流的干线技术主要是指无人驾驶卡车技术。目前，无人驾驶卡车的研发主要由整车厂商主导，但部分物流、电子商务企业也涉足其中，如京东就全自主研发了无人重型卡车。

3. "最后一公里"技术

"最后一公里"技术主要包括3D打印技术与无人机技术两类。

（1）3D打印技术。3D打印技术又称增材制造，是一种以数字模型文件为基础，运用粉末状的金属或塑料等可黏合材料，通过逐层打印的方式构造物体的技术。目前的3D打印技术仍处在研发阶段，仅仅有UPS等少数企业拥有相关的技术储备。

（2）无人机技术。近年来，无人机技术在航空、摄影、农业、交通、消防救援、医疗等民用领域的应用较多。就物流行业而言，无人机比较适用在人口密度相对较小的区域，如用于农村配送。京东、顺丰速运等国内物流企业已经逐步投入使用无人机技术。例如，早在2016年京东就开始尝试用无人机来替代人工送货，将货物从各城镇末级站点送至各村配送点，实现15~25公里范围内的自动配送。2020年，在道路限行的情况下，顺丰速运安排了多架无人机配送紧急医疗物资，将紧急医疗物资在最短的时间送达了指定地点。

4. 末端技术

智慧物流的末端技术主要是指智能快递柜。智能快递柜具有安全可靠、随时取件、有效保护个人隐私等优点，可以缩短投递时间，提高投递效率。但智慧物流的末端技术仍存在使用率偏低、成本高、智能化不足、不便于当面验货等问题，目前，常见的智能快递柜有中国邮政和丰巢。

5. 智慧数据底盘技术

智慧数据底盘技术主要包括物联网、大数据及人工智能技术，目前，这三大技术在物流行业中的应用也比较广泛。例如，产品溯源就是物联网在物流行业中的典型应用，主要通过传感器追溯农产品的生产、流通环节的相关信息，包括从种植、运输到交付的所有环节，以确保信息的可追溯性，提升农产品信息的透明度，让消费者买得更放心。

8.2.3 电子商务环境下智慧物流的应用

近年来，我国的智慧物流取得了不小的进步，已步入高速发展阶段。就电子商务领域而言，智慧物流的应用主要包括以下4个方面。

1. 智慧仓储

智慧仓储即将仓储数据接入互联网系统，通过对数据的提取、运算、分析、优化、统计，再通过物联网、自动化设备、仓储管理系统、仓库控制系统等实现对仓储系统的智慧管理、计划与控制。无人仓就是典型的智慧仓储应用，无人仓实现了商品从入库、存储到包装、分拣等流程的智能化和无人化，如京东的无人仓不仅实现了全流程的智能机器人作业，还能根据人工智能和大数据对仓储布局进行优化指导。

2. 智慧物流包装

智慧物流包装包括两层含义：一是将新型智能材料、结构、技术用于包装；二是包装作业的智慧化，通过智能算法选择合适的包装材料，并通过自动化、智能化包装机械设备来包装商品。

智慧物流包装不仅可以很好地保护商品、方便储运，还能实现商品跟踪和安全追溯。例如，在冷链物流中加入温控传感器，全程监测和记录包装箱内的温度，确认商品在物流过程中是否出现过脱温现象，从而保证商品质量安全。

3. 智慧物流配送

智慧物流配送能够实现配货、提货、送货、退货、回收管理等的智能化管理，能够有效降低配送成本，提高配送效率。无人机配送、智能快递柜就是智慧物流配送的典型应用，其中，无人机配送可以解决医疗冷链、偏远物流、特色生鲜等特殊场景下的末端配送问题，目前主要为交通不便的广大偏远地区提供时效性较强的物流配送服务；智能快递柜能够提供24小时自助式服务，解决了无人在家、重复投递、收件难等问题，既方便了消费者和派件员，同时又规避了物业管理处代收快递的风险。

4. 智慧物流园区

智慧物流园区是在物流作业集中的地区或几种运输方式的衔接地，将多种物流设施和不同类型的物流企业在空间上集中布局的场所，也是一个有一定规模的、具有多种服务功能的物流企业的集结点。近年来，京东、菜鸟、苏宁易购等纷纷创建智慧物流园区，以提升电子商务物流的服务质量，如菜鸟网络广州增城物流园区就是典型的智慧物流园区，其应用了自动化拣选输送系统、复核包装系统、滑块分拣系统和智能拣货机器人等先进自动化设备，仅需在拣选、条码复核、分拣机监护等环节投入人力跟进，使物品的运输、仓储、装卸、搬运等多个环节都可实现一体化集成。

🔍 案例阅读

京东物流5G智能物流园区

2019 年 10 月，京东物流集团 CEO 在"2019 全球智能物流峰会"开幕式现场宣布，2021 年年底，京东物流还将实现规模化 5G 智能仓储机器人的生产落地，形成标准化的仓库、园区等 5G 智能物流产品和解决方案，推进行业的降本增效。

在 5G 智能物流园区中，智能视频监控、智能装车、智能分拣、智能视觉、智能调度等都能大大提高工作效率。智能视频监控可以分析园区整个环节的车、人、场、货等，识别操作不规范等异常情况并实时预警，帮助相关管理人员进行决策分析、处理突发事件；智能装车可以智能识别车辆，智能导引货车前往系统推荐的工作台中，再通过码放位置算法自动生成匹配关系以及实操顺序，指导司机装车及码放，灵活安排商品码放，实现装车有序化，有效提高装车工作效率和装载率；智能分拣在入库、拣选、打包、分拨等物流全链路都用自动化代替人工操作，改变了大量人力集中操作的模式，大大提高了分拣操作的效率；智能视觉通过 5G+ 高清摄像头，既可以实现人员的定位管理，又可以实时感知园内生产区的拥挤程度，并能及时进行资源优化调度，提高了生产效率；智能调度就是将订单信息和可用车辆信息进行智能匹配，根据实际场景预计订单履约到达时间，给出每辆车的订单配送顺序和路径。

京东物流的 5G 智能物流园区是一个基于物联网、人工智能、5G 等技术的数字化智慧物流园区，其改变了物流行业中存在已久的人工作业模式，实现了实时在线和自动化作业。

作为 5G 技术的实践者，京东物流在 5G 智能物流的整体部署实现了创新应用与开放共享。5G 智能物流园区构建了一个包裹、场地、车辆、人员和设备全面高效连接的"智能物流世界"，相信京东物流会将 5G 技术以较快的速度应用到实际的商务活动之中。

素养提升

智慧物流是连接生产和供应的重要环节，因此其在我国现代化建设和国民经济社会发展中具有重要的战略地位。在"十三五"期间，我国智慧物流得到较快发展，不断由理论概念走向实际应用，如今"十四五"规划开始实施，发展好智慧物流，有益于促进消费、拉动内需，助推"十四五"高质量发展。

8.3 供应链管理

高效的供应链管理水平在很大程度上保证了企业的核心竞争优势。在电子商务时代，供应链管理是电子商务企业间竞争的主要因素，也是构成企业核心竞争力的重要组成部分，其与企业核心竞争力之间有着密切联系，如何进行供应链管理，是当前很多电子商务企业不断探索的重要问题。

8.3.1 供应链与供应链管理

供应链与供应链管理是电子商务领域内比较热门的话题，其是两个完全不同的概念。

1. 供应链

早期的供应链可以看作制造企业内部的一个流程，该流程包括采购原材料和零部件、生产制造、将商品销售给消费者等环节。而如今的供应链（Supply Chain）是指围绕核心企业，通过对商流、信息流、物流和资金流的控制，从采购原材料开始到制成半成品及产成品、再到由销售网络把商品送到消费者手中的一个由供应商、制造商、分销商、零售商直到最终用户所连成的整体功能网链结构。图8-5所示为企业的供应链。

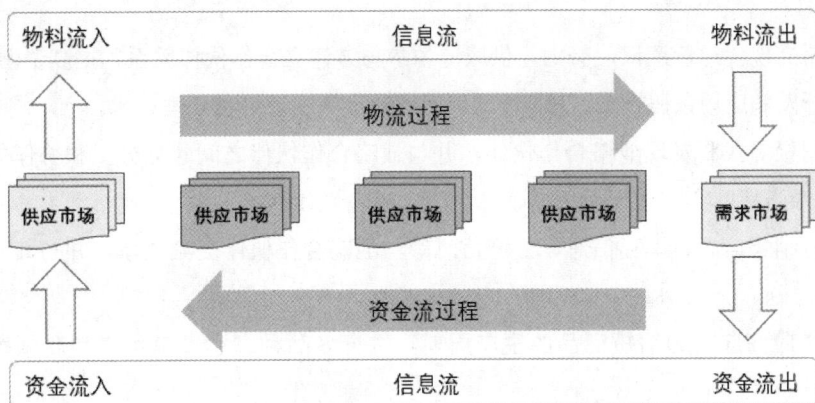

图8-5　企业的供应链

2. 供应链管理

供应链管理（SuppLy Chain Management，SCM）的概念出现于1982年，直到现在，国际上还没有一个公认的供应链管理的定义。结合不同学者的看法，本书认为：供应链管理是指在满足一定的消费者需求的条件下，为了使整个供应链系统成本达到最小而把供应商、制造商、仓库、配送中心和渠道商等有效地组织在一起进行的商品制造、转运、分销及销售的管理方法。

供应链管理把供应链上的各个企业作为一个不可分割的整体，其目的是站在系统的层面，统筹管理各个企业相互间有密切联系的环节，提高整条供应链的运作效率，尤其是连接处的效率，并降低总成本，提高供应链整体的竞争力。就其本质而言，供应链管理是集中管理供应链上各个企业的各种活动，从而在很短的时间内为消费者提供更高的价值和更优质的服务，提高消费者的满意度。

专家提示

供应链管理的重点是供应链各项职能活动的协调和结合，特别是物流成本（从原材料到成品的费用）与消费者服务水平之间的关系，尽可能发挥供应链的作用，从而提高利润。

8.3.2　供应链管理的方法

有效的供应链管理可以缩短资金周转时间，降低企业面临的风险，实现盈利增长，提供可预测收入。常见的供应链管理方法主要包括快速反应、有效客户反应两种。

1. 快速反应

快速反应（Quick Response，QR）起源于美国纺织服装业，由美国零售商、服装制造商和纺织品供应商开发出来，目的是缩短从原材料到销售点的时间和减少整个供应链上的库存，提高供应链管理的运作效率。快速反应的着重点是对消费者需求做出快速反应，可以从以下方面入手。

（1）树立现代经营意识，努力与供应链各参与方建立合作伙伴关系，提高资源利用率。

（2）开发和应用条码技术、EDI技术、连续补货等现代信息处理技术。

（3）积极寻找和发现战略合作伙伴，并与战略合作伙伴之间建立分工和协作关系，以减少库存，降低商品风险。

（4）将销售信息、库存信息、生产信息等与战略合作伙伴交流共享，并与其一起发现、分析和解决问题。

（5）供应商应努力缩短商品的生产周期，进行多品种、小批量生产和高频率、小批量配送。

2. 有效客户反应

有效客户反应（Efficient Consumer Response，ECR）是从美国的食品杂货业发展起来的一种供应链管理方法，主要以满足消费者需求和降低物流费用为原则，不断优化商品供应或服务流程。企业要实施有效客户反应，应坚持以下原则。

（1）以较少的成本，不断致力于向供应链各方提供更优的商品及更多的便利服务。

（2）必须由相关的核心企业启动，该核心企业应决心通过让代表共同利益的商业联盟取代旧式的贸易关系，以达到获利的目的。

（3）必须利用准确、适时的信息以支持有效的市场、生产及物流决策。

（4）商品的生产、包装、配送等都需要以消费者为中心。

（5）必须采用通用一致的工作措施和回报系统。该系统注重整个系统的有效性（通过降低成本与库存以及更好的资产利用，实现更优价值），清晰地标识出潜在的回报（增加的总值和利润），促进对回报的公平分享。

8.3.3 电子商务环境下的供应链构建

为了提高供应链管理的绩效，除了有效的供应链管理方法，构建或者加入一个高效精简的供应链也是极为重要的一环。要构建电子商务供应链，可以采用顺流构建法和逆流构建法两种方法。

1. 顺流构建法

顺流构建法是指在构建电子商务供应链时，按照从材料采购到生产再到消费的顺序，依照商品制造或销售服务的特点设计供应链流程。具体步骤为：找到上游的供应商；确定该供应商到本企业的供应链配置，包括供应链各环节的流程、信息传递方式等；确定本企业到消费者的供应链配置，包括供应链各环节的流程、信息传递方式等；统筹选择供应链各成员。

2. 逆流构建法

逆流构建法是指从市场的需求出发构建从零售商或分销商到供应商的供应链。与顺流构建法的顺序刚好相反，逆流构建法以消费者的上一级零售商或分销商为出发点，不断寻找为了满足消费者的需求而必须加入供应链的企业，形成一条完整的供应链。除了第一步是确定消费者的需求，逆流构建法的步骤与顺流构建法基本类似，但构建方向相反。

8.4 案例分析——京东物流：自营物流的楷模

物流被称为电子商务的"最后一公里"，京东采用自营物流的模式为消费者提供了高质量、高效率的物流服务体验，在这"最后一公里"中以高效、优质的服务赢得了消费者的信赖，成功地树立了自己的品牌和特色。

8.4.1 京东物流发展概况

出于国内第三方物流企业规模小、服务功能单一，缺少必要的物流管理信息系统，缺乏规范性等原因的考虑，京东2007年便开始筹划自建物流，2009年年初，京东开始在多个城市建立一级物流中心和二级物流中心，这些城市的消费者是京东的消费主力。例如，华东物流中心每日能正常处理超2万个订单，日订单极限处理能力达到了5万个订单。

2015年12月，京东物流线上线下、多平台、全渠道、B2B、B2C、B2B2C一体化物流解决方案全面对外开放。2017年，京东物流进入更新阶段，无人配送车在中国人民大学首次完成无人配送任务。2018年，京东物流的无人重卡、机器人智能配送站、机器人仓群、物流无人机一一启用。2019年，京东物流与移动、联通、电信3大运营商全部完成签约，落地全国首个5G智能物流园区，并搭建5G智能物流平台LoMir。2020年，亚洲首个全流程智能柔性生产物流园——京东物流北斗新仓建成投用，全流程智能无人仓的京东物流北斗新仓是目前为止行业中屈指可数的智能柔性生产物流园。2021年，京东物流无人车通过接入达达快送开放平台，实现高效配送。

另外，生鲜冷链物流方面，京东从仓储、分拣、运输到终端配送，建立了一套完善、成熟的生鲜全冷链物流体系，实现了生鲜商品的急速送达。

8.4.2 京东物流配送服务

京东物流是我国自营物流模式的典型代表，其以"技术驱动，引领全球高效流通和可持续发展"为使命，打造了一个智能物流系统。该系统覆盖了从商品销量分析、预测，到入库出库，再到运输配送的各个环节，实现了综合效率的大幅度提高。目前，京东物流提供的服务包括京东快递、京东冷链、京东云仓和国际供应链等。

扫码阅读

京东物流服务详情

（1）京东快递。京东快递是京东物流的服务之一，不仅为消费者提供安全可靠、时效领先、温暖贴心的快递服务体验，同时还为消费者提供了多种专业化增值服务。目前，京东的快递服务包括特快送、特惠送、同城速配、生鲜特快和生鲜特惠；针对重货，京东快递还提供特快重货、特快零担、特惠零担、大票直达和整车直达服务。消费者在享受快递服务的同时，还可以享受短信服务、微笑面单、包装服务、签单返还等增值服务。

（2）京东冷链。京东冷链于2018年正式推出，主要致力于生鲜业务和医药业务，依托冷链运输网、冷链配送网、冷链仓储网的综合冷链服务能力，以智能科技为核心，构建社会化冷链协同网络，打造一站式的冷链服务。京东冷链的发展不仅有利于京东本身的发展，还在一定程度上改善了传统物流运输环境，保证产品在生产、仓储、运输、销售、消费等所有供应链环节上所需的温度环境。

（3）京东云仓。京东云仓是一个以整合共享为基础，以系统和数据产品服务为核心，输出技术、标准和品牌，助力商家及合作伙伴，建设物流和商流相融合的云物流基础设施平台。京东云仓的服务对象包括物流企业、商家和校园，可提供的商品服务包括仓运配产品、系统产品、金融产品和增值服务。

（4）国际供应链。京东物流还提供跨境服务，通过在全球构建"双48小时"通路，实现商品互通。

8.4.3 京东物流供应链

从成立之初起，京东物流的仓配一体模式就奠定了自身的供应链服务优势。京东物流主要致力于为商家提供软硬件高度协同、全托管式的供应链一体化服务。京东物流的仓配服务主要包括到仓服务、商务仓、经济仓、大件商务仓、售后仓，以及库内包装定制、盘点服务等特色增值服务。京东物流贯穿商品从工厂仓到消费者的B2C正逆向全业务场景，打造满足消费者所有需求的供应链解决方案，用户可以根据实际需求选择仓配服务模式。

京东物流区别于单纯的仓储、运输和配送，集合收货、仓储、拣选、包装、分拣、配送等功能，贯穿整个供应链。比起传统的独立运行的物流服务模式，京东物流供应链模式缩短了配送周期，打通服饰、家电等重点行业，帮助商家优化库存、提高效率、提升体验、扩大销量，实现价值最大化。

根据上述材料，分析以下问题。

（1）京东的物流配送服务有哪些？

（2）京东物流的供应链有什么特点？

任务实训

物流业作为国民经济的战略性、基础性、先导性行业，既是实现实体经济高质量发展的重要支撑，也是提高产业供应链效率的关键环节。在"十四五"期间，全国各地纷纷发布了有关物流的"十四五"发展规划，在这期间电子商务物流也要进入高质量的发展阶段。电子商务物流要由以降成本、降费用和价格竞争向补短板、重质量、提质增效的方向转变，由仅满足基本送达的物流服务功能向提升物流服务体验的高质量服务模式转变，作为电子商务从业人员必须认识到这一发展方向。为了更好地理解电子商务物流与供应链管理相关的基础知识，下面将通过实训来巩固所学知识。

【实训目标】

（1）分析主流电子商务企业采用的物流模式及配送流程，掌握电子商务环境下物流的4种实现模式。

（2）了解智慧物流在我国的应用和发展。

（3）掌握供应链管理的相关知识。

【实训内容】

（1）查询京东、淘宝网、苏宁易购和唯品会等电子商务平台的物流配送，并在平台上进行购物体验，试比较其异同。

（2）在网络中搜索菜鸟网络和京东物流的详细资料，与同学讨论、分析各自的特点，完成表8-1所示的菜鸟网络和京东物流对比。

（3）在网络中搜索京东和菜鸟在智慧物流方面的重要举措，并与同学讨论京东和菜鸟当前智慧物流的特点。

（4）在网上搜索海尔的发展历史，并分析海尔供应链管理的运作方式。

表8-1　菜鸟网络和京东物流对比

项目	京东物流	菜鸟网络
产生背景		
定位		
优势		
劣势		

课后习题

1. 名词解释

（1）自营物流　（2）第三方物流　（3）智慧物流　（4）供应链　（5）供应链管理

2. 单项选择题

（1）电子商务环境下物流的实现模式不包括（　　）。

　　A. 自营物流　　　B. 第三方物流　　C. 直营物流　　　　D. 物流联盟

（2）整个电子商务物流配送流程主要涉及的角色不包括（　　）。

　　A. 供应商　　　　B. 物流配送中心　C. 货运公司　　　　D. 消费者

（3）无人驾驶卡车技术属于智慧物流中的（　　）。

　　A. 仓内技术　　　　　　　　　　　B. 干线技术

　　C. 末端技术　　　　　　　　　　　D. 智慧数据底盘技术

（4）起源于美国纺织服装业的供应链管理方法是（　　）。

  A．快速反应 B．有效客户反应 C．顺流构建法 D．逆流构建法

3．多项选择题

（1）按照内部特性的不同，电子商务物流配送中心可以分为（　　）。

  A．储存型配送中心   B．流通型配送中心

  C．加工型配送中心   D．运输型配送中心

（2）电子商务物流配送的流程中，库存管理包括（　　）。

  A．仓库区的管理   B．库存商品的管理

  C．库存数量的控制   D．仓库工作人员的管理

（3）智慧物流的应用主要包括（　　）。

  A．智慧仓储 B．智慧物流包装 C．智慧物流配送 D．智慧物流园区

（4）下列选项描述正确的有（　　）。

  A．供应链需要对商流、信息流、物流和资金流进行控制

  B．供应链管理是一种集成的管理思想和方法

  C．供应链管理分割供应链上的各个企业

  D．供应链管理是集中管理供应链上各个企业的各种活动

4．思考题

（1）电子商务环境下物流的模式有哪些？这些物流模式有什么区别？

（2）电子商务环境下的物流配送流程是怎样的？试着绘制出来。

（3）智慧物流是什么？智慧物流技术都有哪些？

（4）什么是供应链管理？供应链管理涉及哪些领域的内容？

5．案例分析题

天猫超市物流配送

  天猫超市是阿里巴巴旗下的网上超市，依托于淘宝网强大的电子商务管理系统，为广大消费者提供丰富的商品，如食品饮料、粮油副食、美容洗护、家居用品、家庭清洁和母婴用品等所有生活必需品。天猫超市为了保证消费者能够及时收到所购商品，建立了专业的仓储物流中心，通过整合上海、广东和浙江等地的仓储资源和物流配送资源，采用统一的商品包装，已经实现次日送达，并陆续推出"半日达"和"1小时达"配送业务。消费者在天猫超市中采购后，订单将实时显示到天猫超市的仓库作业管理软件系统上，并打印出来。同时，系统将以打印的这张订单为对照，自动挑选类似的订单来优化组合，即将类似的订单优化成一张合并装箱单，通过择优组合、切单合单的方式来加快商品的处理。同时，系统还会自动测算商品的体积和匹配度，以规划出商品需要的包装材料和包装箱的尺寸。这一系列的操作听起来复杂，实际完成过程却不到一分钟。

  天猫超市的仓库中摆满了货架，各种各样的商品陈列其中，方便分拣员挑选货物。与一般仓库按照商品种类分类的方式不同，天猫超市依托于自己研发的 WMS 仓库作业管

理软件系统，将仓库"切割"成无数个虚拟的格子，然后将各种商品按销量摆放进去。规则是越畅销的商品被分配到越靠近通道的位置，这样分拣员就能在短时间内找到需要的商品，提高了配货的速度。商品分拣完成后还需验货、封箱和装车等，然后再被运送到消费者订单上的目的地。

根据上述材料，分析以下问题。

（1）天猫超市的物流配送有什么优势？

（2）天猫超市的物流配送还可以从哪些方面改进？

第9章

客户关系管理

【课前预习】

预习课程	客户关系管理	时间：20分钟
预习方式	1. 在中国人民大学MOOC网站中搜索与客户关系管理相关的课程，了解客户关系管理的概念。 2. 浏览本章内容，熟悉本章的知识结构。 3. 阅读下面的案例并回答问题。 **某餐厅的数据化客户关系管理** 　　一家餐厅最近在推行客户关系管理，他们将传统的菜单换成了平板电脑，让食客用平板电脑点餐。食客在点菜时，需要先输入桌号、用餐人数等信息，用餐后还可以用平板电脑写评价。食客输入的信息不仅会传回后厨，也会储存在平板电脑里的客户关系管理软件上，客户关系管理软件能够根据数据生成各种分析报告，餐厅会根据这些分析报告改进菜单、设计促销活动。除此之外，餐厅还能据此跟踪特定食客的用餐习惯、位置偏好等，为其提供个性化服务。推行客户关系管理几个月后，餐厅发现食客的就餐满意度明显提高，回头客也越来越多，生意好了一大截。餐厅老板评价："使用纸质菜单的时候，我根本不敢奢望这样的管理，因为人工收集、整理、分析数据的工作量太大了。而用了平板电脑和客户关系管理软件后，一切都是自动的，非常方便"。 　　思考：（1）在客户关系管理中，如何提升客户满意度？ 　　　　　（2）客户关系管理软件的作用有哪些？	
预习目标	1. 能够通过中国人民大学MOOC网站，了解客户关系管理的相关知识。 2. 能够通过阅读本章内容，熟悉本章所讲述的知识。 3. 通过课前预习，回答案例中提出的问题。	
疑难点总结		

9.1　客户关系管理概述

客户关系管理（Customer Relationship Management，CRM）由高德纳咨询公司提出，当时仅简单理解为"接触管理"（即专门收集客户与公司联系的所有信息来进行管理）。随着信息技术与市场经济的不断发展，客户关系管理的概念愈加丰富和完善。就目前而言，客户关系管理是指企业为了提高核心竞争力，以客户为中心，利用相应的信息技术及互联网技术提高为客户服务的水平，提高客户的满意度与忠诚度，进而提升企业盈利能力的一种管理理念。客户信息管理、客户满意度管理及客户忠诚度管理都是客户关系管理的重点。

9.1.1　客户信息管理

客户信息管理是客户关系管理的基础，其管理过程及内容主要包括电子商务客户信息的收集、客户资料数据库的建立、客户信息的整理和分析等。通过客户信息管理，电子商务企业能够把握客户的喜好和需求，进而为其提供针对性的商品或服务，从而建立并维护与客户的良好关系。

微课视频

1. 电子商务客户信息的收集

一般来说，客户身上一切可以探知的、能够为客户关系管理提供帮助的信息，都属于客户信息，如姓名、联系方式、地址、职务等。按照主体的不同，客户通常可以分为个人客户和企业客户，个人客户的基本资料、消费行为和数据、人际关系等，企业客户的基本信息（名称、地址、注册资本等）、业务信息（销售能力、销售业绩等）都属于客户信息收集的重点。

客户信息管理建立在收集客户信息的基础之上，只有获得可靠的、及时的、一定数量的客户信息，客户信息管理才能顺利开展。企业既可以从内部渠道收集客户信息，也可以通过外部渠道收集客户信息。

（1）内部渠道。内部渠道是指企业内能够与客户接触的各种渠道，如企业可以通过企业调查（电话调查、观察调查、问卷调查等）、营销活动（会员日活动、展览会等）、销售终端（超市收银台、自动售货机等）等途径收集客户信息。

🎓 专家提示

与客户的洽谈、交易过程是收集客户信息的良好时机，如在达成交易之前，客户会咨询商品或服务，直接地表述出自己对商品或服务的看法、预期、需要等；在达成交易之后，客户会对所购买的商品或服务进行评价，或者提出建议、表达不满甚至推荐给其他客户，这些都是很有价值的客户信息。

（2）外部渠道。企业通过内部渠道能接触的客户有限，要想获得更多潜在客户的信息，企业还必须借助一些外部渠道，如通过购买或互相开放数据的方式与其他数据库合作，获取客户信息；查阅报纸、杂志期刊、电视等媒体发布的相关客户信息；查阅政府有关部门发布的统计数据；咨询公司和市场研究公司。

🔍 案例阅读

海尔利用新媒体收集客户信息

海尔是我国著名的家电企业，其非常重视收集客户信息。洞察到新媒体的强大作用，海尔早早地成立了新媒体部门，尝试开辟出一条新的客户信息收集渠道。

例如，在2016年，有微博用户向故宫淘宝官方微博账号提议"你们能不能出一款'冷宫'冰箱贴，这样我吃的剩饭剩菜都可以说'给朕打入冷宫'。"这一建议非常有趣，很多微博用户都参与了讨论，很快讨论便不再局限于冰箱贴，一些用户向各家冰箱制造企业官方微博账号提议出一款"冷宫"冰箱。随后，在所有冰箱制造企业中，海尔做出了积极的回应，于是广大用户的热情被点燃了。当晚，海尔官方微博就收获了7万多条私信、回复与点赞。24小时之内，海尔便将"冷宫"冰箱的工业设计图晒到了网上。7天之内，海尔就收到了1 000多条反馈意见，其中包括冰箱的设计结构和特点等。凭借收集到的信息，海尔在7天之内就通过3D打印技术将"冷宫"冰箱送到了用户面前。此举获得了用户们的好评，也因此提升了海尔的品牌形象和口碑好感度。

后来，又有不少用户在海尔官方微博中留言"有时候出差，衣服也要洗，但不太方便，是否能生产一款便携的洗衣机？"，于是海尔就在网上晒出了便携洗衣机的概念图，并进一步在微博上发起了投票和留言互动，让用户广泛参与洗衣机的名称、颜色等设计。最终，用户深度参与的"咕咚手持洗衣机"面世，并在半年之内售出20余万台。

企业要进行客户关系管理，真正做到以客户为中心，就需要灵活运用各种渠道收集客户信息。海尔正因为重视收集客户信息，懂得利用新兴的新媒体平台收集客户信息，进而将客户信息投入到新产品的研发、营销、服务等环节，提升了其口碑和品牌形象，也促进了销售。

2. 客户资料数据库的建立

建立起完备的客户资料数据库，通过数据库技术，可以对客户信息实行数字化、网络化管理。一般来说，电子商务企业的客户信息非常繁多，为了更大程度地保证客户资料数据库与企业业务的适配，建立客户资料数据库就需要满足以下要求。

（1）目标明确。客户资料数据库中的信息量越大，就越能够发挥更大的价值，同时客户资料数据库的建设和维护成本也更高。因此，企业在建设客户资料数据库时，需要根据自身情况，对客户信息有所取舍，以期达到成本和效果间的平衡。

（2）编排规范。客户资料数据库中的信息应该条理清晰，以统一、明确的语言与方式进行编码和归类。这样既方便查找和使用，也方便运用关联技术对信息进行链接。

（3）逻辑明确。客户信息的数据逻辑必须明确，坚持"一户一码，严格对应"，不要出现几个客户在一条记录下或同一客户拥有多条记录的情况。客户信息之间也应使用同样的格式和规范，否则会妨碍客户信息的管理和应用。

（4）动态共享。建立客户资料数据库的目的是更好地管理和应用客户信息，因此客户资料数据库应该保持动态的更新。同时，客户资料数据库应该共享给销售部门与客服部门，使他们能够实时调用客户信息，甚至编辑相应的客户信息。

3. **客户信息的整理和分析**

客户信息的整理和分析，即先根据客户信息对客户进行分类，然后根据各种有关信息和数据来了解客户需要、识别客户特征、评估客户价值等，从而为电子商务企业维系和进一步发展与客户的良好关系提供帮助。

（1）客户信息的整理。客户信息的整理也就是进行有效的客户分类，电子商务企业可以按照不同的标准对客户划分层级，如某企业按照订单金额的大小将客户分为大客户、中等客户、小客户和休眠客户。

（2）客户信息的分析。面对客户资料数据库中的海量数据，只有使用科学的数据分析方法，电子商务企业才能够高效地完成客户信息分析工作，并保证分析结论的科学性。一般来说，电子商务企业可以分析客户的单一指标，如仅根据客户订单金额分析，认为订单金额高的客户价值更大；也可以采用多指标分析，如根据"订单金额""交易频率""回款速度"等多个指标来分析客户的价值。

素养提升

2020 年 10 月 21 日，全国人民代表大会常务委员会法制工作委员会公布了《中华人民共和国个人信息保护法（草案）》全文和说明，并向公众公开征求意见。电子商务企业在收集客户信息的时候，一定要遵守相关法律法规及行业道德，保护客户隐私，不得过度收集个人信息，也不得非法购买个人信息。

9.1.2　客户满意度管理

客户满意度（Consumer Satisfaction Degree，CSD）也叫客户满意指数，现代营销学之父——菲利普·科特勒对客户满意度的定义为：客户对一件商品或服务的可感知效果和他的期望值相比较后，所形成的愉悦或失望的感觉状态。

微课视频

一般来说，商品或服务的实际消费效果没有达到客户期望时，客户的满意度就会较低；当商品或服务的实际消费效果达到客户期望时，客户的满意度就会较高。客户满意度与客户感知、客户期望的关系如图9-1所示。

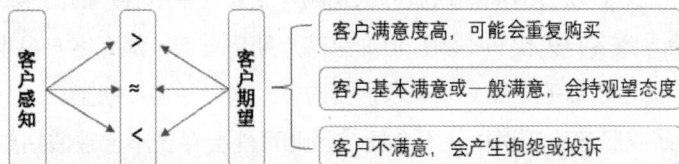

图9-1　客户满意度与客户感知、客户期望的关系

1. 影响客户满意度的因素

满意或者不满意，看起来似乎取决于客户的心情，事实上，客户满意度水平由各种因素综合决定，主要包括客户感知价值和客户期望等。

（1）客户感知价值

客户感知价值（Customer Perceived Value，CPV）是指客户在权衡购买或消费过程中能感知到的利益与在获取商品或服务时所付出的成本后，对商品或服务效用的总体评价。以下因素会对客户感知价值产生影响，从而影响客户的满意度。

课堂讨论
你在购物或消费过程中有过不满意或非常满意的体验吗？你认为影响客户满意度的原因都有哪些，与同学一起讨论。

① 客户自身差异。客户的主观态度会影响客户对于价值的感知，如给不同客户同样周到的服务，有的客户会觉得受到了关怀，给出很高的评价；有的客户则不以为意甚至视之为奉迎，价值评价自然就不高。同时，客户对于价值的感知还受自身经历、见识、知识、文化环境等因素的影响。

② 情感状态。通常，愉快的时刻、健康的身心和积极的思考方式等，会使客户做出较高的价值判断。反之，当客户处于消沉状态或处在恶劣环境或情绪中时，消沉的情感就会被客户带入购买或消费过程中，导致其放大问题，加倍失望，做出较低的价值判断。

③ 公正与平等的感受。客户总是希望得到公正与平等的待遇，因此其对平等或公正的感知也会影响价值感知。例如，某客户原本认为买卖很划算，结果发现有其他客户享受了更低的价格，其对商品或服务的价值判断就会立刻降低。

（2）客户期望

客户期望是指客户在购买、消费商品或服务之前对商品的价值、品质、价格等因素的主观认识或预期。客户期望对客户满意度有很大的影响，也就是说，若企业提供的商品或服务可以达到或超过客户期望，那么客户满意度就会较高；反之，客户的满意度就会较低。例如，同样通过某电子商务平台办理业务，客户A、B都等待了10分钟，但是客户A原本预计等5分钟，结果等了足足10分钟，自然其满意度就较低；而客户B本来预计要等15分钟，结果只等了10分钟，那么其满意度就较高。

2. 提高客户满意度的策略

了解影响客户满意度的因素后，提高客户满意度就需要从引导客户期望、使客户感知价值超过客户期望这两方面着手。

（1）引导客户期望

如果客户期望过高，就会对商品或服务很挑剔，企业提供给客户的商品或服务一旦没有达到客户期望，就会导致客户失望和不满；但如果客户期望过低，那么客户根本就不会选择企业的商品或服务，因此电子商务企业必须采取恰当的方式来引导客户期望。

① 客户对商品或服务的认识往往不全面，因此可能会存在不合理的期望，因此企业应该全面介绍商品或服务。

② 客户对企业的商品或服务的期望很大程度上来自于企业的承诺和宣传，过度的承诺和

宣传会使客户建立过高的期望，因此，电子商务企业不能过度宣传与承诺，更不能欺骗客户。

③ 商品或服务的价格、包装等因素也会影响客户期望，企业灵活运用这些因素可以巧妙地引导客户期望。一般来说，商品或服务的定价较高，包装、环境布置等较有档次，客户就会形成较高的期望；企业如果使用简单的包装，在普通的场所销售，定价也较低，客户自然不会对这样的商品或服务抱有太高的期望。

（2）使客户感知价值超过客户期望

要使客户感知价值超过客户期望，企业可以通过提高客户感知价值和降低客户感知成本来实现。

① 提高客户感知价值。一般来说，提高客户对商品价值、服务价值和形象价值的感知，就能很好地提高客户的感知价值。例如，利用高新技术与先进理念，开发符合客户新需求的商品或服务；为客户提供优质的售前、售中、售后服务；通过形象广告、新闻宣传、公益广告等提高品牌形象。

② 降低客户感知成本。降低客户感知成本的具体方法包括降低客户感知的货币成本（降低价格，提供会员与积分等客户关怀活动，提供如延期付款、赊购等付款方式）、时间成本（为等待中的客户提供娱乐方式等）、精力成本（做出"保价"承诺、主动为客户购买保险等）、体力成本（送货上门、负责安装调试等）。

9.1.3 客户忠诚度管理

客户忠诚度又称客户黏度，是在客户满意度的基础上形成的，是指客户对某一特定商品或服务产生了好感，形成了依附性偏好，进而重复购买的一种趋向。

微课视频

1. 衡量客户忠诚度的指标

在电子商务活动中，电子商务企业通常统计以下数据，用以衡量客户忠诚度。

（1）复购次数。在同一时间区间内，如一个月或一年，客户对某企业或品牌的商品或服务重复购买的次数越多，说明客户对该企业或品牌的商品或服务的忠诚度就越高，反之就越低。不同的商品或服务适用于不同的时间区间。

（2）挑选时间。如果客户仅仅花费很短的时间就选定了商品或服务，说明客户对该商品或服务比较了解且信赖。一般来说，客户挑选时间越短，说明他对某一企业或品牌的商品或服务越偏爱，忠诚度越高，反之则说明客户的忠诚度低。

（3）价格敏感度。一般情况下，对于喜爱和信赖的商品，客户对其价格变动的承受能力强，敏感程度低；而对于不喜爱的商品，客户对其价格变动的承受能力弱，敏感度高。但使用此数据时，需排除客户对于商品的必需程度、商品供求状况及市场竞争程度这3个因素的影响，否则结论会失真。

（4）购物金额。购物金额需要从两方面考虑，其一是客户购物的绝对金额，通常购物金额越高，客户忠诚度越高。其二是客户购买某企业或品牌的商品或服务占其为同类商品或服务支付费用总额的比例，比例越高，客户忠诚度就越高。

（5）对竞争对手的态度。客户对某企业或品牌态度的变化，多是通过与其竞争对手商品相比较而产生的。根据客户对竞争对手商品的态度，可以判断客户对某企业或品牌的商品忠诚度的高低。如果客户对竞争对手商品兴趣浓、好感强，就说明客户对某企业或品牌的忠诚度低。如果客户对其他企业或品牌的商品没有好感，兴趣不大，就说明客户对某企业或品牌的商品忠诚度高。

（6）矛盾承受程度。企业或品牌与客户之间难免发生矛盾，如果客户遇到矛盾就直接离开或升级矛盾，那么该客户的忠诚度往往较低；如果客户能够与企业或品牌充分交流，妥善解决矛盾，并在矛盾解决后依然选择该企业或品牌的商品或服务，那么该客户的忠诚度就较高。

2. 影响客户忠诚度的因素

客户建立起对企业或品牌的商品或服务的忠诚是一个长期的积累过程，在这个过程中，客户忠诚会受到很多因素的影响。

扫码阅读

客户忠诚的类型

（1）客户满意度。一般来说，通常客户只会在拥有一次满意的购物经历后才有可能会进行复购，进而一步步建立起客户忠诚。

（2）客户信任。在交易行为中，信任支撑着"可以通过与该企业交易得到积极成果"的念头，促使客户做出了交易决定。对企业或品牌而言，客户信任有3个支持性的部分：企业提供商品或服务的能力、对客户的善意和企业信誉。只有同时在这3个方面都得到客户认可，才能让客户对企业或品牌产生信任。

（3）客户情感。企业或品牌与客户一旦有了深厚的情感联系，就会升华两者之间的关系。客户还将成为与企业休戚与共的粉丝，甚至在企业或品牌出现负面评价时，帮助企业或品牌降低负面影响。

（4）客户归属感。客户归属感是指客户把自己和企业或品牌绑定在一起，认为自己和企业或品牌形成了利益、精神等层面的共同体。当客户认同企业或品牌的理念、精神或设计语言，并感受到自己被企业重视、关怀、尊重、理解后，就会在不知不觉中建立起对企业或品牌的归属感。例如，小米会让客户深度参与各种商品的功能设计，使客户充分参与，从而加深客户的归属感。

（5）客户因忠诚获得的收益。研究证明，与企业或品牌保持关系越久、关系越密切的客户，越希望能得到一些特殊照顾和优惠。因此，企业或品牌应该让老客户得到更大的实惠，享受更优的待遇，这样才能维持老客户并激励其他客户对企业的忠诚。

（6）客户转移成本。客户转移成本是客户为更换商品或服务的提供者所需付出的各种代价的总和，包括货币成本（即客户购买商品或服务时的价格）、时间成本（客户在购买商品或服务过程中的时间耗费）和体力成本（客户在购买商品或服务过程中的体力耗费）等。转移成本是客户关系倒退的重要阻力，转移成本越大，客户越难以下决心更换企业，因此转移成本的增加有利于客户忠诚的建立和维系。例如，会员积分就能够加大转移成本，因为客户一旦离开，现有的积分就失去了意义。

星巴克客户忠诚度管理

星巴克独特的客户忠诚度管理，为其积累了一群忠诚度很高的客户，其中，为多数人所熟知的就是星巴克的星享卡制度。星享卡制度是一种会员制度，以会员的消费行为为依据对会员进行分级，将会员从低到高依次分为银星级、玉星级、金星级。等级越高的会员享受的优惠越多，具体如下。

（1）银星级的会员可以购买并绑定会员星礼包，能获得参与各类奖励星星的活动。

（2）玉星级的会员可以获得 3 张有效期为 7 天的饮品券：晋级券——晋级当日发放；生日券——生日当日发放；金星在望券——升级金星过程中发放。

（3）金星级的会员不仅能获得一系列的饮品券，还能获得直接使用积累的星星兑换饮品的权益。例如，使用 9 颗星星可兑换 1 杯中杯咖啡，使用 25 颗星星可兑换价值 78 元的指定单品好礼券。

另外，会员积累的星星也有一定的期限。例如，银星级的会员如果未在 3 个月内积满 4 颗星星，所积累的星星就会被清零，这就给会员带来了一定的时间压力，增大了会员在星巴克消费的概率，以免之前积累的星星过期。

星巴克通过这套制度，在客户心中建立起消费与积星之间的关联，在一定程度上消除了客户对消费的抵触心理。一旦客户转而寻求其他替代品，之前为积累星星付出的成本就将浪费，从而增加了客户的转移成本，有助于打消客户放弃星巴克的想法。此外，星巴克赠送给客户的饮品券还可以有效地刺激客户的消费需求。出于"有券不用，过期作废"的消费心理，客户在获得饮品券、礼券后往往会在短时间内前往星巴克消费，有助于帮助客户形成在星巴克购买咖啡的习惯。另外，在微博等新媒体平台中，星巴克还专门创建了 # 星巴克星享卡 # 等话题，星巴克的粉丝们经常会交流、分享自己的星星数目、星享卡礼品等，很好地促进了星巴克与会员们的联系。

无论是赠送饮品券还是积累星星，均是星巴克对会员实行分级制度以促进消费的手段。星巴克通过星享卡会员制度就可以开发更多的会员并提高、巩固现有会员的忠诚度。"促进消费+增强客户忠诚度"是星巴克星享卡会员制度的根本目标，通过星享卡会员制度，星巴克可以找到更为精准的客户群体，并与其建立紧密的沟通关系，进而将其转化为忠实客户。

9.2 客户关系管理系统及应用

客户关系管理系统是指利用软件、硬件和网络技术，为企业建立一个客户信息收集、管理、分析和利用的系统。客户关系管理系统可以实现大批量客户的信息管理、销售管理和营销管理，实现企业营销、销售、服务等活动的自动化，从而大大提高企业客户关系管理的效率，帮助企业实现以客户为中心的管理模式。

9.2.1 客户关系管理系统

客户关系管理系统主要以客户数据的管理为核心，需要记录企业在市场营销和销售过程中和客户发生的各种交互行为，以及各类有关活动的状态，从而提供各类数据模型，建立一个客户信息收集、管理、分析和利用的系统。

微课视频

1. 客户关系管理系统的分类

美国的调研机构美塔集团（Meta Group）根据功能和运行方式的不同，将客户关系管理系统分成运营型客户关系管理系统、分析型客户关系管理系统、协作型客户关系管理系统。

（1）运营型客户关系管理系统。运营型客户关系管理系统也称操作型客户关系管理系统或前台客户关系管理系统，主要供销售人员、营销人员和服务人员使用，这些人员用到的功能不同，如销售人员主要使用销售信息管理、销售过程定制、销售过程监控、销售预测、销售信息分析、库存信息管理等功能。

（2）分析型客户关系管理系统。分析型客户关系管理系统主要是分析从运营型客户关系管理系统或企业原有系统中获取的各种数据，进而为企业的经营和决策提供可靠的量化依据，帮助企业提高、优化客户关系的决策能力和整体运营能力。换句话说，分析型客户关系管理系统就是根据对客户信息的分析，帮助企业了解客户分类、满意度、购买趋势等，其显著特点就是智能化，非常适合企业管理者或领导使用。

（3）协作型客户关系管理系统。协作型客户关系管理系统更加注重通过提高客户服务请求的响应速度来提升客户满意度，主要利用呼叫中心、电话、电子邮件、即时通信工具等与企业进行信息交流和商品交易。

2. 客户关系管理系统的功能模块

图9-2所示为客户关系管理系统的一般结构，由图可知，客户关系管理系统主要包括营销、销售及服务3个主要功能模块，每一个模块都具有各自的功能与作用。

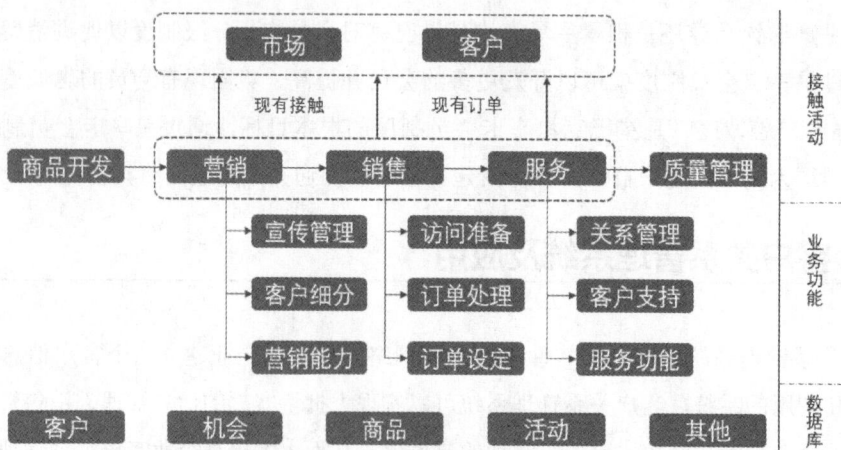

图9-2 客户关系管理系统的一般结构

（1）营销。营销模块可对客户和市场信息进行全面的分析，从而细分市场，规划高质量的市场活动，指导销售队伍更有效地工作。

（2）销售。销售模块主要是对商业机遇、销售渠道等进行管理，将企业所有的销售环节结合起来，形成统一的整体。销售模块有助于缩短企业销售周期，提高销售的成功率，同时还为销售人员提供企业动态、客户、商品、价格和竞争对手等大量的最新的企业信息。

（3）服务。服务模块为客户服务人员提供易于使用的工具和有用的信息，以提高客户服务人员提供服务的效率，增强服务能力。

9.2.2　呼叫中心

呼叫中心又称为客户服务中心，是一种基于计算机电话集成技术、通信网和计算机网的多项功能集成，并与企业连为一体的完整的综合信息服务系统。呼叫中心利用现有的各种先进的通信手段，有效地为客户提供高质量、高效率、全方位的服务，图9-3所示为某企业的呼叫中心。生活中常见的呼叫中心是电信行业的客户服务中心，消费者只需拨打特殊的号码，如10086（中国移动）、10000（中国电信）或10010（中国联通），就可以获取需要的服务。

图9-3　某企业的呼叫中心

1. 呼叫中心的功能

起初，呼叫中心仅有通话功能，随着时代的发展，不断有新技术被应用于呼叫中心，呼叫中心的功能也越来越丰富。现代化的呼叫中心主要有以下功能。

（1）来电弹屏。客户来电时，呼叫中心系统将自动弹出客户的详细资料及历史服务记录，以便人工坐席（人工应答人员+应答设备）为客户提供服务。如果是新客户来电，呼叫中心系统也将弹出提示信息，便于人工坐席添加客户资料。

（2）客户资料管理。客户资料是呼叫中心的基础，呼叫中心系统会提供多样化的资料管理手段，人工坐席可管理客户信息记录、客户跟踪阶段、客户行业、客户类别、客户归属等客户信息。同时，呼叫中心系统也支持客户数据的批量导入与导出。

（3）电话录音。客户与人工坐席通话时，呼叫中心系统将自动对其录音，且录音长期保留，方便事后查询听取。

（4）自动呼叫分配。呼叫中心系统可以成批处理来电，自动将来电呼叫分配给合适的人工坐席，实现企业客户资源的合理分配。

（5）自动语音应答。呼叫中心系统支持自由编辑各种语音文件，设定自动语音应答流程，以实现24小时电话自动语音咨询服务。

（6）电话排队管理。当来电过多时，呼叫中心系统将智能地为每个客户排队，待有人工坐席空闲时一次接入来电，并具备队列位置告知、队列通告等功能。

（7）服务评价功能。通话完毕后，呼叫中心系统将提示客户对本次通话服务进行评价打分，以便企业掌握客户的满意度。

2. 呼叫中心的作用

作为客户与企业沟通的统一平台，呼叫中心的作用主要体现在以下6个方面。

（1）为客户提供优质服务。呼叫中心可以向客户提供全方位、全天候的服务，其交互式、专业化、集成式的服务窗口可以减少客户的等待时间，同时得益于信息技术的应用，当客户接入时，呼叫中心系统就会将该客户的资料显示给人工坐席，人工坐席就可以根据客户过往的信息，为其提供个性化服务。凭借着呼叫中心强大的服务能力，企业可以全面提升自己的服务水平，进而提升客户的消费体验，形成自己的竞争优势。

（2）了解客户需求，提高客户服务水平。呼叫中心作为接收客户投诉及意见的窗口，是获取客户信息的主要渠道之一。通过及时记载客户的投诉、意见或建议、对业务及需求商品的咨询等内容，呼叫中心可以帮助企业更深层次地了解客户的需求，进而对相关商品或服务做出改进，优化服务结构，提高客户服务水平。

（3）降低企业运营成本。在呼叫中心出现之前，企业不得不设立大量客户服务网点，或通过信件与客户相互联系，成本高昂且低效。呼叫中心大大提高了双方联系的效率，降低了企业的运营成本。智能语音应答技术更是让大量简单的、程序化的常见客户问题得到了自动化的处理，使得人工坐席仅需处理一些非常规的、复杂的问题，大大提高了劳动效率，企业的运营成本也因此降低。

（4）为企业决策提供参考。通过呼叫中心，企业可以快速、便捷地获取客户的各种信息，如客户的投诉、客户对商品或服务的评价等，这些信息对于企业决策具有非常重要的参考价值。

（5）创造利润。呼叫中心还可以主动开展电话营销，可以帮助企业增加销量，积累客户，提高营业收入，创造更加丰厚的利润。

（6）优化企业资源配置。呼叫中心能够使企业充分掌握客户的情况，从而更合理地分配企业有限的人力、物力和财力，实现资源的优化配置。

案例阅读

海尔呼叫中心

海尔集团很早就在青岛建设了对外统一的热线服务窗口——海尔呼叫中心，将海尔集团原来分散独立的呼叫中心整合到一个平台，形成全国统一、系统先进、管理高效的呼叫中心，实现海尔集团"只要您一个电话，剩下的事由海尔来做"的服务目标。随着经济的发展，该呼叫中心已经发展成为一个规模大、范围广的自建呼叫中心，而海尔集团也一直将其定位为获取客户信息、了解客户实际需求的服务中心。后来，海尔集团欧洲呼叫中心还让海尔员工通过电话向海外客户解答有关商品的疑惑，以提高呼叫中心的"咨询到位率"，提升客户的服务体验。

随着互联网时代的到来，海尔呼叫中心还引入了微信、微博、QQ 等多媒体客户服务渠道，随后，海尔集团更是以大数据分析、360 度客户视图管理、精准关怀、精准营销为切入点，建立了多媒体客户互动交互社区。客户无论通过哪个渠道进入社区提出问题或需求，都会被送至海尔的研发、技术等部门，这样海尔不仅可以第一时间为客户提供专业的解答，还可以对接海尔服务网点的工作人员，实现快速上门服务，彻底打通线上线下的服务业务。同时，客户也可以在社区上分享自己在使用感受、家电保养等方面的经验体会，这些数据可以为海尔的精准服务、精准营销提供支持，并反过来助力生产、研发环节。

海尔的呼叫中心不仅能解决客户咨询或反映的问题，还在营销、研发方面起着重要的作用。通过呼叫中心，海尔能更加有效地处理客户的问题或需求，更好地为客户服务。

9.2.3　客户关系管理系统应用

虽然现在市面上有很多客户关系管理系统可供选择，但企业不能一味地模仿和照搬其他企业的成熟系统，否则可能导致客户关系管理系统与企业生产经营实际脱节，这样不仅无法帮助企业增加效益，反而会拖累企业的正常经营。因此，不同的企业应根据自身的实际情况选择客户关系管理系统，客户关系管理系统的应用模式可以分为以下 4 种。

（1）客户行为主导型。企业以客户行为分析为核心建立业务流程，准确识别出关键的、有价值的客户，进行精准营销。对于这类企业来说，客户关系管理系统的主要工作是建立客户数据库，对客户数据进行科学分析，以便促进客户长期购买。

（2）市场风向主导型。企业建立以所掌握的市场信息为中心的业务流程，依靠分散在全国各地的经销商或销售人员来获得市场信息并完成销售任务。对于这类企业而言，客户关系管理系统的作用是加强管理，把分散在经销商或销售人员手中的信息转变为企业的资源，同时协助考核销售人员的绩效。

（3）销售过程主导型。企业建立以管理销售机会与销售过程为中心的业务流程，通过直接销售的方式，完成各种销售任务，并促进客户长期购买。这类企业期望通过客户关系管理系统对销售人员提供资源支持，以及完善客户关系管理系统，从而快速获取订单，并将销售人员的客户资源转变为企业资源。

（4）售后服务主导型。企业建立以售后服务为中心的业务流程，以便快速获取客户的售后记录并响应客户各项服务请求，同时有力地监督管理售后过程，做到任务资源的顺畅调配。这种类型的企业主要是应用客户关系管理系统来建立低成本、高效率的"呼叫中心"，并使之与企业的售后维保执行体系相协调。

素养提升

党的十九届五中全会提出"以满足人民日益增长的美好生活需要为根本目的"，企业的客户关系管理同样需要坚持该理念，"人"是实施客户关系管理的关键部分，只有在满足人们需求的基础上进行客户关系管理，才能提高人们的满意度和忠诚度，进而形成独特的竞争优势。

9.3 案例分析——华为：以客户为中心

华为是全球领先的信息与通信技术（Information and Communications Technology，ICT）基础设施和智能终端提供商，创立于1987年。借助优质的客户关系管理，致力于为客户提供优质的服务，华为与客户建立了互相信任的关系，获得了竞争优势。

9.3.1 华为简介

华为是一家生产并销售通信设备的民营通信科技公司，专注于ICT领域，坚持开放式创新，着力构建友好、健康的产业环境，为电信运营商、企业等提供有竞争力的ICT解决方案和服务，并提升客户的使用体验，为客户创造更大的价值。

2017年，华为推出HUAWEI Mate 10智能手机，为客户带来真正意义上的、足以由AI主导的智能手机；同年，华为成立华为云（Cloud BU），截至2017年年底，华为云已上线14大类99个云服务，以及包括制造、医疗、电商等在内的50多个解决方案。2018年，华为发布新一代人工智能手机芯片——麒麟980。2019年，华为云已上线200多个云服务以及190多个解决方案。截至2019年年底，华为已有约19.4万名员工，华为的商品和解决方案已应用于170多个国家和地区，服务30多亿人口。

9.3.2 华为忠诚度管理

京东与益普索（中国）咨询有限公司联合发布的白皮书数据显示，2020年华为手机的忠诚度高达89%；根据今日头条公布的数据，2021年上半年国内手机用户对华为品牌的关注度位居第一，这说明超8成华为用户在更换手机时会继续选择华为手机，转而购买其他品牌手机的客户非常少。

这一成就的取得，一方面有赖于华为为客户提供了高质量、高技术水平的手机产品，另一方面，也得益于华为优秀的客户忠诚管理。手机维修一直是人们头疼的问题，为了让手机送修更方便，自2015年年底开始，华为开展"快递双向免费"的寄修服务，在2018年建立了覆盖各省区市的寄修中心，在寄修过程中，会有工作人员致电客户告知维修进展，做到了"省心服务""放心维修""透明维修"。2020年暑期期间，华为服务店还为户外工作人员提供"爱心驿站"服务，欢迎户外作业人员到店纳凉、充电、饮水、免费消毒，并在完成维修后提供免费贴膜、维修赠礼等回馈。在县区，新开业的服务店还举行了"新店服务月"活动，为县区进店消费者提供免费贴膜、保外维修免人工费等福利。

同时，华为还为客户提供了多样的增值服务，如"碎屏服务宝"让客户遭遇屏幕意外破碎或者开裂时，可在华为服务店免费更换原装屏幕；"无忧服务"使客户可享受购买后两年官方质保和两年内两次低价意外故障维修；"延长服务宝"在标准保修服务期的基础上，延长一年或半年的保修时间。正是因为这些服务免除了客户的后顾之忧，建立了良好的企业形象，才赢得了客户的信赖和忠诚。

9.3.3 华为客户关系管理

创立伊始，华为就提出：华为的追求是实现客户的梦想。华为的技术研发以客户需求为准绳，倡导以新的技术手段实现客户需求，通过分析客户需求，提出解决方案，从而引导企业开发出低成本、高价值的商品。在市场开发上，华为像对待重要客户一样对待每一位客户。华为在俄罗斯取得的第一笔订单仅12美元，华为将这笔订单高质量地完成，并继续拜访俄罗斯的电信运营商，最终，俄罗斯成了华为最大的海外市场。

华为十分注意建立服务机构，华为的设备用到哪里，就把服务机构建到哪里，这不仅是为了给客户提供优质的服务，也是为了借此了解客户的需求、收集客户的意见和建议。2021年，华为在我国30多个省区市和300多个地级市，全球90多个国家和地区建立了这种服务机构，通过服务机构，客户的需求、意见和建议都可以被及时反馈到公司，为商品的设计研发提供参考。

另外，在员工培训方面，华为也要求员工以客户为中心，在工作中尊重、重视、关心、贴近客户，并尽力满足客户的需求。华为还聘请国际专家到各地培训，帮助客户了解电信发展趋势及经营管理。华为派技术人员介绍商品基本信息和技术应用，帮助客户掌握华为商品，提高客户对华为商品的熟悉度，加强与客户的联系。除此之外，华为还在每个地市建立客户服务中心，加强地市一级城市的营销服务网络。

华为一直坚持真诚地对待客户，站在客户的角度，从客户的利益出发思考问题，要求所有员工都有为客户服务的意识，这些举动为华为赢得了良好的口碑，是华为成为世界领先企业的重要因素。

根据上述材料，分析以下问题。

（1）华为为什么重视客户关系管理？

（2）为什么华为的客户忠诚度这么高？

任务实训

随着互联网的应用越来越普及，客户信息处理技术也得到了发展。在电子商务领域，企业或品牌在交易过程中获得了大量的客户数据，并以此为基础进行了有效的客户关系管理。另外，电子商务的高速发展还为客户关系管理提供了新的发展方向，使得客户关系管理成为一个不断通过老客户的行为和数据，带来新客户的转化和数据的手段。为了更好地理解客户关系管理相关的基础知识，下面通过实训来巩固所学知识。

【实训目标】

（1）掌握对忠诚度较高的企业或品牌的客户进行忠诚度管理。

（2）了解呼叫中心。

【实训内容】

（1）小米拥有较多的忠实客户，其客户忠诚度非常高，在网络中搜索其在客户忠诚度管理方面所做的举措，与同学讨论相关举措的作用，并比较其与华为的忠诚度管理有什么区别，完成表9-1所示的小米和华为客户忠诚度管理对比。

表9-1　小米和华为客户忠诚度管理对比

企业	客户满意度	客户情感	客户归属感	客户转移成本
小米				
华为				

（2）在网络中搜索中国移动的呼叫中心，分析呼叫中心在开发新客户、挽回流失客户方面的作用。

课后习题

1. 名词解释

（1）客户关系管理　　（2）客户满意度　　（3）客户忠诚度　　（4）呼叫中心

2. 单项选择题

（1）建立客户资料数据库的要求不包括（　　　）。

　　A. 目标明确　　　B. 编排规范　　　C. 逻辑明确　　　D. 独立保密

（2）衡量客户忠诚度的指标不包括（　　　）。

　　A. 复购次数　　　B. 挑选时间　　　C. 客户期望　　　D. 购物金额

（3）对商业机遇、销售渠道等进行管理，将企业所有的销售环节结合起来，形成统一的整体属于客户关系管理系统（　　　）模块的功能和作用。

　　A. 营销　　　　　B. 销售　　　　　C. 服务　　　　　D. 商业智能

3. 多项选择题

（1）影响客户忠诚度的因素包括（　　　）。

　　A. 客户满意度　　B. 客户信任　　　C. 客户情感　　　D. 客户归属感

　　（2）客户关系管理系统可以分为（　　　）。

　　　　A．运营型客户关系管理系统　　　　B．分析型客户关系管理系统

　　　　C．协作型客户关系管理系统　　　　D．分享型客户关系管理系统

　　（3）下列选项中，有关客户关系管理的说法正确的有（　　　）。

　　　　A．客户关系管理由赫尔维茨集团（Hurwitz Group）提出

　　　　B．客户满意是客户关系管理的根本目的

　　　　C．客户信息管理、客户满意度管理及客户忠诚度管理是客户关系管理的重点

　　　　D．客户关系管理系统主要以客户数据的管理为核心

4．思考题

　　（1）什么是客户关系管理？其主要解决什么问题？

　　（2）如何提高客户满意度和客户忠诚度？

　　（3）客户关系管理系统包括哪些部分？各部分的功能是什么？

　　（4）呼叫中心的作用是什么？

5．案例分析题

某超市利用联合会员卡提高客户忠诚度

　　在某一个县城里，有一家超市推出了自己的会员积分卡，但是超市老板很快发现，客户虽然人手一张积分卡，但是并没有因此变得更爱购物。

　　为此，他和几个相熟的客户聊天，发现这些客户人人都有很多张会员卡，分别来自于酒店、理发店、电影院、出租车公司、餐厅等企业，但是客户并没有将这些会员卡放在心上，只是碰上了优惠就用而已，反正会员卡也是白送的，登记信息就能得到。客户反映要兑换优惠，需要攒很久积分，而且兑换物的吸引力也不强。

　　显然，这些会员卡并没有发挥出超市预想的效果，该超市的老板思考了很久，终于想出了解决办法。一个星期后，县城里的多家商店和企业都贴出了告示，宣传新出的"联合会员卡"。

　　超市里，老板为几位客户介绍新出的联合会员卡："持这张卡，无论你是在这里消费，还是在××饭店吃饭、到××电影院看电影，都可以积累积分，而且积分可以在多家商店和企业通用。目前这张卡支持本市17家商店或企业，未来还会有更多商店或企业加入。你只需要在任意支持的商店或企业消费满100元就可以免费办理联合会员卡。"几个客户被老板说得心动，纷纷决定办理这种联合会员卡。

　　很快，联合会员卡就在该县城风靡，几乎人手一张，客户在消费时也会优先选择到支持该卡的商店或企业。到了月末，几乎所有支持联合会员卡的商店或企业都发现自己的营业额有了明显的上升。经过不断发展，联合会员卡成了该县城的一张文化名片，外地游客到达后的第一件事就是办理一张联合会员卡。

　　根据上述材料，分析以下问题。

　　（1）联合会员卡是如何提高客户忠诚度的？

　　（2）该超市还可以从哪些方面提高客户忠诚度？

第10章

电子商务综合实践

1. 实验目的

（1）了解开通网店的流程，掌握开通个人网店的方法。

（2）掌握网店装修的方法，能够根据实际需要装修店铺首页。

2. 实验准备

（1）注册淘宝网和支付宝账号，并完成支付宝账号与淘宝账号的绑定。

（2）完成支付宝认证和实人认证。

（3）确定网店的名称、Logo和联系地址。

（4）了解网店的页面结构，熟悉页头、页面风格的搭配方法。

3. 实验内容

通过淘宝网开设网店并进行运营，能对电子商务的含义、模式、交易方式等进行系统了解，其中个人网店由于具有开店门槛较低、易操作等特点，吸引了大批的个人商家入驻。本实验将以个人的身份申请开设个人网店，然后对网店进行装修，具体操作步骤如下。

（1）在淘宝网首页选择"免费开店"选项，在打开的页面中单击"个人开店"按钮。设置店铺名称，阅读并同意淘宝协议后，单击"0元开店"按钮。

（2）打开"开店"页面，在该页面中根据需要进行"支付宝认证"和"实人认证"。

（3）按照提示完成认证并审核认证通过后，单击"进入开店完成页"按钮完成开店操作，图10-1所示为完成开店。

（4）进入千牛卖家工作台，依次单击左侧导航栏中的"店铺"/"店铺信息"选项，在打开的页面中设置网店的基础信息。

（5）进入"淘宝旺铺"页面，单击"店铺装修"选项卡，在打开的页面上方单击"PC端"按钮，再在打开的页面中选择并应用店铺模板，图10-2所示为应用模板。

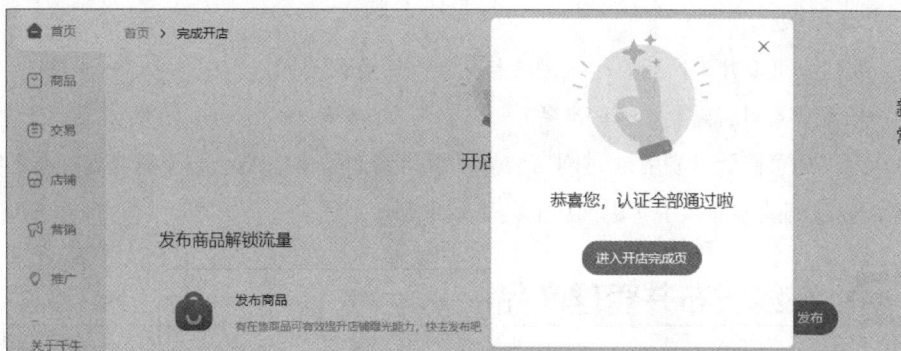

图10-1　完成开店

图10-2　应用模板

（6）在"店铺装修"页面的左侧导航栏中选择"配色"选项，在打开的面板中选择配色方案，图10-3所示为更改配色。

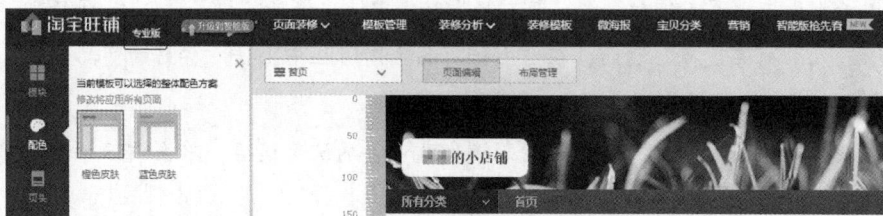

图10-3　更改配色

（7）使用相同的方法，在店铺装修页面左侧导航栏中设置页头背景色、页头背景图。

（8）在"页面背景色"与"页面背景图"栏中设置页面的颜色或图案，以及背景显示和背景对齐方式。

🎓专家提示

　　页面背景与页头背景的颜色效果应该保持一致，即页头设置了什么颜色效果，页面也应是相同或相似的颜色效果，如果页头为图案效果，页面也应是相同或相似的颜色或图案效果。

4．实验问题

（1）哪些人可以开设网店？个人网店与其他网店有何不同？

（2）开设个人网店需要做哪些准备？

（3）为了尽可能让消费者通过网店装修了解店铺的基本情况，给予消费者优质的购物体验，卖家需要从哪些方面入手考虑网店的装修效果？

实验二 在线发布并管理商品

1．实验目的

（1）了解在线发布商品的一般流程和发布的方法。

（2）掌握商品信息的整理与填写方法，能够识别有利于商品展示的信息。

（3）掌握修改商品信息，以及下架和上架商品的方法。

2．实验准备

（1）拍摄商品图片。

（2）了解商品信息，制作商品图文描述。

（3）了解商品主图、类目和标题设置的重要性。

3．实验内容

发布商品是指将商品信息上传至网店中，让消费者能够通过商品描述来了解商品信息，进而购买商品。当需要对商品信息进行编辑时，还可以修改商品信息或上架、下架商品。本实验将发布一款项链，并对发布后的商品信息进行编辑，具体操作步骤如下。

（1）进入千牛卖家工作台页面，在左侧导航栏中依次选择"商品"/"发布宝贝"选项。

（2）进入"商品发布"页面，在"上传商品主图"栏中上传准备好的商品图片（配套资源：\素材\第10章\项链.png）。

（3）在"确认商品类目"栏中确认或修改类目。确认无误后，单击"下一步，完善商品信息"按钮，图10-4所示为上传商品主图并确认类目。

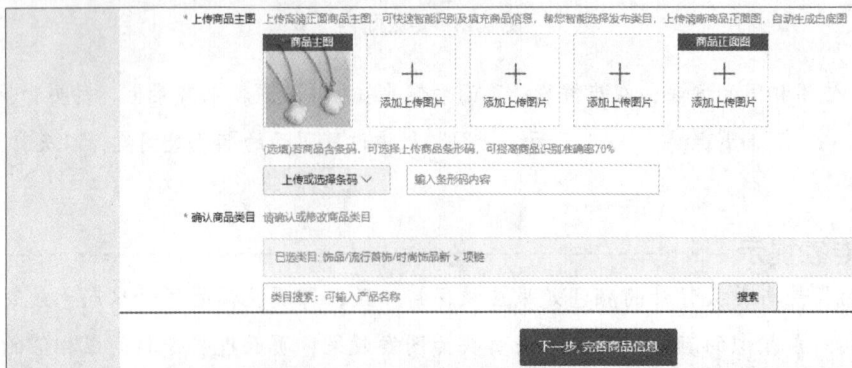

图10-4　上传商品主图并确认类目

（4）打开"完善商品信息"页面，在"基础信息"面板中设置商品标题，在"类目属性"栏中填写类目属性。

（5）在"销售信息"栏中设置商品的价格和数量。

（6）在"支付信息"栏中设置商品的付款方式、库存计数方式、售后服务。

（7）在"物流信息"栏中设置商品的提取方式和运费模板。

（8）在"图文描述"栏中，可以看到"电脑端图片宝贝"栏的内容已被系统预填，如果商家想要更换图片可以单击该图片进行更换。

（9）在"电脑端描述"栏中设置商品图文详情，图10-5所示为输入商品详情。

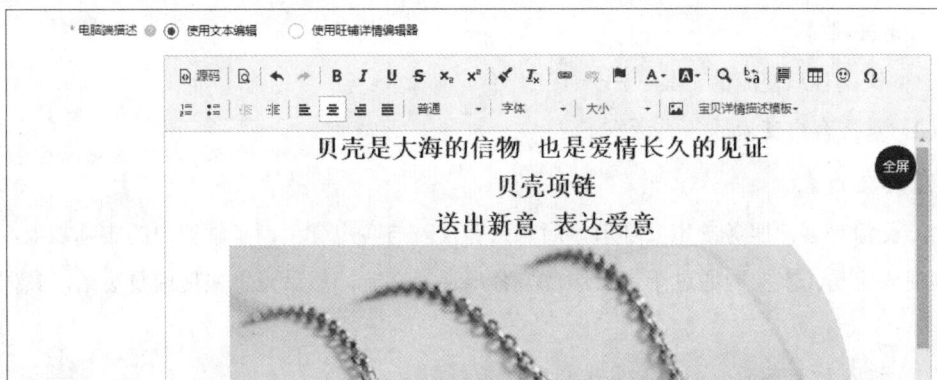

图10-5　输入商品详情

（10）在"手机端描述"栏中生成新的手机详情页。

（11）设置商品的上架方式，完成后单击"发布"按钮完成商品发布。

（12）发布成功后，在"已发布的宝贝"页面中可查看已完成发布的商品。然后单击"操作"栏中的"编辑商品"超链接，图10-6所示为编辑商品。在打开的页面中修改商品信息。

（13）在"操作"栏中单击"立即下架"超链接，对不需要的商品进行下架操作。

（14）在"仓库中的宝贝"页面中单击"操作"栏中的"立即上架"超链接上架商品，图10-7所示为上架商品。

图10-6　编辑商品

图10-7　上架商品

4. 实验问题

（1）消费者在电商平台中主要通过哪些途径了解商品信息？

（2）商品信息的呈现影响着消费者对商品的认知，商家在发布商品信息过程中应注意哪些地方，才能通过发布的商品信息吸引消费者？

（3）什么情况下需要修改商品信息？哪些商品信息能影响消费者的购买意向？

实验三　客户交流

1．实验目的

（1）了解客户服务的重要性。

（2）掌握客户交流的方法。

2．实验准备

（1）认识客户交流的工具——千牛工作台。

（2）掌握客户交流的各类话术。

3．实验内容

客户交流是客户服务的重要环节，商家只有及时与客户交流，了解客户的实际需求，才能更快地促成交易。本实验通过千牛工作台与客户进行交流，然后设置快捷回复短语，具体操作步骤如下。

（1）进入聊天界面，向客户发送文本信息和表情。

（2）向客户发送图片、视频或文件，用于辅助说明文本信息。

（3）查看与客户的聊天记录。

（4）查看常用的快捷短语，然后新增快捷短语，为快捷短语设置快捷编码，图10-8所示为新增快捷短语。

（5）在聊天窗口中发送快捷回复短语。

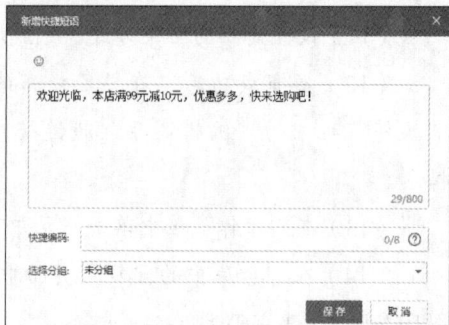

图10-8　新增快捷短语

4．实验问题

（1）不同客户的说话方式和需求不同，商家与不同客户交流要遵循什么原则？

（2）商家与客户交流时，应避免使用哪些词汇？

（3）商家与客户交流时，可以采取哪些措施来收集客户资料？

实验四　订单管理

1．实验目的

（1）掌握修改订单信息的方法。

（2）掌握订单的发货和退款处理操作。

（3）掌握交易关闭的设置方法。

2．实验准备

（1）做好与客户的交流沟通。

（2）确认物流和发货信息。

（3）确认不同订单状态的处理方法。

3．实验内容

经过交流后，若客户购买商品就会形成订单，订单是对客户信息与商品购买信息的集中展示，商家需要根据实际情况对订单进行管理。本实验将进行订单价格修改、订单发货、退款处理、关闭交易等操作，从而了解并掌握电子商务的交易流程与事项处理方法，具体操作步骤如下。

（1）打开千牛卖家工作台页面，在"已卖出的宝贝"页面中修改等待买家付款的订单的价格，包括涨价或折扣的额度，以及邮费等，图10-9所示为修改价格。

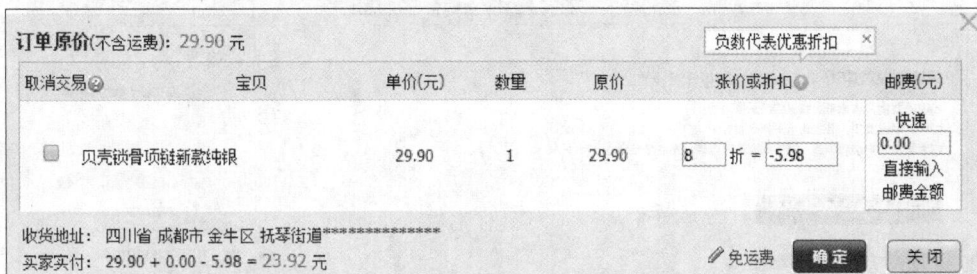

图10-9　修改价格

（2）查看等待发货的商品，确认买卖双方交易信息无误后进行发货，图10-10所示为发货。

图10-10　发货

（3）确认收货信息及交易详情，如果客户表示需要修改收货信息，则需要重新设置客户收货信息。

（4）确认发货/退货信息，如果要修改发货/退货信息，则需要修改对应的信息。

（5）在"在线下单"中选择配送方式，如在图10-11"圆通速递"后单击"选择"按钮，然后单击"确认"按钮，就可完成确认发货。图10-11所示为确认发货。

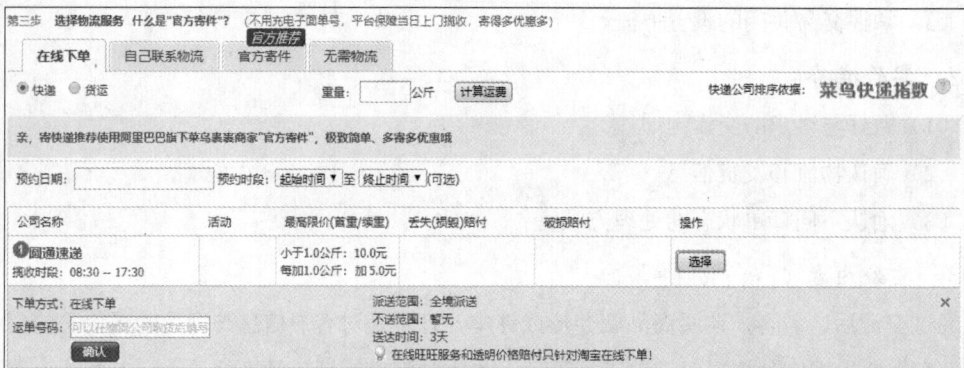

图10-11　确认发货

（6）在"退款管理"页面中查看客户申请退款的订单信息，根据情况选择"同意退款"或"拒绝退款申请"，图10-12所示为同意退款。

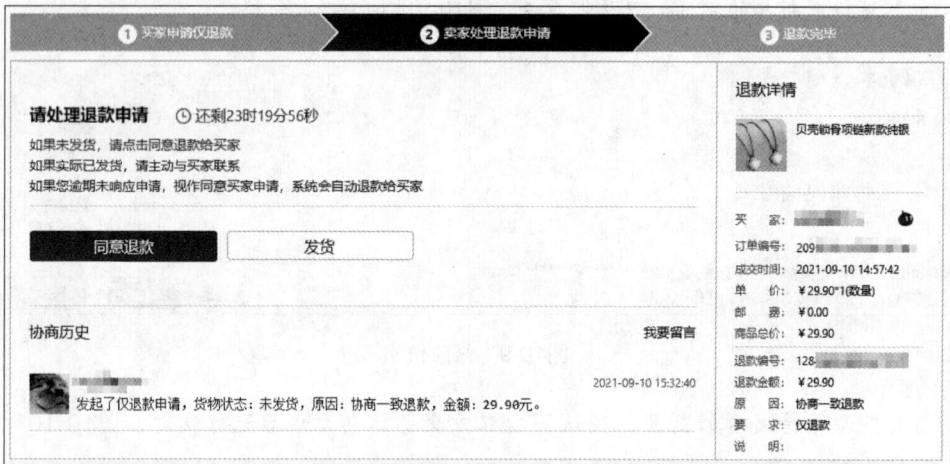

图10-12　同意退款

（7）在"已卖出的宝贝"页面中对需要关闭交易的订单进行关闭操作。

4. 实验问题

（1）什么情况下可以修改订单信息？修改订单信息时应注意哪些问题？

（2）订单发货有哪几种形式？选择物流时应考虑哪些因素？

（3）订单退款容易引发买卖纠纷，若出现了买卖纠纷，可以通过哪些途径来解决？

实验五　使用微博推广商品

1. 实验目的

（1）了解微博营销的作用。

（2）掌握微博账号的创建方法。

（3）掌握发布微博文案的方法。

2．实验准备

（1）确认微博的类型、名称。

（2）未注册过微博账号的手机号。

（3）确定推广的商品、目的以及方式。

3．实验内容

微博不光是一个营销工具，还是一个非常有效的商品推广平台。本实验将创建微博账号，发布与商品有关的推广内容，体验微博在网络营销中的作用，具体操作步骤如下。

（1）选择注册方式为个人，然后填写注册手机号码、密码、生日和验证码。

（2）完善账号资料，分别输入昵称、生日、性别和所在地。

（3）注册成功后，进入微博的"编辑资料"页面，设置账号的头像、简介等信息，图10-13所示为编辑账号资料。

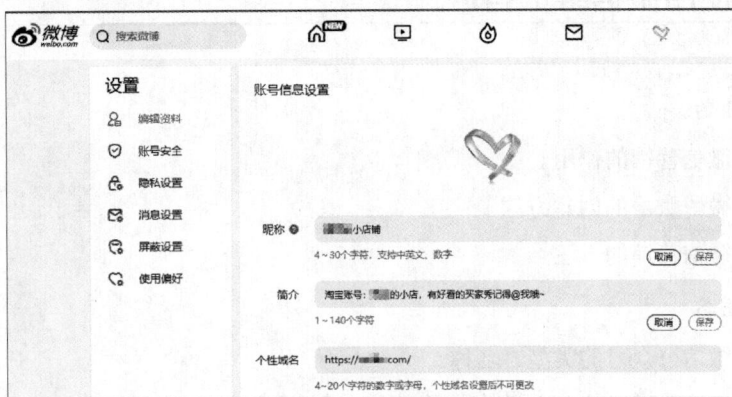

图10-13　编辑账号资料

（4）在微博首页上方的文本框中输入推广文案或通过单击界面右上角的"发微博"按钮，在打开的"快捷发布"对话框中输入推广文案。

（5）在推广文案中添加图片，如图10-14所示，完成后发送文案。

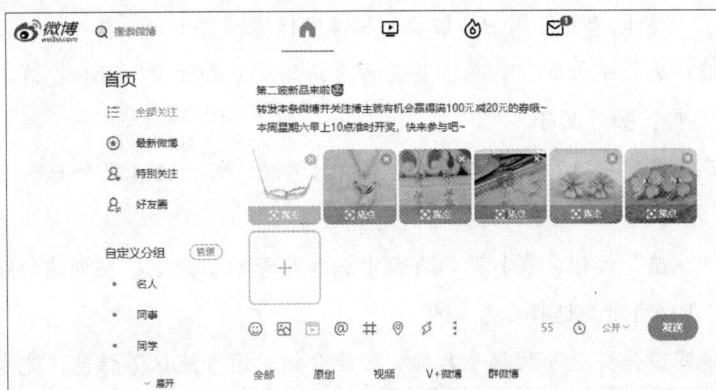

图10-14　在推广文案中添加图片

（6）查看微博话题榜，选择合适的热门话题，并输入#话题词#添加话题，然后发布微博。

🎓 **专家提示**

话题词中间不能加入 #@<>"&'\n\t\r 等符号，且长度需在4个字（含）到32个字（含）之间，否则无法发布生成话题页面。并且，创建话题后，商家还需要开展一些转发抽奖活动，或联合一些粉丝数量较多的微博账号转发自己发布的微博，以吸引用户积极参与话题讨论，提高微博话题的热度。

4．实验问题

（1）怎么判断自己适合注册哪种类型的微博？

（2）微博内容应该怎么写才能吸引用户？

实验六 使用微信维护客户

1．实验目的

（1）了解微信营销的作用。

（2）掌握微博账号的创建方法。

（3）掌握微信营销的方法。

2．实验准备

（1）确认微信公众号的类型、名称。

（2）准备未注册过微信公众号的电子邮箱、手机号码。

（3）确定微信群的群成员数量与人员。

3．实验内容

微信是一个基于用户关系的信息分享、传播以及获取的平台。利用微信来维护客户，进行客户关系管理，可以帮助商家提高客户满意度，增加经济效益。本实验主要进行创建微信公众号、管理微信公众号和创建并使用微信群等，具体操作步骤如下。

（1）进入微信公众平台官网，单击页面右上角的"立即注册"按钮，在打开的页面中选择要申请的账号类型，如订阅号。

（2）在打开的页面中填写账号基本信息，输入邮箱、邮箱验证码和密码，图10-15所示为填写账号基本信息。

（3）单击"注册"按钮，在打开的页面中选择账号的注册地、要创建的账号类型和账号的主体类型，图10-16所示为选择账号类型。

（4）继续填写微信公众号的账号名称、功能介绍、运营地区等信息，完成微信公众号的注册。

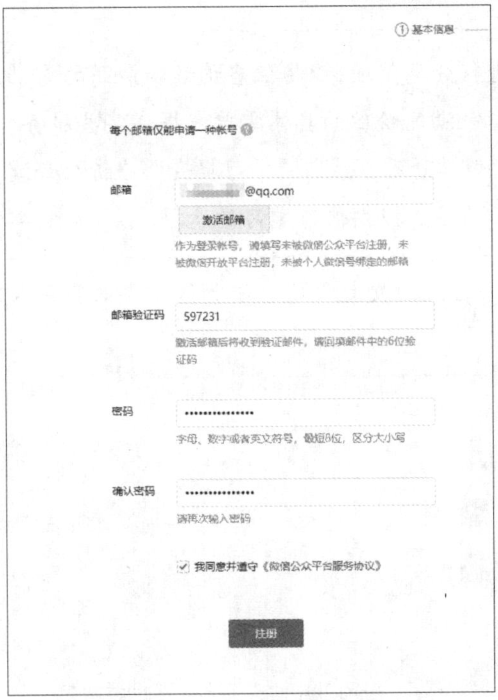

图10-15　填写账号基本信息

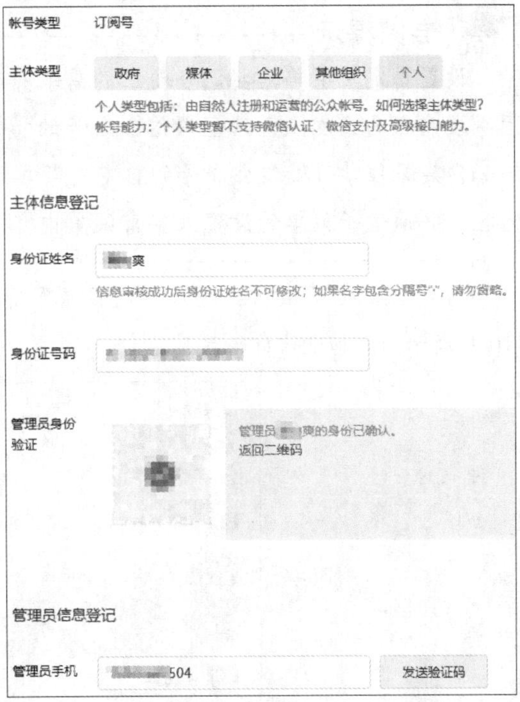

图10-16　选择账号类型

（5）进入微信公众号后台，选择"账号详情"选项，在打开的页面中设置微信公众号账号的头像等信息。

（6）在微信公众号后台设置被关注后的自动回复内容，图10-17所示为设置被关注回复。

（7）在微信公众号后台设置自定义菜单，包括一级菜单和子菜单。需要注意的是，一级菜单最多可添加3个。

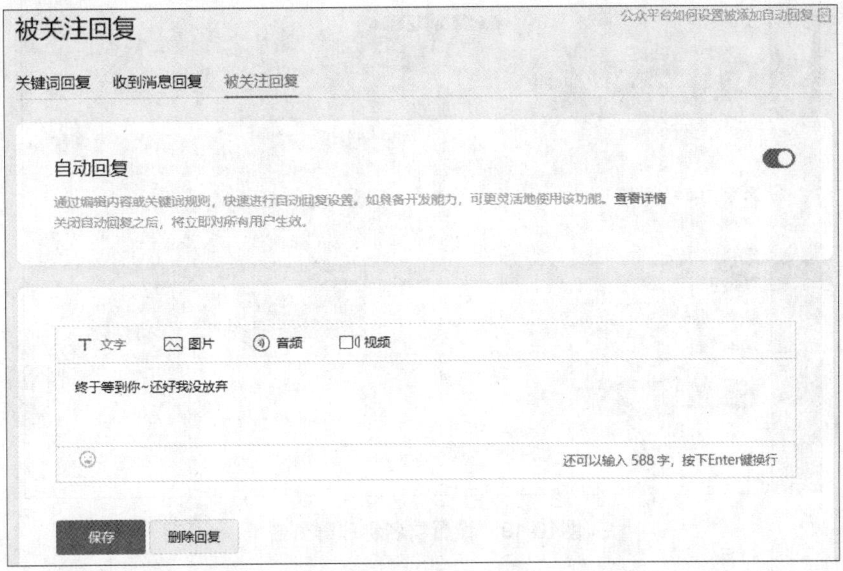

图10-17　设置被关注回复

专家提示

　　设置自定义菜单需要调查粉丝的需求并进行分类整理，以粉丝咨询频率最高的需求、困惑或痛点为出发点，结合微信公众号的功能来满足粉丝的具体需要或提供某些服务。例如，某课程学习微信公众号的自定义菜单就以"资源下载""学习提升""新人必读"为主，并通过子菜单的设置来丰富菜单内容，为粉丝提供快速学习的途径。

　　（8）登录PC端微信，进入"通信录"界面，然后发起群聊，添加微信群的联系人，图10-18所示为添加微信群联系人。

图10-18　添加微信群联系人

　　（9）微信群创建完成后，查看微信群的详细信息，修改微信群的群名称、群公告，图10-19所示为设置群名称和群公告。

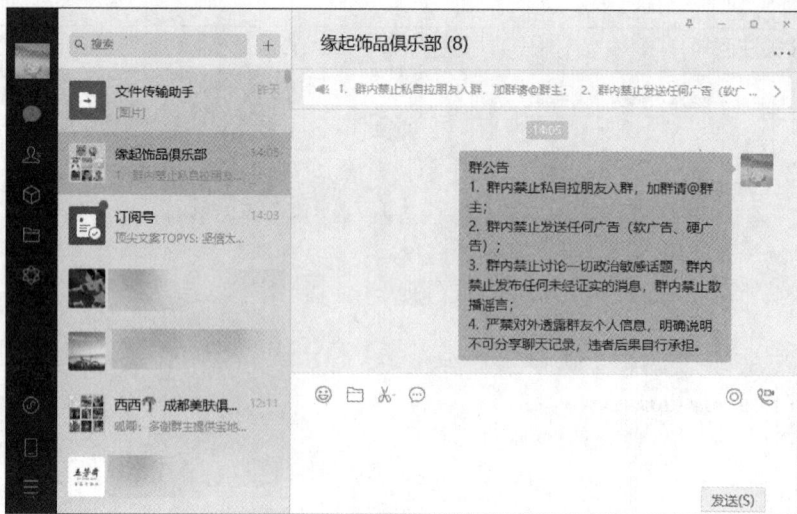

图10-19　设置群名称和群公告

　　（10）删除非客户的群成员，对群成员进行管理，然后请群成员自行修改备注。

（11）将微信群置顶并保存到通信录中。

4．实验问题

（1）微信公众号有不同的类型，怎么确定自己适合选择哪一种类型？

（2）微博公众号的自动回复有哪几种？这几种自动回复有何区别？

（3）怎样在微信群中发布信息，才能让群成员不反感？

实验七　体验在线支付

1．实验目的

（1）了解在线支付的应用场景。

（2）掌握在线支付的方法。

2．实验准备

（1）开通微信支付、支付宝支付功能。

（2）绑定银行卡并进行实名认证。

3．实验内容

在线支付的方式多样，可以满足不同用户的多种支付场景需求，本实验将通过微信和支付宝体验在线支付的各种功能，具体操作步骤如下。

（1）在移动端中登录微信，单击微信主界面右上角的"+"按钮，在打开的列表中查看"收付款"功能，通过该功能的"向商家付款"进行支付。

（2）开通二维码收款功能，通过该功能收款。

（3）通过微信主界面的"扫一扫"功能支付订单。

（4）在移动端中登录支付宝，通过支付宝的"扫一扫"和"收付款"功能进行订单支付，对比与微信支付的异同。

（5）在支付宝中充值话费。

（6）在支付宝中缴纳水、电费。

4．实验问题

（1）在线支付有哪些好处？

（2）微信的条码支付与二维码支付适合在哪些场景中使用？

实验八　使用阿里店小蜜体验智能客服

1．实验目的

（1）了解智能客服的重要性。

（2）掌握智能客服的服务内容与操作方法。

2. 实验准备

（1）了解阿里店小蜜。

（2）下载千牛客户端。

3. 实验内容

人工客服存在一定的弊端，如响应时间慢、业务能力不足等，所以现在许多商家都会使用智能客服为客户提供服务，如阿里店小蜜。阿里店小蜜的运行和使用依托于千牛客户端，因此，开启阿里店小蜜的第一步是在千牛客户端中进行员工管理、客服分流等设置，设置完毕后即可继续开启阿里店小蜜的操作。具体操作步骤如下。

（1）登录千牛，进入千牛工作台，搜索"旺旺分流"后进入"旺旺分流"操作界面。

（2）单击旺旺分流界面顶端的"设置"按钮，打开"客服分流管理"操作界面，单击图10-20所示的单击"新增分组"按钮，在其中新增一个"售前客服"客服分组。

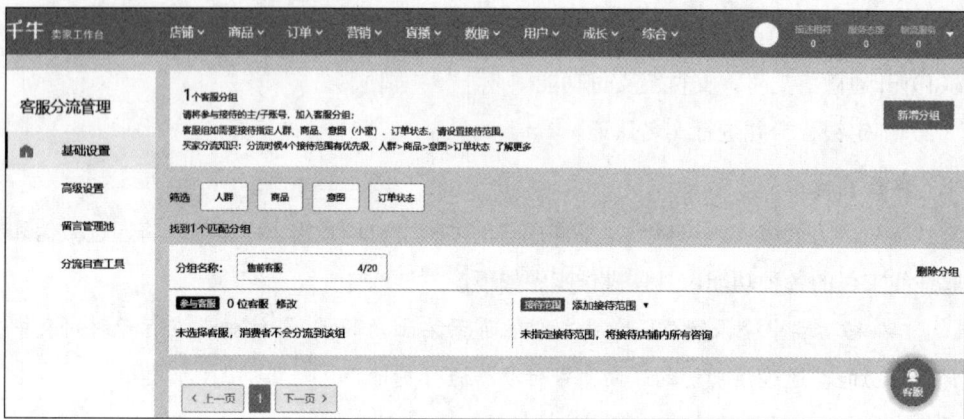

图10-20　单击"新增分组"按钮

（3）对新增的客服分组进行添加客服、批量移除客服、批量移动客服至其他组等操作。

（4）在"高级设置"选项卡的"机器人配置"栏中设置机器人接待分流策略，如图10-21所示。

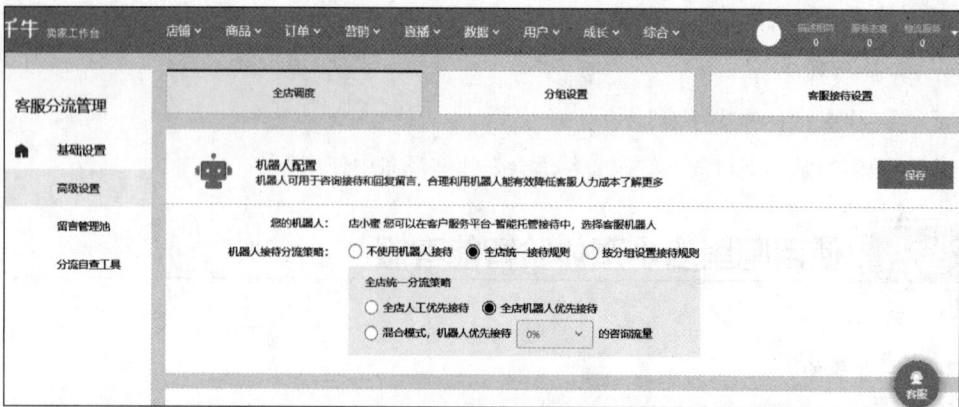

图10-21　设置机器人接待分流策略

（5）在工作台操作界面搜索"阿里店小蜜"，打开并阅读店小蜜使用协议，然后签署协议并开启店小蜜。

（6）签署用户协议，然后一键开启店小蜜的所有功能。

（7）配置网店高频问题并确认答案，包括第1个问题、第2个问题、第3个问题、第4个问题，如图10-22所示。

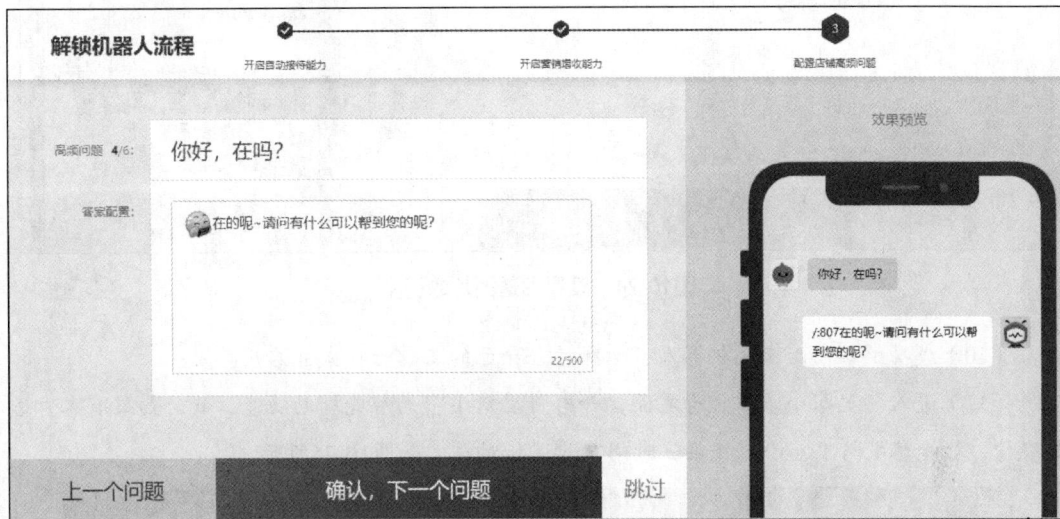

图10-22　设置问题并确认答案

（8）配置第5个问题，该问题是针对客户发送了商品链接后的自动回复，如图10-23所示。

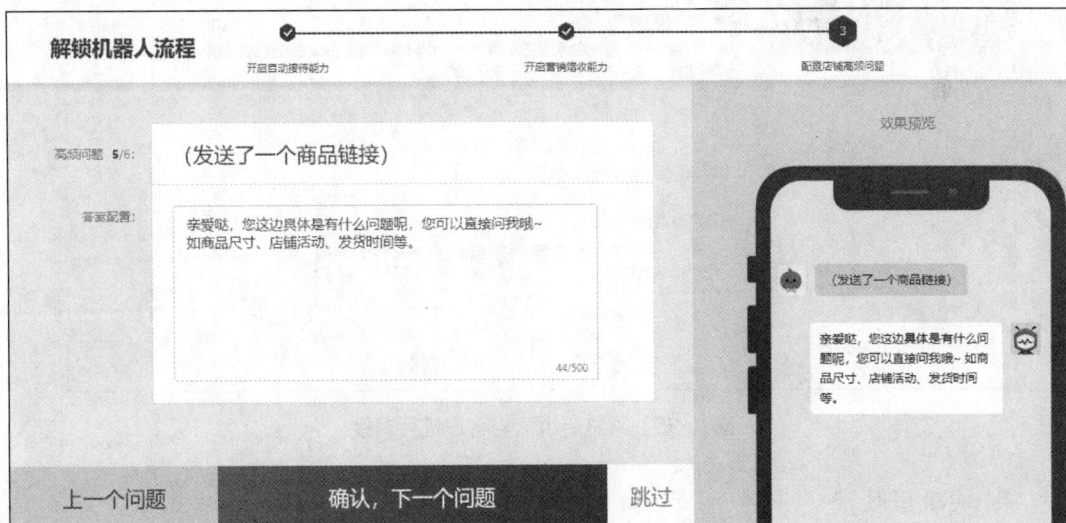

图10-23　设置发送商品链接的答案

（9）配置第6个问题，该问题是针对客户发送图片后的自动回复，如图10-24所示。

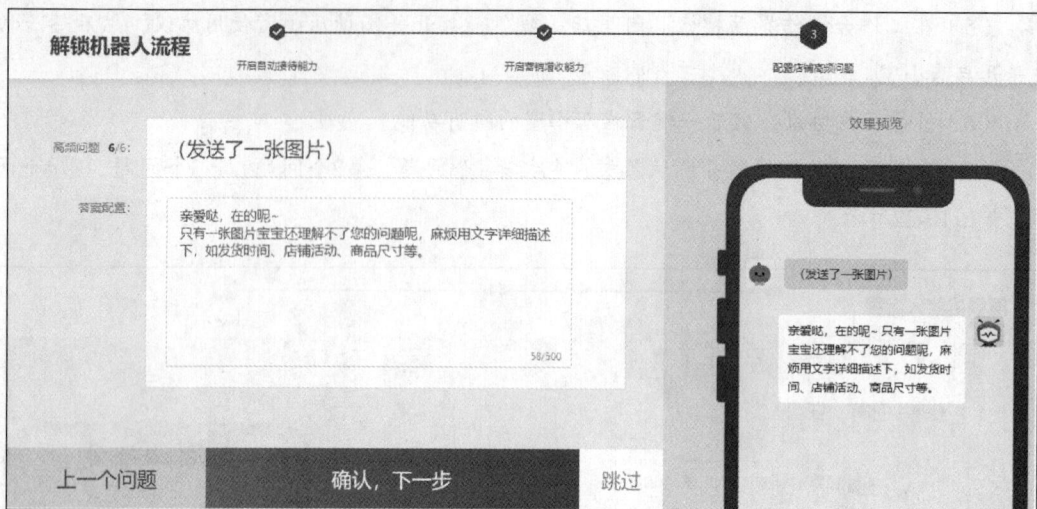

图10-24　设置发送图片的答案

（10）成功解锁网店专属机器人，选择适合自己的工作台模式并启用。

（11）进入阿里店小蜜工作台界面，开启阿里店小蜜的智能辅助功能，此时如果有客户进店咨询，智能客服阿里店小蜜将第一时间与其进行对接，如图10-25所示。

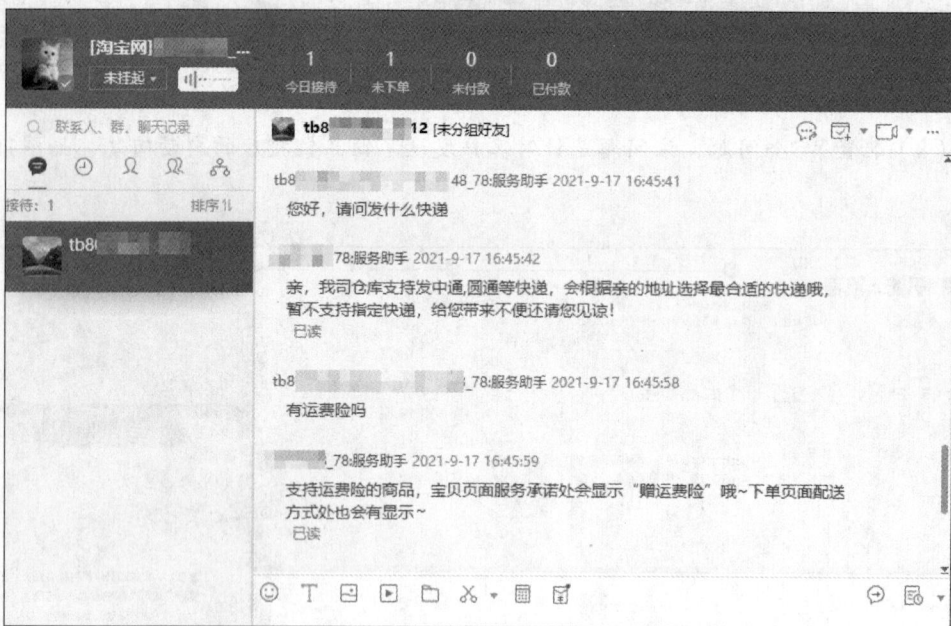

图10-25　阿里店小蜜与客户进行对接

4. 实验问题

（1）智能客服与人工客服相比有哪些优势和劣势？

（2）阿里店小蜜可以为商家提供哪些客户服务？

（3）阿里店小蜜在客户关系管理中有什么作用？